言語の標準化を考える

日中英独仏「対照言語史」の試み

高田　博行
田中　牧郎
堀田　隆一

【編著】

大修館書店

まえがき

　日本語であれ，中国語であれ，はたまた英語，ドイツ語，フランス語であれ，言語史の研究者は自らの専門とする言語以外の言語史をあまり心得ていない。これは，偽らざる告白である。他の言語史の話を聞いてみると，自らの知る言語史では自明で他の言語史でも必ず通用するにちがいないと思っていたことが否定され，予想に反する進展が他言語では起こっていたことを知る。いわばコペルニクス的転回を迫られる瞬間であるが，困惑というよりは快く好奇心がくすぐられる。「対照言語史」の醍醐味である。

　本書の執筆者たちは，この視点と発想の転換が招来してくれる心地よさを，一般社団法人昭和会館から助成を受けた研究会（研究課題「日本社会の近代化と日本語の標準化──「対照言語史」の観点から」，2018 年〜2019 年）において存分に味わうことができた。標準語形成の歴史を異なる言語間で対照する視点を意識化することによって，執筆者たち各自は新たな知見を得て，従来とひと味違った切り口で自らの専門とする言語史をとらえ直す契機となった。この研究会における長時間にわたる議論の成果が，本書の基となっている。

　まず第 1 章で標準語の形成史を対照するとはどういうことなのか，どのような意義がありうるのかについて大きく概観したあと，第 2 章では日本語史，中国語史，英語史，ドイツ語史，フランス語史の概略をそれぞれ見開き 2 ページで示す。それに続いて，各言語史における標準化をめぐって，日本語は三つ，英語は二つ，中国語・ドイツ語・フランス語はそれぞれ一つ，各言語史の研究者が研究した結果を，第 3 章から第 10 章にまとめる。ただし，五つの言語の歴史を各章でただ別個に並べただけでは興味深い「対照言語史」は成就しない。そこで本書では，5 言語の標準化の歴史を扱う章を従来なかった斬新なレイアウトで示す。それは，各論文の各ページの下に，別の執筆者たちがコメントや疑問点を書き込み，さらに一部は，当該章の執筆者がコメントに対する返答を書くという提示法である。この形式は，上に述べた研究会にさまざまな言語史の研究者が集い，各言語史の

発表内容を聞きそれぞれに刺激を受け新鮮な驚きのなか討議をし合った，その研究会活動の場を，読者が臨場感をもって疑似体験することができるよう工夫したものである。

　本書では，標準化の焦点でありながら，正面から扱えなかった問題も多い。その最大のものが，近代国家による国民教育の言語としての標準語が民衆の母語を抑圧する方向に働いた問題である。たとえば日本語史においては，この問題についての研究の蓄積は厚い。この欠落を補うのが，田中克彦氏による最後の第11章である。

　大修館書店から2011年に出版された『歴史語用論入門』がその後の日本における「歴史語用論」という分野の認知に大きく貢献したのと同様に，本書の刊行によって「対照言語史」という研究の視点が認知され一定のインパクト効果が生じて，さまざまな言語の実態がより精緻により興味深くより生き生きと描かれるひとつの契機となれば，編者として望外の喜びである。

　　　　　　　　　　　　　　　　　　　　　　　　　　　　編者一同

目次

第2部　言語史における標準化の事例とその対照

言語の標準化を考える

日中英独仏「対照言語史」の試み

第 1 部

「対照言語史」：導入と総論

第1章

導入：標準語の形成史を対照するということ

高田博行・田中牧郎・堀田隆一

1. 複数の言語史の対照

　発端は，「スタンダードの形成——個別言語の歴史を対照して見えてくるもの」と題するシンポジウム（第2回 HiSoPra* (歴史社会言語学・歴史語用論) 研究会，2018年3月8日，於：学習院大学）を行ったときであった。野村剛史（本書第4章執筆）による日本語の標準語史に関する講演のあと，話題提供者として堀田隆一と高田博行が英語史とドイツ語史の立場からいくつかのコメントをした。そのなかで，日英独という3言語の歴史を対照することで各自が新たな知見を得て，従来とひと味違った切り口で自らの専門とする言語史をとらえ直す契機となるにちがいないという感触を得た。ほどなく，このアプローチを顕在化させるには，名称を付けることがまずは重要であると考え，「対照言語史」(contrastive language history) と名づけてみた。「対照言語史」は，言語学の一分野というわけではなく，あくまでも研究上の視点を指すものである。「対照言語史」という研究上の発想は海外の言語学の動向を模倣したものではなく，われわれが独自に提唱するものである。「対照言語学」(contrastive linguistics) は，対照する2言語に通じている研究者であれば，一人ででも研究を行うことができる。これに対して言語史研究は，今まで日本語，英語，ドイツ語など個別言語の研究の内部で行われて，研究者が自らの専門以外の歴史について深く知る機会がなかったために，「対照言語史」的なアプローチをするきっかけがなかなか得られなかった。各言語史の研究が十分に蓄積されてきた現在ではし

かし，その環境は整ってきていると考えられる。日本における対照言語学は 1980 年代以降日本語と英語の対照研究から本格化し，中国語，韓国語との対照へと展開し，共通のテーマのもとさらに多数の言語を対照する試みも盛んになっている。これと平行的に，いくつもの言語のいくつもの時代の言語実態を縦横無尽に比較対照することができれば，各個別言語史の独自性も，いくつもの言語史に共通する普遍性も浮き彫りになるであろう。

その際，言語史におけるさまざまなテーマについてやみくもに比較対照しても，実態は見えてこない。本書では，言語の標準化を共通のテーマとして据えることで，日本語，中国語，英語，ドイツ語，フランス語の標準化の歴史を比較対照したいと思う。言語の標準化をテーマとして言語史を対照する際には，いくつもの切り口（パラメータ）が関わっていると考えることができる。標準化を推進する主体は誰なのか（who?），トップダウンかボトムアップか，どのような歴史的なタイミングでどれほど時間をかけて標準化が進行するのか（when?），どの言語変種が標準化の基準とされ，またどの言語領域（音韻，表記，文法，語彙）が対象とされるのか（what?），標準化が通用する空間・場所はどこなのか（where?），どのようなプロセスを経て標準化が行われるのか（how?），そもそもなぜ言語社会において標準化（および逆の方向性を示す「脱標準化」）という現象が見られるのか（why?）といった視点が，標準化を論じる際には不可欠であろう。また，書きことばなのか話しことばなのか，どのような言語意識（威信，劣等感など）が関わっていたのかも考慮する必要があろう。このあと本章 2 節で，このような標準化のパラメータについて詳しく論じる。

日本の場合，明治期の日本政府は近代国家としての発展を意識して，標準語の制定，漢字の節減，仮名遣い改革，国語教育の整備など，標準化の言語問題に取り組んできた。日本語の標準化に大きな枠組みを与えた社会的背景としては，戦国末期豊臣政権下で各所の戦国大名を中心とした在地勢力が京大坂（上方）に強制的に招集されたこと，江戸前期徳川政権下の江戸に大名や商工業者が大量に招集されたこと，そして明治維新に首都が京都から東京に移されたことが知られている。また，標準化に際して，比叡山や南都，また京都五山のような僧院（寺院）という施設が果たした役割が大きかった。さらにまた，江戸期以来，上方と江戸という二つの拠点

をもちつつ相互に通じ合う言語文化が進展していった経緯があり，江戸時代に形成された共通的な話しことばが明治以降の新しい文章語の基礎になった側面がある。このような日本語の標準化の姿ははたして普遍的なものなのであろうか，それともむしろ日本語固有のものなのであろうか。たとえば英語史，ドイツ語史においては，日本語史の場合の僧院とは異なり，修道院・教会という施設が言語の標準化において果たした役割は相対的に小さい。また，共通的な話しことばが明治以降の日本語の文章語の基礎になったのとは異なり，ドイツ語の場合は統一的な書きことばから統一的な話しことばが生まれたという面がある。標準語，標準化をめぐって詳しくは，下の3節で論じる。

2. 標準化の切り口（パラメータ）

　本書は，各言語の歴史における標準化の要因，過程，結果などの諸側面を，対照言語史の観点から比較し，対照し，相対化しようとする試みである。系統や類型を違える言語間で，かつ標準化の空間的，時間的，社会的背景が大きく異なるという条件のもとで比較対照を試みるには，まず関連する概念・用語を共有することが重要のように思われる。しかし，本書の編集に先立ち数年間にわたって開催されてきた対照言語史の研究会での議論を通じて，まさにこの概念・用語の共有化こそが最も難しい課題であることが強く意識された。対象とする言語の言語学的な特性や言語を取り巻く歴史と社会の特性に応じて，研究史上，標準化のいかなる側面に注意が払われてきたかが大きく異なるからである。そこで，概念・用語の共有を図る前段階として，標準化を構成するさまざまな側面や要素を整理することから始める必要がある。本節では対照言語史的に標準化を考察するためのさまざまな切り口（パラメータ）を示す。

2.1 統一化，規範化，通用化

　広い意味での「標準化」のなかには，いくつかの異なる側面が含まれるが，第7章「英語標準化の諸相」で導入される「統一化」「規範化」「通用化」の3区分が参考になる。統一化は一つの言語変種を選択し押し広げることであり，規範化は言語を「あるべき正しい形」に統制することであり，

通用化は広域のコミュニケーションのために言語を共通化・簡略化することである（通用化は第8章「フランス語の標準語とその変容」の主たる話題である）。この三つの側面は互いに重複するところがあり，同時並行的に進行することもあると思われるが，概念上の区分としては有効だろう。

　先行研究では，標準語，コイネー，交易言語，リンガ・フランカ，補助言語，混成言語，ピジン語，クレオール語，方言混合，平準化された方言など，さまざまな呼称に出くわすが，これらは「統一化」「規範化」「通用化」という三つの側面のさまざまな濃淡の組み合わせと見ることができる。この切り口は，日本語の標準語と共通語の区別，英語の標準語（Standard English）と一般語（General English）の区別などを考察する際にも関与する。

　各側面の内部にもさまざまに異なる相が含まれる。規範化を例にとれば，標準化規範（標準化の促進・強制を目指す規範），文体的規範（文体・語法上の細かな規範），保護論的規範（借用語を排除するなど言葉づかいの純化を目指す規範），政治的に敏感な規範（政治的に公正な言葉づかいを目指す規範）が区別される（Curzan 2012）。

　本書で扱う機会はないものの，標準化の3側面とは異なるベクトルを持つ過程として公用語化というものもある。標準化との関連で公用語（化）をいかに位置づけるかは，もう一つの重要な課題だろう。

2.2　標準化の程度

　一口に標準化といっても，その程度には幅がある（第6章「英語史における「標準化サイクル」」を参照）。言語共同体の話者みなが，言葉づかいについて合意された一つの規準に忠実に従っている場合には標準化の程度は高く，事実上「固定した」（fixed）状態にあるといわれる。たとえば，現代英語の正書法においては1単語に対して一つの決まった綴り字が対応しており，この点では「固定した」標準が達成されているといえる。ただし，言語において完全な「固定」状態が長く持続することは稀であるため，「固定」それ自体にも程度の差が認められる。

　唯一の規準が絶対的に遵守されているわけではなく，規準を指向しているというほどの標準化，すなわち「焦点が合っている」（focused）程度の状態もありうるだろう。日本語の正書法では，しばしばある単語を漢字，

仮名，ローマ字のいずれでも表記することができ，唯一絶対の表記規範があるわけではないため，この点で「焦点が合っている」状態に近い。また，いかなる言語においても，話しことばにおいて厳密に「固定した」標準が達成されることはありえず，せいぜい「焦点が合っている」水準にとどまる。

なお，標準化の程度が低い場合，あるいは標準化がなされていない場合は「拡散した」（diffuse）状態と呼ばれる（Trudgill 2003）。

2.3　標準化と脱標準化

標準化という主題を広く解釈すれば，負の方向性を持つ標準化として「脱標準化」を考えることができる（第6章「英語史における「標準化サイクル」」を参照）。これは，「収束」（convergence）と「分岐」（divergence）という対概念とも関連する（Haugen 1966: 923）。標準化の特徴を浮き彫りにするためには，むしろ反対向きの脱標準化の事例を考察することが役に立つだろう。

ある言語の異なる時代に標準化と脱標準化の両過程が観察される場合には，両者のダイナミクスが問題になる。その際，標準化と脱標準化が歴史のなかで繰り返される「標準化サイクル」は一つの仮説となる（Swann et al. 2004）。

2.4　使用域

標準化を論じる際に，どの使用域に注目して論じているのかを明確にすることが重要である。使用域として伝統的に (1) 談話の媒体，(2) 談話の場，(3) 談話のスタイルが区別されるが（大塚・中島 1987），最も重要なのは談話の媒体別に標準化を考察することだろう。すなわち，考察の対象が，書きことばの標準化なのか話しことばの標準化なのかという問題である。書きことばの標準化はしばしば厳格な規範化を伴うが，話しことばの標準化にあってはそのようなことは試みられることはあるにせよ，ほとんど達成されない。同じ標準化といっても媒体ごとにその性質は大きく異なる。

また，「標準化」といっても分野や論者の関心に応じて前提とされる媒体が異なることも多い。たとえば，第3章「ボトムアップの標準化」で扱

われる日本語の標準化は話しことばの標準化だが，第5章「書きことばの変遷と言文一致」で取り上げられる言文一致運動は書きことばの標準化に関する話題である。中国語については，第10章「中国語標準化の実態と政策の史話」で見るように，標準化とは，第一に文字の標準化のことである。後期中英語期における英語の標準化を論じる場合には，書きことば（主に綴り字）の標準化が前提とされている。

　書きことばと話しことばの区別に関連するものとして，ドイツの言語学者による「遠いことば」（Sprache der Distanz）と「近いことば」（Sprache der Nähe）に関するモデルも参考になる（Koch & Oesterreicher 1985）。これは書きことばと話しことばという単純な2分法を採用するのではなく，「メディア」という観点と「コンセプト」という観点から言語をとらえる視点である。このモデル（図1）では，縦軸は「メディア」に関わり，上半分が文字によるもの，下半分が音声によるものとなっている。一方横軸は「コンセプト」，すなわち一般にどのようなものとして了解されるかに関わり，左端に「近いことば」が，右端に「遠いことば」が置かれている。左に位置しているほど送り手と受け手との関係は「近い」もの，私的なものとし

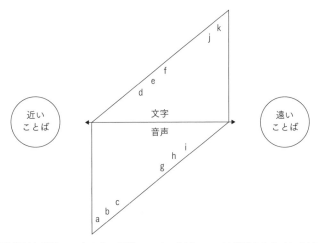

a：打ち解けた談話，b：友人との電話，c：インタビュー，d：印刷されたインタビュー，e：日記，f：個人的手紙，g：面接時の談話，h：説法，i：講演，j：新聞記事，k：行政上の規定文

図1　「近いことば」と「遠いことば」のモデル（Koch & Oesterreicher 1985: 23, 一部改）

て了解され，右に位置しているほど送り手と受け手との関係は「遠い」もの，公的なものとして了解される。したがって，「近い」ことばは話しことば的であり，「遠い」ことばは書きことば的である。

　近いか遠いか，私的か公的かは相対的な問題であって，連続的な横軸のどこに位置するかによってさまざまな度合いがあることになる。このモデルが示唆するところに基づくと，談話の場に応じて標準化を論じるということも可能だろう。たとえば，同じ話しことばであっても日常会話における標準的・慣用的な言葉づかいと学術講義におけるそれとは異なっているだろう。また，同じ書きことばであってもウェブ上のチャットにおける標準的・慣用的な言葉づかいと法律文書のそれとは異なっているだろう。使用域ごとに細分化された標準語があるという見方が可能である。

2.5　領域別の標準化とその歴史的順序

　標準化は，言語領域別に考えることもできる。発音，表記，文法，語彙，語用，語法など，それぞれの観点からの標準化を論じることができる。例として英語史を参照すれば，発音の標準化が話題となるのは，せいぜい16世紀後半以降のことで，規範的な発音への関心となれば18世紀後半にまで遅れる。一方，綴り字の標準化を論じる場合には，14世紀後半から18世紀後半までを念頭に置く場合が多い。文法の標準化に関しては「理性の時代」と呼ばれる18世紀の規範主義との関連で議論されるのが普通であり，語彙の標準化については，16世紀後半の古典語（ラテン語，ギリシア語）からの借用語の大量流入などがしばしば話題となる。領域ごとに，多少の重なりこそあれ，標準化を論じる時代が原則として異なっている。

　では，標準化しやすい領域としにくい部門があるのだろうか。または，ある言語の標準化の歴史に注目するときに，早く標準化が始まる領域と遅れて標準化が始まる領域という区別があるのだろうか。そのような順序がある場合，その順序は言語ごとに異なっているのだろうか，あるいは通言語的な傾向があるのだろうか。これらは，すぐれて対照言語史的な問いとなるだろう。

　各領域の内部でさらに細分化して考える必要もあるかもしれない。たとえば日本語の表記の標準化を論じる場合，仮名遣いの変遷，言文一致運動，

常用漢字問題，ローマ字問題などは，互いに関連するところもあるにせよ別々の問題として扱うのが普通だろう。

2.6　標準化のタイミングと要した時間

　標準化の領域ごとの相対的な順序という切り口がある一方で，絶対的な時間関係に注目する切り口もある。たとえば，各言語史において，（さまざまな側面における）標準化は何世紀に生じた過程なのだろうか。そのタイミングは，たとえばヨーロッパ諸言語に限ってみた場合に，およそ一致しているのだろうか。もう一つ例を挙げると，かりに英語の標準化は 16 世紀頃に，日本語の標準化は 19 世紀後半に始まったと考える場合，時間的に大きな隔たりがあるものの，それぞれの歴史において一般に「近代」の開始期と呼ばれる時代に始まっているという共通点を指摘することには意味があるだろうか。

　また，標準化はある程度の時間幅を持つ過程であるが，開始してから終了するまでにどれくらいの時間を要したのだろうか。言語ごとに標準化のタイミングや速度は異なると思われるが，その場合，それぞれの歴史に特有のいかなる要因が働いて，そのタイミングと速度になったのだろうか。あるいは通言語的に何らかの共通点が見られるものなのだろうか。これらも対照言語史にふさわしい問いである。

2.7　標準化の諸段階・諸側面

　先行研究では標準化という過程が典型的に経る諸段階について，さまざまなモデルが提案されてきた。古典的なハウゲン（Haugen 1966）によるモデルでは，標準化は (1) 選択（selection），(2) 成文化（codification），(3) 精巧化（elaboration），(4) 受容（acceptance）の四つの段階を経て進むとされる（第 6 章「英語史における「標準化サイクル」」と第 9 章「近世におけるドイツ語文章語」でもこのモデルを参照している）注）。

　ハウゲンのモデルの発展版というべきものがミルロイ／ミルロイのモデ

注）Haugen（1987）では，(1) 選択，(2) 成文化，(3) 実施（implementation），(4) 精緻化の 4 段階に変更されている。

ルである（Milroy and Milroy 1991）。このモデルでは（1）選択（selection），（2）受容（acceptance），（3）拡散（diffusion），（4）維持（maintenance），（5）機能の精緻化（elaboration of function），（6）成文化（codification），（7）規範化（prescription）の7段階を認めている。

　上記とは趣が異なるが，「書きことばの使用の度合い」と「標準化の性質と程度」の二つの観点から標準化を考察したファーガソンによるモデルもある（Ferguson 1962）。一つめの「書きことばの使用の度合い」については，（1）通常の書きことばとして用いられない段階，（2）通常の書きことばとして用いられる段階，（3）科学研究の出版物に定期的に用いられる段階，（4）他言語で出版された科学研究の出版物の翻訳言語として用いられる段階が区別される。

　二つめの指標である「標準化の性質と程度」については，（1）標準化していない言語，（2）標準が複数ある言語（双峰，多峰），（3）すべての用途で用いられる唯一の標準語がある言語の3区分が設定されている。これは2.9に挙げる切り口とも関係する。

2.8　通用空間

　標準化については，時間に対して空間という切り口を考えることもできる。通常，言語の標準化は，典型的には国家といった特定の領域内に統一的な言葉づかいが広がる過程を指すが，第7章と第8章でそれぞれ取り上げられるように，英語やフランス語のような広域で用いられる超国家的なリンガ・フランカの標準化が問題となる場合には，通用空間の広さというパラメータを考慮する必要がある。

　超域的な言語を，カルヴェ（1996）は "langue véhiculaire" と呼んでいる（文字通りには「乗りもの言語」の意味だが「超民族語」「橋わたし言語」などの訳語がありうる）。その発展の背景として（1）地理的要因,（2）経済的要因,（3）政治的要因，（4）宗教的要因，（5）歴史的威信，（6）都市要因，（7）言語的要因を挙げているが，これらは実のところ一般の言語の標準化にも関与する要因ではないか。

2.9 標準化の目標となる変種の種類・数

前述のハウゲンのモデルでは標準化の最初の段階として「選択」（selection）が想定されている。標準化の対象となる言語変種の選択に際しては，いくつかの方法が考えられるだろう。まず，既存の変種のなかから何らかの点でふさわしいと見なされる1変種を選ぶという方法がある。たとえば，英語史では書きことばに関しては14世紀後半のロンドンの中・上流階級の変種が基盤となって標準化が進んだ。次に，既存の複数変種を混合させたもの（事実上の新変種と見ることができる）を採用するという場合もあるだろう。第4章「スタンダードと東京山の手」で論じられるように，江戸語と上方語の両要素を基盤とした日本語の標準化もこのパターンと考えられる。ほかには，旧植民地において旧宗主国の国語，すなわち外来の言語が標準語として採用されるというケースもある。

標準化の結果，標準語として機能する変種が二つ以上存在するという状況もありうる。複数の中心がある言語（polycentric/pluricentric language）は，実のところ決して少なくない。江戸期の江戸語と上方語，現代のイギリス英語とアメリカ英語を始めとして，ポルトガル語，スペイン語，オランダ語，セルボ・クロアチア語，ヒンディー・ウルドゥー語，タミル語，朝鮮・韓国語，中国語などにも複数の中心があるという見方が可能である。第11章「漢文とヨーロッパ語のはざまで」で触れられるノルウェー語のBokmål（書籍のことば）とNynorsk（新しいことば，新ノルウェー語）は，それぞれ都会と地方を基盤とする標準語であり，1言語に複数の中心があるもう一つの事例である。

2.10 標準化を推進する主体・方向

標準化を推進する主体・方向として，大きくトップダウンとボトムアップの2種類が区別される。ただし，実際には上下のどちら側が開始したか判別できないような事例もあるし，両者の相互作用のなかで進行していく事例も多い。王や政府などの権力保持者が主導する明らかにトップダウンと見られる事例もあれば，上流・知識階級（例としてフランスのアカデミー，山の手の知識人など）が主導する場合もある。これらの場合，標準化というとき，しばしば統一化や規範化が起こっていることが多い。一方，一般

の話者がボトムアップで標準化を進めるという場合には，通用化の側面が色濃く現れる（第3章「ボトムアップの標準化」を参照）。

　主体の問題と関連して，標準化が意識的に進められているのか否かという区別も重要である。トップダウンの言語計画は当然ながら意識的だが，ボトムアップの通用化はしばしば話者たちの無意識的な作用によるものだろう。

2.11　標準化に対する話者の態度

　標準化の過程・結果において，標準語が上位変種となるのに対し，ヴァナキュラー（土着言語）を含めた非標準語は下位変種に位置づけられることになる。この上位変種と下位変種に対して話者集団はどのような意識を持つのだろうか。

　話者は，上位変種に社会的な威信（prestige）を付与するが，その威信の程度は何によって決まるのだろうか。一方，話者は下位変種に対して傷痕（stigma）を付与するかもしれない。それによって社会のなかに方言差別のような差別意識が生じ，下位変種話者がコンプレックスを感じる場合もある。

　一方，話者の意識も時代とともに変化しうる。たとえば，井上（2000）によれば，日本語方言の社会的価値は明治期から現在までに変遷を経てきており，明治から戦前までは「撲滅の対象」の時期，戦後は「記述の対象」の時期，現在は「娯楽の対象」の時期とされる。

2.12　言語の標準化と社会の言語標準化

　通常，標準化を話題にするときには「日本語の標準化」や「英語の標準化」のように「○○語の標準化」が前提とされる。しかし，言語そのものではなく社会を中心に考えて言語標準化を論じることも可能である。たとえば，中世イングランド社会の言語標準化という問題は，イングランドの公的な書きことば標準が，威信のある外国語であるラテン語やフランス語から，ヴァナキュラーである英語に切り替わった出来事の問題としてとらえられる。

　他のヨーロッパ諸国においても，近代にかけて標準語がラテン語から

ヴァナキュラーに切り替わったが，この切り替えに注目する場合には，フランス語やドイツ語といった個別言語を中心に考えた「言語の標準化」というよりは，フランスやドイツという社会を中心に考えた「社会の言語標準化」という枠組みのなかで論じる必要がある。日本の公的な書きことばの歴史において標準語が威信ある漢語からヴァナキュラーである日本語に切り替わったという現象も，日本社会の言語標準化の問題として論じられるだろう。

　以上，言語の標準化を論じる際の切り口はほかにもあると思われるが，本書の各論で取り上げられる標準化に関わるパラメータはほぼ列挙できたのではないか。

3. 本書で取り上げる標準化
3.1 言語の変種と標準化
　2節で，標準化の最初の段階で変種の選択あるいは統一化が行われることを示した。その変種は，各言語において歴史的に形成されてきたものである。本書が扱う，日本語，中国語，英語，ドイツ語，フランス語のように，話者の数が多く，使用される範囲が広い言語は，そうした変種を多様に展開させながら変遷してきた。言語の変種が多くなると，そのいずれを選択すべきかで混乱が生まれたり，別々の変種になじんでいる人どうしの伝え合いに障害が生じたりしてくる。そうした混乱や障害を解消する必要から，変種の選別や価値付けが行われたり，場面によって使い分けられたりするようになるのである。言語の標準化といわれる出来事はそのようにして始まると考えられるが，その具体的な姿は言語によってさまざまであり，同じ言語でも時代や社会背景によって異なる様相を示す。

3.2 各章の概観
　第3章から第10章までに記述される各言語史の標準化の動き，そして第11章の示す観点は，次のようなものである。
　第3章　ボトムアップの標準化（日本語史，渋谷勝己）
　江戸時代から明治時代の江戸・東京で，一般民衆の力で進められた話し

ことばの標準化の動きを観察し，ニュージーランドの英語変種や，北海道・カナダの日本語変種の動きとも照らし合わせ，共通変種が定まることが標準語の形成とどう関係するのかについて考えている。

第4章　スタンダードと東京山の手（日本語史，野村剛史）

室町時代から明治時代までの礼儀正しいことばとしてのスタンダードの系譜とその使用者の動態を考察している。このスタンダードは，江戸時代以来の共通語であり，明治初期に東京山の手に入り込んだ教育ある官員・教師・軍人たちによって学ばれ，やがて「標準語」となっていく。

第5章　書きことばの変遷と言文一致（日本語史，田中牧郎）

明治時代に進んだ，新しい口語体書きことばを創出する言文一致の動きを描き出している。口語的な文末表現の新しい使い方が，小説では西洋語からの翻訳に触発されるなかで，論説では演説という話しことばの表現活動を通して，それぞれ工夫され，言文一致が進んでいく様子を示している。

第6章　英語史における「標準化サイクル」（英語史，堀田隆一）

英語は，歴史的に標準のある状態と標準のない状態の間を行き来するサイクルをなすという説を，話しことばと書きことばのそれぞれについて批判的に検討している。その上で，変異幅を横軸，話しことばと書きことばの違いを縦軸として，標準化の歴史という観点で言語史間を対照するモデルを示し，特に英語史と日本語史を比べている。

第7章　英語標準化の諸相――20世紀以降を中心に（英語史，寺澤盾）

英語の標準化を，統一化，規範化，通用化の三つの側面から整理している。19世紀までは，英語が母語として話されるイギリス・アメリカにおいて，統一化，規範化の方向での標準化の動きが見られたのに対し，20世紀以降は，国境を越えた世界レベルでの標準化が，通用化の方向で進んでいると述べている。

第8章　フランス語の標準語とその変容――世界に拡がるフランス語（フランス語史，西山教行）

17世紀に植民地化された地域で，本土のフランス語から大きく変容し，クレオール語とフランス語が連続体を構築するようになっていく過程を示している。また，19世紀以降に植民地化された地域では，本土のフランス語が変容することなく存続し，経済活動に結び付くことで価値が維持さ

れる様子を描いている。

第9章　近世におけるドイツ語文章語──言語の統一性と柔軟さ（ドイツ語史，高田博行・佐藤恵）

ドイツ語の歴史において，ルターによる聖書翻訳のドイツ語が持つ意義を中心に据えて考察している。ルターが，書法の統一性については従来の官庁ドイツ語に依拠した上で，平明さを重視した文体を採ったことが，その後のドイツ語の精緻さと柔軟さにつながったことを明らかにしている。

第10章　中国語標準化の実態と政策の史話──システム最適化の時代要請（中国語史，彭国躍）

2500年もの歴史をたどることのできる中国語について，王朝が次々に交代することにともなう言語政策の転変によって，中国語の標準化がどのようにとらえられてきて，その実体がどのように変容してきたのか，言語と政策の関わり合いをつぶさに記している。

第11章　漢文とヨーロッパ語のはざまで（田中克彦）

この章は，第3章から第10章までで論じられた内容を批判的に踏まえ，文明，宗教，民族，国家という大きなスケールから標準化を論じるものである。日本語の標準語化を身をもって体験してきたこの章の筆者は，近代日本で「猛威をふるった」標準語による母語弾圧から説き起こし，国民教育によってある言語変種を劣勢に立たせ，ある言語変種を学ぶべきものとして圧倒的優位に置いた近代国家の政策のおおもとにある心性について俯瞰的に論じている。

3.3　学問・教育と宣教の活動

植民地での言語に焦点を当てる第8章のフランス語以外の4言語で，標準化に関わる主たるテーマに設定している出来事の最古の時期は，中国語が紀元前6世紀（第10章），英語が9世紀（第7章），ドイツ語が16世紀（第9章），日本語が16世紀（第4章）と，大きな差がある。しかし，それぞれの出来事を見ると，紀元前6世紀の中国では孔子による授業，9世紀のイギリスではアルフレッド大王による学問・文芸復興，16世紀のドイツではルターによる聖書翻訳，16世紀の日本ではキリスト教宣教や禅僧による講義であり，学問・教育や宣教の活動の場で起こっていることが共通

する。いずれの言語でも，学問・教育・宣教の活動が盛んに行われるようになる時期に，標準化の機運が高まるのである。

　言語の標準化の現象がいちはやく見られるのが中国であるのは，学問・教育の隆盛の時期が，西洋諸国や日本に比べて早かったためであるが，西洋や日本におけるそれが中国よりも大幅に遅れた理由は，学問・教育の活動が始まるのが遅かったことだけではないだろう。学問や教育が，西洋ではラテン語，日本では漢文（古典中国語）によって行われ，外国語が威信言語であった期間が長く続いたことで，自国語の標準化の必要性が高まらなかったと考えられる。

　言語の標準化の契機となる活動には宣教もあり，多くの読者に神のことばを理解させようとしたルターによるドイツ語での聖書翻訳（第 9 章），日本の民衆と信仰についてコミュニケーションするための規範的な話しことばを必要としたキリスト教宣教師による布教（第 4 章 1 節）の例が示されているが，ほかにもサンスクリット語の仏典を中国語訳する活動は，中国語の音韻学の発展を促すとともに（第 10 章 5 節），日本語における五十音図の発明を促すなど（馬渕 1993），宣教は，言語への認識を変え，言語の形を変える力も持ったのである。

3.4　標準化の担い手

　言語の標準化の担い手として，紀元前 6 世紀の中国語の孔子（第 10 章 2 節），16 世紀のドイツ語のルター（第 9 章）の事例が取り上げられているが，これらは，教養層に属する個人が標準化を担ったもので，ほかに，英語では，14 世紀のジェフリー・チョーサーや 18 世紀のサミュエル・ジョンソンなどの例が挙げられ（第 7 章 1 節），日本語では 19 世紀の大槻文彦（第 3 章 1 節），同じく二葉亭四迷（第 5 章 4 節）などの例が指摘されている。フランス語の場合は，特定の個人ではなく，パリのサロンや社交界に集う教養層の人々であった（第 2 章）。こうした標準化の担い手について整理した第 3 章では，教養層以外にも，国家がこれにあたる場合や，庶民がその役割を果たす場合もあるとしている。

　担い手が国家である場合の事例としては，フランス語のアカデミー・フランセーズによるものが有名である（第 2 章・第 11 章）。ドイツ語では，

官庁が標準化を推進し，公文書の言語がラテン語からドイツ語に移行した14世紀以降のドイツでは，論理的正確さを追求した，従属文がいくつも連ねられるような複合性の高い表現が形成され，その官庁語が，後のルターのドイツ語に連なっていった（第9章）。日本の近代国家の確立のために標準語制定が必要であることを説いて世論を動かした上田萬年（第4章4節）の立場は，ドイツで言語学を学んだ後に就任した東京帝国大学教授であり，上田は，帝国大学に国語研究室を設置して近代的な国語研究を推進するとともに，政府が設置した国語調査委員会などの国語政策機関の実務の中心も担い，国家による言語の標準化に長く力を注いだ（上田1895，イ1996）。日本語史で標準語論と言う場合，この上田を中心とする近代国家によるものが想起されるのが一般的だが，それはドイツなど西洋の標準語論の影響を受けて展開されたものだった。

　第3章の主眼は，庶民が担い手となった日本語の標準化の実態を示すことにあり，江戸・東京に集まった，出身を異にする方言話者どうしが通じ合うために，形式と意味が一対一で対応する透明な構造や，習得しやすい形式による表現が行われるようになる事情を，具体的に明らかにしている。平安京や室町幕府のあった京都からの統治から，江戸幕府・明治政府の置かれた江戸・東京からの統治へと移行する，国家統治の変化に対応して，日本語を話す人々が，通じ合うために表現形式に工夫を重ねていく方向で，確かな標準化の歩みがあったわけである。そうした表現形式の具体的変遷の研究は多い（田中2001，2002など）。

　さまざまな担い手によって進んだ，日本語の話しことばの標準化の過程は第4章でも扱われており，これら二つの章は，変種間のスタイル差・レジスター差にも注目している。単に通じ合うだけではない，フォーマルな領域や書きことばでの使用など多様な領域での使用に耐える体系と構造を持つことが，標準化の要件になるという指摘であり（第3章），そうした標準的な表現形式は江戸時代には形成されており，たとえば，上方の人と江戸の人とでは，ぞんざいな言葉づかいは大きく異なるが，改まった言葉づかいはよく似ているという指摘である（第4章）。公的な場を意識した庶民による言語の標準化が，教養ある個人による標準化活動や，国家による標準語政策に先んじて進んでいたのである。

3.5 話しことばと書きことば

　第3章以降の各言語史の標準化の議論は，話しことばにおける標準化を中心とする章（第3章，第4章，第7章，第8章）と，書きことばにおける標準化に紙幅を割く章（第5章，第9章，第10章），話しことばと書きことばの標準化を比較する章（第6章）と多様である。

　そのうち第6章では，英語史における標準化と脱標準化のサイクルを，話しことばと書きことばに分けて図式化しているが，「拡散した」（diffuse）状態と「固定した」（fixed）状態の間で鮮明なサイクルを示しているのは書きことばのほうである。地域方言，社会方言の多様な変種が生じる話しことばを，書きことばがどの程度固定化できるかによって，拡散した状態にとどまるか，固定した状態に向かわせるかが時代によって異なることをとらえており，発音の多様な変種をどう綴り字に固定できるかなどの規範の固さ・緩さの観点から，標準化と脱標準化を見ている。第9章でドイツ語の語形変化と書法の一貫性を強める方向で標準化をとらえているのも，変異の大きい話しことばを文字にどう固定するかという観点での標準化と見ることができる。

　第6章の図式（p.107）では，英語の話しことばが標準化に向かう動きを見せるのは，書きことばよりも1000年近く後の16世紀で，首都の中・上流階級によって話されていた一英語方言がイングランド全体に通用するようになる動きを指摘している。これは，第3章，第4章で扱われている，日本の17〜18世紀に上方から江戸への政治の中心都市の移転にともなって，都市の中・上流階級である武士の改まった言葉づかいが全国共通語を形成していく動きと似ている。話しことばの標準化が進む背景では，言語間に共通する事情も大きかったことを思わせる。

　さらに，話しことばと書きことばの関係から言語の標準化を考える場合，日本語における言文一致運動（第5章）と，中国語における白話文運動（第10章）が注目される。いずれも，19世紀末〜20世紀初期の近代化の過程で起こった，書きことばの文体改革運動である。日本語の言文一致運動は，19世紀までに形成されていた，講義などの場で用いられる改まった場での話しことばに近い口語体書きことばをもとに，文末表現などに改良を加えることで新しい表現法を開発していく動きであった。その影響も受けて

始まった中国語の白話文運動は，従来あった口語体書きことばである白話体が，優勢な文体の地位を獲得する動きであったという。この両言語の文体改革の内実については不明な点も多く，相互に比較対照しながら研究を進めていくことが求められる。また，文体改革を言語の精緻化と関連づけて論じている，18世紀のドイツ語史の動き（第9章）も考慮に入れると，日本語と中国語の文体改革の動きは，西洋言語における話しことばと書きことばの関係から見た標準化の動きとも比較対照する価値があることが示唆されよう。

3.6 外国人・外国語との関係

　第8章では，フランスが支配した植民地やフランス人が移住した地で，現地語と接触し現地の人たちとのコミュニケーションを図るなかで，フランス語がどのように姿を変え，それぞれの地域での共通語や標準語としての役割をどのように果たしたかが，論じられている。このような，外に出て外国語や外国人と接したことで言語がどう変わるのかを，標準化の観点からとらえる議論も興味深い。

　第3章では，日本各地から北海道に移住した人々が，移住前の方言を持ち込みながらもお互いにどのような言語でコミュニケーションを図ったかについて観察されており，その観察は，ことばが通じ合わない人どうしが，共通語をどのようにして作っていくのかの一般的な原理を見出すことにつながっている。第7章では，英語の標準化を，統一化，規範化，通用化の三つの側面で整理しているが，このうち通用化の現象は，20世紀以降進展する国際共通語としての英語に顕著な新たな展開であるとしている。こうした国際化の波は，近年，英語に限らずどの言語にも押し寄せており，第二言語として用いられたり学ばれたりする機会の増加が，どんな話者や学習者にもわかりやすく学びやすい言語像を求める意見（庵2016など）に，発言力を持たせるようになってきている。

　外国語との関係ということでは，各言語が周辺の言語との接触を通して変化するなかで，標準語のありようが議論されてきたことにも，注意が必要である。日本語における漢文（古典中国語）や，英語，フランス語，ドイツ語におけるラテン語が，威信言語としての地位にあった時代が長く続

いたことはすでに述べたが，中国語においても18世紀には満州語が威信言語の位置にあったという（第10章）。威信言語が高い価値を有するなかで，自国語を使うべきという標準化論が展開することもある（第5章，第9章）。

　また，ヨーロッパの諸言語におけるラテン語からの借用語や，日本語における古典中国語からの借用語は，いずれも，同義の固有語との共存状態を多く生み出しており，それらの整理や使い分けの議論を呼び起こしている。現代では多くの言語社会で英語が威信言語の位置を占めつつあり（水村2008，金水2011など），威信言語としての英語からの借用語と固有語との共存状態が増幅しており，これからの時代の標準化論の一つの焦点になる可能性がある（陣内2007）。

参考文献

庵功雄（2016）『やさしい日本語―多文化共生社会へ』岩波新書.
井上史雄（2000）『日本語の値段』大修館書店.
イヨンスク（1996）『「国語」という思想―近代日本の言語認識』岩波書店.
上田萬年（1895）『国語のため』冨山房（安田敏朗校注（2011）『国語のため』（平凡社）として再刊）.
大塚高信・中島文雄監修（1987）『新英語学辞典』研究社.
カルヴェ，ルイ＝ジャン（1996）『超民族語』林正寛訳，白水社〈文庫クセジュ〉.
金水敏（2011）「日本語史とは何か―言語を階層的な資源と見る立場から」『早稲田日本語研究』20.
陣内正敬（2007）『外来語の社会言語学―日本語のグローカルな考え方』世界思想社.
田中章夫（2001）『近代日本語の文法と表現』明治書院.
田中章夫（2002）『近代日本語の語彙と語法』東京堂出版.
馬渕和夫（1993）『五十音図の話』大修館書店.
水村美苗（2008）『日本語が亡びるとき―英語の世紀の中で』筑摩書房.
Clyne, Michael（1992）"Pluricentric Languages—Introduction." *Pluricentric Languages: Differing Norms in Different Nations.* Ed. Michael Clyne. Berlin: Mouton de Gruyter, 1–9.
Curzan, Anne（2012）"Prescriptivism: More Than Descriptivism's Foil." *Plenary Speech Given at the 17th International Conference of English Historical Linguistics（University of Zurich）on the 24th of August.*
Ferguson, Charles A.（1962）"The Language Factor in National Development." *Anthropological Linguistics* 4, 23–27.
Haugen, Einar（1966）"Dialect, Language, Nation." *American Anthropologist* 68, 922–35.
Haugen, Einar（1987）*Blessing of Babel. Bilingualism and Language Planning. Problems*

and Pleasures. Berlin, New York, and Amsterdam: Gruyter.

Koch, Peter and Wulf Oesterreicher（1985）"Sprache der Nähe—Sprache der Distanz: Mündlichkeit und Schriftlichkeit im Spannungsfeld von Sprachtheorie und Sprachgeschichte." *Romanistisches Jahrbuch* 36, 15–43.

Milroy, Lesley and James Milroy（1991）*Authority in Language: Investigating Language Prescription and Standardisation.* 2nd ed. London and New York: Routledge.

Swann, Joan, Ana Deumert, Theresa Lillis, and Rajend Mesthrie（eds.）（2004）*A Dictionary of Sociolinguistics.* Tuscaloosa: University of Alabama Press.

Trudgill, Peter（2003）*A Glossary of Sociolinguistics.* Oxford: Oxford University Press.

第 2 章

日中英独仏──各言語史の概略

日本語史の概略

【奈良時代まで】比較言語学で，日本語と同系関係にあることが証明され
ているのは琉球語だけであり，話しことばとしての日本語がどのようにし
て成立したかは不明である。日本語が書き記された古い時代の資料は，古
墳などから出土する青銅器や鉄器に刻まれた文字であるが，6世紀頃まで
のそれは，固有名詞以外は中国語（漢文）によっていた。ところが，7世
紀の資料では，中国語にはない敬語語彙や，日本語ならではの語順が確認
され，日本語を漢字で書き表した変体漢文が成立している。その背景には，
「ひと－人」など，和語と漢字とが結びつく訓の成立や，「ひと」を「比等」
と書くなど，漢字の意味を無視して音を借り用いる万葉仮名の成立があっ
た。奈良時代（8世紀）になると，変体漢文で『古事記』が書かれ，訓と
万葉仮名を駆使して和歌を表記した『万葉集』が編纂された。

【平安・鎌倉時代】平安時代になると，9世紀に，万葉仮名による表記を
中心とする文章では，字体をくずして書くことで平仮名（「比」→「ひ」な
ど）を成立させ，10世紀までに和文を確立させた。和文は，貴族の話し
ことばに基づく文体であり，『源氏物語』などの絢爛な貴族文学を生み出
した。

　同じく9世紀に，漢文を日本語で訓読するときに，その読み方などを万
葉仮名で行間や字間に書き入れることが行われるようになり，その字体を
省略した片仮名（「比」→「ヒ」など）を成立させ，漢字と片仮名を交えて
書く漢字片仮名交じり文を確立させた。漢字片仮名交じり文は，話しこと
ばからは遠い漢文訓読文を基盤に持つものであるが，漢文を訓読する場合
だけでなく，日本語を書く場合にも用いられ，変体漢文に片仮名が交じっ
た文体と見ることもできる。

　和文と漢文訓読文・変体漢文とはしばらくは並立していたが，12世紀
には双方の要素が混じり合った和漢混淆文が成立し，鎌倉時代以降，この
文体の発展形が書きことばの中心を占めることになる。

【室町・江戸時代】鎌倉時代にはほとんど見られなかった，話しことばに
基づく口語体の文章が，室町時代の16世紀に見られるようになる。狂言
の台本，抄物と呼ばれる講義録，キリスト教宣教のためにまとめられた

キリシタン資料などであり，これらによって，室町時代の話しことばの実態を知ることができる。それによれば，たとえば，平安時代の和文では，文末では「受く」，名詞に続くときは「受くる」と，異なる形態を示していた動詞が，いずれも「受ける」という一つの形態に統合されていくなど，現代語に近い日本語の形に変わりつつあることが確認できる。また，中国語からの借用語である漢語の比率が，異なり語数（何種類の語が用いられているかの集計）で，平安時代の和文では約1割強だったのが，室町時代の狂言台本では約3割弱にまで増加するなど，借用語の占める位置が大幅に拡大している様子もわかる。

　政治の中心地が上方から江戸に移された江戸時代（17世紀）になると，武士の江戸移住にともない，室町時代までに上方で形成されていた，公的な場での改まった話しことばが江戸に持ち込まれ，これが江戸共通語となり，明治時代以後の話しことばの標準語につながっていく。一方，上方でも江戸でも，歌舞伎など演劇の脚本や遊郭を舞台とした洒落本が書かれるが，そこに描写されているくだけた話しことばは，出身地や属する階層によって多様であることから，日本語の地域差・階層差は大きかったと考えられる。

【明治時代以降】西洋文化の取り入れが活発化し，明治前期（19世紀後半）には翻訳による新漢語，昭和期（20世紀半ば）には音訳して片仮名で書く外来語が，それぞれ爆発的に増加し，語彙が大きく変容した。明治28・大正14・昭和31・平成6の各年の雑誌を対象とした国立国語研究所の調査によると，漢語の比率は66%→59%→48%→43%，外来語の比率は3%→4%→10%→19%と推移している（異なり語数による調査）。

　明治期の西洋語との出会いは，話しことばに基づく新しい書きことばを創出する言文一致運動を呼び起こし，その新しい書きことばは，マスメディアや政府編集の国定教科書を通して全国の国民各層に普及した。国定教科書による国語教育は，各地の方言音の矯正など，話しことばの標準化の側面も持っていた。大正末期にはラジオ放送が，昭和中期にはテレビ放送が始まり，平成期にはインターネットなど新しい情報通信技術の影響もあり，多くの人が通じ合う標準的な話しことば・書きことばの姿は変容を続けている。

（田中牧郎）

中国語史の概略

　中国語の歴史は，書記言語が成立した紀元前 14 世紀頃から現在まで途切れなく続いている。それ以前は「太古時代」と呼ばれ，その時代の中国語については，チベット・ビルマ諸語から分離した時代の推定や祖語構築など比較言語学の視点からさまざまな仮説が立てられ議論されているが，ここでは文字資料が残る時代を中心に，中国語史を以下の 4 つの時代に分けて概観する。

【上古中国語：紀元前 14 世紀～3 世紀，殷・周・秦・漢】音韻において，声母（1 音節の頭子音）には複子音 gl-, bl-, ml- などが現れ，韻尾（1 音節の末尾子音）には -b, -d, -g, -p, -t, -k などに終わる音素が存在し，声調が出現し始めたと推定される。語彙において，基本形態が単音節語から 2 音節語へと移行し，紀元前 3 世紀～3 世紀頃にはシルクロードを通して「葡萄（ブドウ），頗黎（ガラス），師（ライオン）」など古代のイラン語，ペルシア語由来の外来語が流入する。標準類義語辞典『爾雅』（作者不詳，前 3 世紀頃）が成る。文法において，代名詞には主格と目的格の区別があり，判断文には繋動詞が使用されず，疑問代名詞が目的語となる場合にはその目的語が動詞の前に移動する。書記言語の表現内容において，殷の甲骨文では災異，天象，戦争，生死などに関する占卜の問答表現や祖先神への祈願や報告などが刻まれるが，周の金文では韻詩，宗教儀式，外交文書，哲学思想などが記され，秦・漢の篆書，隷書では行政記録，法律条文，史書伝記や訓詁注釈などが書かれる。周代には「雅言」，漢代には「通語」という標準変種が形成される。

【中古中国語：3～13 世紀，魏晋南北朝・隋・唐・宋】音韻において，複子音が衰退し，濁音，末尾子音 -b, -d, -g が消失し，舌上音，軽唇音が出現し，声調「平，上，去，入」が形成される。韻書『声類』（李登，3 世紀），『四声譜』（沈約，5 世紀）が誕生する。語彙において，2 音節語が語彙形態の基本単位となり，仏教伝来により「菩薩（修行者），懺悔（罪の告白），涅槃（死）」などサンスクリット語由来の外来語や翻訳造語が大量に発生する。文法において，判断文には繋動詞が必須となり，「把～（～を），被～（～にされる）」などの前置詞構文やアスペクト助詞「了（完了），着（持

続)」が形成される。書記言語には文語体の「文言」と口語体の「白話」という2種類の文体が使われ，文言は標準文体として政令，法律などに使われ，白話は仏教伝記，禅僧語録や『朱子語類』のような儒学講義録などに使われる。北部においてアルタイ諸語のモンゴル系，テュルク系言語を操る民族が南下し皇帝の座を争うようになり，それらの言語と中国語との間に言語接触が頻繁に行われる。

【近代中国語：13〜19世紀,元・明・清】 音韻において，北部方言では「入声韻」（末尾子音）-p，-t，-k が消失し，新型の4種類の声調「陰平，陽平，上声，去声」が確立し，北京を中心に巻舌母音 -r が広がる。口語の音韻実態を反映する『中原音韻』（周徳清，1324）が刊行される。語彙において，「貴，大，賢，龍…／賤，小，愚，犬…」のような接辞によるメタファー型敬語体系が形成される。元代ではモンゴル語が，清代では満州語がそれぞれ「国語」と称され，一時期これらからの外来語が中国語に多く現れる。文法において，二人称代名詞「你」，三人称代名詞「他」と複数形の接辞「们」が使われ，補語構文「〜起来（〜てくる），〜得懂（〜てわかる）」などが多用される。体系的な文法書『馬氏文通』（馬建忠，1898）が刊行される。広範囲に使用される役所公用語「官話」が形成され，その標準形は17世紀から19世紀にかけて明代の南京官話から清代の北京官話へとシフトされる。

【現代中国語：20世紀以降，中華民国・中華人民共和国】 音韻や文法において近代中国語の特徴が引き継がれるが，語彙においては，辛亥革命（1911年）以降メタファー型の敬語体系が消失し，租界地（上海，香港など）や満州（東北）地域を中心に，英語，ロシア語由来の外来語や翻訳語が増え，日本語の和製漢語「社会，民主，科学，教育，経済，企業」などが大量に流入する。これらの語彙的特徴は現代中国語を定義づける重要な指標の一つとなる。20世紀前半，北京語をベースにした「国語」が制定され，書記言語の文体として「白話」が標準的地位を確立し，「文言」が消滅する。20世紀後半，中国大陸では北京語の地域性（軽声，巻舌音など）をより多く取り入れた「普通話」が全国の通用言語とされ，簡略化された漢字が使われるが，台湾では中華民国時代の「国語」が公用語として継承され，簡略化しない従来の正（繁）体字が使用される。　　　　　　　　（彭国躍）

英語史の概略

【古英語：449〜1100 年】英語史は，大陸にいたアングロサクソン人がブリテン島を侵略した 449 年に始まる。彼らの言語は西ゲルマン語派に属する諸方言だったが，これらが後に一括して英語と呼ばれることになる。アングロサクソン人はケルト系の先住民族を圧倒し，イングランド全域に支配領域を広げ，6〜9 世紀までにはアングロサクソン七王国を作り上げた。9 世紀以降，イングランド南西部のウェセックス王国が台頭し，イングランド全域の覇者となると，同地域に基づくウェストサクソン方言が書きことばの標準と見なされるようになった。紀元 1000 年前後には，アルフリッチなどの文筆家がこの方言により数多くの古英語文書を著している。

【中英語：1100〜1500 年】後期古英語期に書きことばにおいてある程度の標準化が達成されたのも束の間，1066 年のノルマン征服によりイングランドの公的な書きことばが英語からフランス語に切り替わったために，先の英語の標準化の成果は水泡に帰した。その後 3 世紀ほどの間，英語は公的な書きことばの領域から閉め出され，その間に古英語後期の標準も忘れ去られてしまった。英語は，さまざまな方言の形で話しことばとして用いられるにすぎない社会的地位の低い言語となったのである。

　それでも，英語はフランス語のくびきの下にあった間にも，ゆっくりと着実に復権の歩みを進めていた。14 世紀になると，再び英語が広く公的に書かれるようになってきたが，長らく書きことばの標準が不在だったために，書き手の母方言の発音に基づく著しく多様な綴り字が出現することになった。その後，14 世紀後半からは，ロンドン方言を基盤としつつ諸方言の特徴をも反映した標準的な綴り字がゆっくりと育まれていく。英詩の父と呼ばれる G. チョーサー（1343?-1400）は，この標準化の草創期を代表する英語の書き手である。

【近代英語：1500〜1900 年】近代英語期に入ると，諸方面で英語の標準化が進んだが，その歩みはあくまで緩慢だった。綴り字の標準化は，1475 年の W. カクストンによる活版印刷の導入以降，ある程度の勢いを得たものの，16 世紀中にも綴り字をめぐる論争は続き，ようやく現代に近い水準に到達するのは 17 世紀半ばのことである。その後，1755 年の S. ジョ

ンソンによる『英語辞典』の出版を経て，さらにそのほぼ1世紀後となる1858年には新しい辞書の編纂が決定された。これが1928年に『オックスフォード英語辞典』として結実し，現在に至るまで英語の語彙・綴り字の権威と見なされている。

一方，文法の標準化については，ラテン語文法に範をとったW. ブロカーによる英文法書が1586年に初めて著されると，17世紀にかけて英文法書が続々と出版された。その後，R. ラウスが1758年に，L. マリーが1795年に，それぞれベストセラーとなる英文法書を出版し，現代まで続く伝統文法の基礎が築かれた。

話しことばの標準化に目を移すと，18世紀の規範主義の潮流のなかで，1791年にJ. ウォーカーによる発音辞書が出版され，英語発音における権威と見なされた。ただし，ロンドンの知識階級の発音が「容認発音」として，英語圏において広く標準的として認知されるようになるのは，19世紀後半以降のことである。

【現代英語：1900年〜現在】20世紀の始まりまでには，英語の標準化は語彙，綴り字，文法，発音の各方面ですでに達成されていたといってよい。しかし，近代以降，この求心的な動きと平行して，英語の世界化・多様化という遠心的な動きも活発化していたことに注意する必要がある。1607年のアメリカ入植に始まるアメリカ英語は，18世紀末のイギリスからの独立を境に語彙，綴り字，発音の独自色を強めていったが，その独自性は1828年にN. ウェブスターによって編纂された英語辞書に反映されている。第一次世界大戦後，アメリカ英語は世界中に広く認知されるようになり，イギリス英語と並ぶもう一つの英語の標準を提供する存在となった。

現代英語期には，アメリカ以外にもスコットランド，アイルランド，カナダ，オーストラリア，ニュージーランドなどの英語母語地域にも各々の英語の標準が発達してきた。また，ジャマイカ，インド，ナイジェリアなどの英語非母語地域においても各々の英語の標準が生まれてきつつある。21世紀の現在，世界のリンガ・フランカとしての英語には，このように求心力と遠心力の両方が作用しており，その「標準（化）」についてどのように考えるべきか，重要な課題となっている。

（堀田隆一）

ドイツ語史の概略

【高地ドイツ語と低地ドイツ語】ドイツ語史を語るに際して，「高地ドイツ語」と「低地ドイツ語」の区別をしておく必要がある。紀元後6世紀頃にドイツ語圏の南西部で p, t, k が p(f)，(t)s, ch になる音韻変化（「第2次子音推移」）が始まり，この子音変化は北に向かって進行していった。この音韻変化を被った地域のドイツ語（Apfel, Wasser, machen など）が高地ドイツ語と呼ばれ，被らなかった地域のドイツ語（appel, water, maken など）が低地ドイツ語と呼ばれる。高地ドイツ語は，さらに「中部ドイツ語」と（南部地域の）「上部ドイツ語」に下位区分される。高地ドイツ語が現在の標準ドイツ語につながるため，ドイツ語史は高地ドイツ語を規準にして下記のような時代区分がなされるのが一般的である。

【古高ドイツ語：750〜1050年】フランク族は，他のゲルマン部族を征して751年にフランク王国を建てた。カール大帝は，キリスト教を布教し古典文化を受容する目的で各地に修道院を設置し，そこでは聖職者にラテン語が教えられた。今日に伝承する最古のドイツ語は，ラテン語を語句注釈する単語集（『アプロガンス』，750年頃）に書かれている。教養の香り高いラテン語を範としながら，ドイツ語はラテン語によるキリスト教関連の文献（イシドール［800年頃］，タツィアーンの『総合福音書』［830年頃］，オトフリートの『福音書』［870年頃］）を翻訳するなかでゆっくりとしてではあるが表現力をつけていく。ザンクト・ガレン修道院のノートカー（950頃–1022）は，自由七科に関連する学術用語のドイツ語化に腐心した。

【中高ドイツ語：1050〜1350年】聖職者ではない世俗者が，ドイツ語を文字に記し始める。皇帝や諸侯の宮廷では，12世紀後半に騎士によるドイツ語の歌（「ミンネザング」）と叙事詩（『ニーベルンゲンの歌』，『パルツィファル』，『トリスタンとイゾルデ』など）が開花した。これらの言語には語彙と文体の面で共通性が認められるが，詩人語の域を出るものではなかった。13世紀中葉以降，皇帝直属の帝国都市や（領主から独立した）自由都市が誕生し，貨幣経済下で複雑化した社会生活を文書管理する必要が生まれた。都市では公文書がラテン語だけでなくドイツ語でも書き始められ，超地域的な文章語の形成が促された。

【初期新高ドイツ語：1350〜1650 年】14 世紀以降，商取引や家庭医学書，旅行書など社会生活のさまざまな領域でラテン語に代わってドイツ語の使用が増加していく。皇帝官庁の東上部ドイツ語文章語が長い間大きな影響力を持っていた。しかし 16 世紀前半にルターのドイツ語訳聖書が広範囲に普及すると，ルターが書法と語形の規準とした東中部ドイツ語文章語（東方植民により新たにできたドイツ語圏の文章語）に重点が移りつつ，標準文章語が平均化プロセスのなか形成されていく。17 世紀に入ると，三十年戦争（1618〜48 年）の時代に外来語が氾濫した。民族の絆としてドイツ語を高く評価する意識が学識者たちの心に広がり，「国語協会」が創設されドイツ語の育成について盛んに議論された。（低地ドイツ語文章語はハンザ同盟の衰退とともに威信が低下し，低地ドイツ語地域では 17 世紀半ばまでに高地ドイツ語文章語が採られた。）

【新高ドイツ語：1650 年〜】17 世紀中葉以降に，ショッテルの文法書（Schottel, 1641/1663）とシュティーラーの辞書（Stieler, 1691）が出版され，ドイツ語文章語が成文化された。東中部ドイツ語型のドイツ語文章語は，啓蒙主義の 18 世紀の後半にゴットシェートの文法書（1748）およびアーデルングの辞書（1774-86）と文法書（1781）の影響下で東上部ドイツにも受け入れられ，ドイツ語圏全土に普及を完了した。19 世紀になると，産業化のもと義務教育制度が充実し，識字率も飛躍的向上を見た。1871 年にドイツ帝国という初めてのドイツの統一国家が誕生すると，統一的な正書法と模範的な発音について規準が定められた（それぞれ Duden, 1880 とSiebs, 1902）。20 世紀になりラジオとテレビの普及によって超地域的な発音を身につける人の数が増加していったが，今日でも発音における地域性は払拭できていない。

【文法構造の変遷】古高ドイツ語は母音が豊かな言語であったが，中高ドイツ語時代に向かうなかで，強勢の置かれない音節では弱音の e に弱化していった（「目」：《単数》主格 ouga → ouge, 属格 ougin → ougen, 与格 ougin → ougen, 対格 ouga → ougen；《複数》主格 ougun → ougen, 属格 ougôno → ougen, 与格 ougôm → ougen, 対格 ougun → ougen）。その結果，名詞の格の表示は名詞自体の語形変化ではなく冠詞が担うようになった。ドイツ語は，総合的文法構造を弱め，分析的文法構造へ変化していった。　　　　　（高田博行）

フランス語史の概略

【フランス語の成立】フランス語はインド・ヨーロッパ語族のロマンス語派に属する。フランス語の最古の文書とは 842 年に交わされた『ストラスブールの誓約』であり，これは西フランク王国（現在のフランスに相当）のシャルル 2 世と東フランク王国（現在のドイツに相当）のルートヴィヒ 2 世が長兄のロタールに対抗して両国の相互援助条約を結ぶ際に交わした誓約である。ルートヴィヒ 2 世は，相手側の西フランク王国の兵士にも理解できるようロマンス語で誓約を行い，シャルル 2 世は同じように東フランク王国の兵士のために古高ドイツ語で誓約を行った。このロマンス語が古フランス語の原型となる。フランス語の起源は国境の策定という国家権力の中枢に関わっていたが，これは，その後にフランス語が国家の度重なる介入により整備されていくことを象徴するかのようである。その後，古フランス語はオイル語として認識されるようになり，フランス北部の各地で話されていたが，なかでもイル＝ド＝フランスで話されていたオイル語が中世フランス語へと変化していく。中世フランス語は学芸に利用され，ラテン語の影響を受け，古典語の教養を持つ写字生がラテン語風の綴り字をフランス語に持ち込み，フランス語の綴り字は複雑になった。一方，南フランスではオック語が話されていたが，これは 13 世紀のアルビジョワ十字軍により南仏がフランス王の支配に下ることで次第に周縁化していった。

【フランス語の整備】16 世紀になるとフランソワ 1 世がヴィレール＝コトレの勅令を 1539 年に出し，それまでラテン語で書かれていた行政・司法文書をフランス語で書くよう定め，フランス語による国家支配を進めた。17 世紀になると，1635 年にルイ 13 世治下の宰相リシュリューによってアカデミー・フランセーズが設立され，フランス語の純化と整備が進められる。この機関はフランスで言語政策に関わる最古の組織であり，辞書と文法書の作成を主要な任務としてきた。1694 年にフランス語辞典を刊行して以来，現在に至るまで 8 回にわたり改訂版を刊行し，1986 年から第 9 版の刊行に向けて編纂を進めている。この一方で，文法書は 1932 年に刊行されたのみで，その後に編集の計画はない。

　17 世紀においてフランス語の整備に貢献したのは専門の文法学者や文

学者ではなく，パリのサロンや社交界に集う人々だった。彼らはフランス語を標準化するため，微細な点にまで及ぶ検討と議論を深め，きわめて詳細な語法を定めていった。ヴォージュラの『フランス語に関する覚え書き』（1647）を始め，『ポール・ロワイヤル文法』（1660）などがフランス語の整備に貢献し，フランス語は発展を遂げ，ヨーロッパの宮廷や上流階級の言語となり，ベルリンやペテルブルグのアカデミーでもフランス語が用いられ，ドイツの哲学者ライプニッツやプロイセン王フリードリヒ2世もフランス語を著述や書簡に使用している。ベルリンアカデミーは1783年にフランス語の普遍性に関する懸賞論文を募集し，フランス人著述家のリヴァロールはフランス語の語順の厳格さと構成を根拠としてフランス語の卓越性を論じ，賞を獲得した。国際政治でもフランス語は外交言語となり，1714年にルイ14世はスペイン継承戦争の終結のためのラシュタット条約をフランス語で署名する。これ以降，フランス語は，第一次世界大戦の終結に交わされた1919年のヴェルサイユ条約に至るまで，外交言語としての威信を保ち続ける。

【フランス語の普及】フランス語は17世紀にほぼ統一され，標準語として整備されたが，それ以降，すべてのフランス人が標準化されたフランス語を話していたわけではない。フランスには方言ならびに多くの地域語が存在し，言語が統一されたにもかかわらず，標準フランス語が全土に普及するには相当の時間を必要とした。1880年代から公教育の制度化によりフランス語は次第に広範な社会階層に広まるが，それでもフランス語が国民にあまねく普及するには第一次世界大戦を待たねばならなかった。

　19世紀末からフランス語が次第に全土に広まるなかで，実験音声学の創始者であるジャン＝ピエール・ルスロはフランス語の音声の標準化に関わる言説を構築していった。ルスロは，書記フランス語が統一されたのだから，音声も統一されるべきであると考え，かつて宮廷のあったパリの発音を規範とすべきであると主張し，音声教育に先鞭をつけた。とはいえ，ルスロの主張は外国人に向けたフランス語教育で受け入れられたもので，国民教育への浸透にはさらなる時間を要した。ルスロの主張はその弟子で音声学者のモーリス・グラモンに継承され，次第にフランス語をめぐる支配的な言説となっていった。

（西山教行）

第2部

言語史における標準化の事例とその対照

第 3 章

ボトムアップの標準化

渋谷　勝己

1.　はじめに

　「標準化」という用語は，基本的に，国家や政府レベルの公的組織が，その共同体の内部において，教育や行政などの公的な場面で使用する言語（公用語＝標準語）を確保するべく，意識的，計画的に，①既存の言語のなかから一つないし複数の言語を選び出し（地位計画，status planning），②そのことばが公的な使用に耐えるようにことばの具体的な中身を操作する（実体計画，corpus planning）ことを指すことが多い。しかし，このような標準語の形成（以下，「標準化」とする）に関わる主体は，国家や政府レベルの公的組織とその成員に限るわけではない。ことばの標準化は，社会的，文化的，政治的に影響力のある個人（以下，便宜的に「知識人」「教養層」などとする）によって（ときにそれと意識することなく）策定された実体計画が世の中に受け入れられることによって実現することもある❶❷。たとえば，アメリカのウェブスターが行った英語の綴り字改革❸❹や，明治日

---

❶　フランス語史・西山　フランス語の標準化における重要な個人として，17 世紀の文法学者の果たした役割を無視することはできない。なかでも『フランス語に関する覚え書き』（1647）を刊行した文法学者のヴォージュラ（1585-1650）はフランス語の純粋性を追求し，宮廷やサロンで実践される「よき慣例」を規範とするよう求めた。

❷　ドイツ語史・高田　ドイツ語史において，標準語形成に最も影響力があった個人はルターである。その際，ルター訳聖書の普及が最大の推進力をもった。この点については，第 9 章を参照。

本の明六社に集まった人々が著作物などを通して（結果的に）行った，特に学問や文明開化に必要な語彙の拡張といった実体計画，二葉亭四迷や山田美妙，嵯峨の屋おむろなどを中心とする言文一致の試みなどがその例である。そもそも，政府レベルの公的機関による標準化計画なども，実質的には特定個人の判断がベースにあることが多い。日本の場合，たとえば，明治から大正にかけて，『口語法』『口語法別記』などの作成に関わった大槻文彦などがその役割を果たした。その他，室町時代以降，日本語の標準化に果たした知識人や教養層（近世，近代の学者，演説家，作家など）の役割とその結果は，山本（1965），森岡（1991），野村（2013）などで詳細に描き出されている。

　さらに，「標準化」ということを広く，「当該言語に存在する多様性の淘汰，統一化」を含む「話者間に共通する変種の形成，獲得」という意味でとらえた場合，そのような標準化に関わるのは，国家機関や一部の知識人・教養層だけに限られるわけではない。コミュニケーションの場にあって日々ことばを用いてインターアクションを行っている人々（以下，便宜的に「一般民衆」とする）も同じである。あるいは，標準語を社会に普及させるという側面まで含めれば，一般民衆は，国家や知識人以上にことばの統一化に力を発揮しているといえるであろう。このような民衆の力は，日

❸ 英語史・寺澤　英語における綴り字改革運動はウェブスター以外の「知識人，教養層」によっても行われてきたが（たとえばバーナード・ショーなど）いずれも成功したとは言えない。ウェブスターによる綴り字改革の「成功」には彼が辞書編纂に携わっていたということと，彼による新たな（アメリカ式）綴り字が独立宣言後のアメリカのナショナリズムに訴えたということも関わっているかもしれない。

❹ 英語史・堀田　ウェブスターは，従来の（イギリス的）綴り字 <colour> を（アメリカ的）<color> に変更するなど，アメリカ英語における綴り字改革の第一人者としての評価が定着している。しかし，実態としては，たとえば <color> への変更についていえば，新綴り字が広く行き渡るには，1828 年のウェブスターの辞書の出版から優に数十年の時間を要したのであり，ウェブスターの役割は変更の触媒としての役割にとどまるという見方もある（Anson 1990）。<color> が標準的な綴り字として定着するまでにはアメリカの「一般庶民」の受け入れという段階が必要だったという点において，本稿の「ボトムアップ」の議論にも関わってくるだろう。

・Anson, Chris M.（1990）"Errours and Endeavors: A Case Study in American Orthography." *International Journal of Lexicography* 3: 35–63.

本語社会に限らず，どの言語社会においても観察される力である。〔注：
この力は，エスノメソドロジーが明らかにしてきたような，民衆がボトムアッ
プに社会秩序を構築する力と同種のものと思われる。〕❺

　本章では，標準化のプロセスにおける一般民衆の力にスポットライトを当てて，その様子を描き出してみよう。国家の政策をトップダウン，民衆からの改革をボトムアップとして把握する図1の

図1　標準化主体の構図

ようなイメージを採用すれば，本章ではボトムアップの標準化のメカニズムを概観することになる❻。〔注：この図には示していないが，標準化は，あ

◇◇

❺　中国語史・彭　一般民衆の力という視点で中国語の標準化を観察する場合，同一方言内における同一意味素の異音問題が挙げられる。中国語の各方言には，同一意味素を表すのに「白読」（地元音）と「文読」（外来音）という2種類（方言によっては3，4種類）の発音が併存する現象がある。方言の中で単語の形成時期により，日本語漢字の呉音，漢音と唐音に似たような，異なる発音が形成される。たとえば，「大」（おおきい）という意味素を表すのに北京の標準語音では[taˋ]（無声歯頸破裂・開口音，下降声調）と発音するのに対して，上海方言では [duˌ]（有声歯頸破裂・円唇音，低平声調）と [daˌ]（有声歯頸破裂・開口音，低平声調）という2種類の発音がある。「大人」（おとな），「長大」（育つ）など古層の単語の中では [duˌ] と発音し，「世界大战」（世界大戦），「大学」などのような新層の単語では [daˌ] と発音する。つまり，新層の単語において上海地元の有声子音と低平声調を維持しながら，北京語の開口（非円唇）母音 [a] を受け入れ，部分的に標準語音に接近する現象が観察される。そして「大規模」「大会堂」などの単語では両方の発音が許容されるが，年齢層により [duˌ]（高齢層）と [daˌ]（若年層）が使い分けられる現象も観察される。漢字が表意文字であるため，これらの現象は文字形態の表面上には全く見えないが，中国の各方言における「白読／文読」の異音現象の実態と時代変化を調べることにより，それぞれの方言が標準語音に接近し収束していくというボトムアップ型の標準語化・共通語化のプロセスの一端を明らかにすることが可能となる。

❻　英語史・寺澤　現在世界各地でさまざまな英語変種が話され，また国際ビジネスなどの場面で英語がリンガ・フランカとして用いられるなか，「ベーシック・イングリッシュ」，「グロービッシュ」などさまざまな標準化の試みが見られるが，こうした動きは多くの場合，実際のコミュニケーションに携わる人々のニーズから生じている点でボトムアップの例と言えるかもしれない。

る言語や文字が複数の国家で使用される場合には，国家を超えた組織で実施されることもある。〕❼❽

2. 一般民衆の力

　一般民衆の力による共通言語獲得への動き（広義の標準化）ということを理解するには，たとえば，異なった言語や方言を話す，初対面の話者が出会ったときのことを思い浮かべてみるのがよい。その二人が何らかの共通のことば（意思疎通ができることば）を持っている場合には，それを使用するのが普通である。現代社会では，世界的には英語が，日本国内では全国共通語や標準語と呼ばれる変種がそのリンガ・フランカの役割を果たしている。しかし，そのような共通のことばがない場合にはどうするだろうか。

　異なった言語を話す話者にあっては，まずはその出会いのなかで最低限の必要な内容を表現するための，いわゆる「ピジン」を作り出すであろう。また，平安朝の日本など，広く一般民衆が習得し，使用できた日本語の共通変種がまだなかったと思われる状況では，それぞれが使用する変種（方言）を歩み寄らせながら（アコモデーション），できるだけ共通のことば，通じることばを探してコミュニケーションをとろうとしたであろう。このような二人の出会いが度重なれば，この，異言語間接触によって生じたピジンや，異方言間接触によって生じた共通語（コイネー）の姿は，一定の，安定した体系になってくる。この出会いが二人だけのものではなく，（さらにさまざまな言語や方言を母語・母方言とする）多くの話者が関わる場合には，このピジンやコイネーは，多様性を吸収，淘汰しつつ，新たな参加

---

❼　英語史・堀田　この図では便宜上国家が最上位とされているが，リンガ・フランカに相当する英語やフランス語などに関しては国家よりも大きな単位で標準化を論じることもできるだろう（第1章2.8を参照）。

❽　フランス語史・西山　フランス語はフランスだけではなく，複数の国家で使用されているが，その標準化にあたり超国家機関が介入することはなかった。フランス語政策に関わる組織はフランス語だけではなく，ベルギーやケベックなどにも存在するものの，その権限は自国に限られている。またフランコフォニー国際機構のような国際組織も存在するが，このような機関はフランス語普及に関わるものの，フランス語本体への介入を行うものではない。

者のモデルともなって，ますます一つのもの（ボトムアップに標準化された
ことば）へと収束する動きを見せる。〔注：一方の話者の言語や方言がその地
域で広く使用されることばであり，会話を行う機会が長期に及ぶ場合には，他
方の話者がそれを第二言語／第二方言として習得することも起こる。〕

　このように，異なったことばの出会いの場では，一つのことばに収束し
ようとする求心力が常に働いている（Keller 1994: 100）。これが，一般民衆
が明確に意図することなしに，結果的にことばを統一するのにあずかる力
である❾❿。〔注：個人やグループの対立状況などがあると，逆に，相手のこと
ばとは違うことばに見せようとする分岐の力，遠心力が働くことがある。〕

❾ 〔ドイツ語史・高田〕 言語変化を「見えざる手」というメタファーによって説明
した Keller（1994）のモデルを紹介しておこう。それによれば，人は言語変化を
起こそうとして起こすわけではなく，言語を用いた個々の行為が積み重なり累積
されて，それが意図しない結果として特定の言語変化を生むにすぎない。例えば，
多くの人に踏みならされて新たにできあがった道があったとしよう。そのときに，
「なぜここに，以前にはなかったはずの道があるのか？」（図の右端の「説明され
るべきこと」）を説明する場合，たとえばそこを通ったほうが近道になるとか，
傾斜が少なくてすむとかいった「環境上の条件」をまず明らかにする必要がある。

環境上の

意図的な行為　　　　　　　見えざる　　　　因果的帰結　　　　説明される
　　　　　　　　　　　　　手の　　　　　　　　　　　　　　べきこと
　　　　　　　　　　　　プロセス

条件

そのような環境上の条件があって初めて，そこを通るという「意図的な行為」が（何
の申し合わせもないまま）繰り返され累積されるプロセス（「見えざる手のプロ
セス」）が生じ，そのプロセスの「因果的帰結」として，道ができているという（新
たな）事態が存在していることになる。したがって，言語変化をボトムアップで
説明するには，この環境条件を明らかにした上で，意図的な行為（言語の改変）
が繰り返されるプロセスを解明せねばならない。

❿ 〔英語史・堀田〕 言語変化を集合的な現象と見る Keller の「見えざる手」の議論と，
ボトムアップの標準化とを結びつける議論はたいへん興味深い。「見えざる手」
は目的論でも機械論でもない第3のものであり，この観点から標準化の考察を深
めていくことは有意義だろう。

3. 標準語と共通語

　本書は主として一つの言語内部における標準語や標準化を考えるものであるので，以下の考察ではピジンを除き，主に日本語を例にして，民衆の力を把握しやすいコイネーの形成過程を取り上げる。その前に，以下で使用する「標準語」と「（全国）共通語」という用語の意味を整理しておこう。先に1節で，「標準化」ということを広く，「当該言語に存在する多様性の淘汰，統一化」を含む「話者間に共通する変種の形成，獲得」という意味でとらえたが，以下では，「標準語」と「共通語」という用語を，理念型として，以下のように区別して使用することにする⓫。

　　標準語：学術書や新聞，講演などの，不特定多数を対象とした公的な
　　　　　　場で使用する書きことばや話しことば
　　共通語：相手の出身地にかかわらず（出身地がわからない場合などにも）
　　　　　　使用する，したがって広い地域で使用できる，特定の個人を対象と
　　　　　　する話しことば

　ただし，このように対者や場面，使用地域によって定義した場合の標準語や共通語の言語実態には，場面のフォーマル度や会話参加者間の親密度などによってかなりの多様性があり，その間も連続的である⓬。たとえば上の意味での共通語には，一方には社会人が初対面場面など（の特に冒頭）

⓫ 日本語史・野村 日本語で「標準語」とか「共通語」とか述べるときは，通常「話し言葉」を念頭にしているように思われる。例えば「標準語」について，「教育ある東京人の話すことば」（上田萬年（1895）『国語のため』），「主として今日東京に於て専ら教育ある人々の間に行はるる口語」（大槻文彦（1916）『口語法』），「東京山の手の教養ある人々の言語」（神保格（1941）『標準語研究』）などと規定されるが，いずれも「話し言葉」が問題となっており，方言と対比される。また，「公的な場」で標準語が用いられるというのはその通りであろうが，それはあくまで結果としての使用であって，「標準語」は本来「規範的な言語」として，「善い」「正しい」「（使用される）べきだ」のような価値判断をともなって定義されているかと思う。そのあたりが，事実上「広く通用している」という「共通語」との微妙な異なりである。特に近代日本における「標準語」は，その価値判断的傾向性が強い。野村が「スタンダード，標準言語」という用語を用いるのも，近代日本における「標準語」特有の傾向性を弱めるためである。ただ，「スタンダード，標準言語」などと述べれば，これは「書き言葉」にも適用されて当然でもある。しかし，あまり「書き言葉」のスタンダードが問題にならないのは，もともと「書き言葉」は教育されて身に付けるものなので，本来「標準的」な性格を帯びているためかと思われる。

で使用する話しことばなどのフォーマル共通語があり，また一方には，東京の会社や大学などで母方言を異にする親しい同僚や友人どうしがカジュアルな場で使用する話しことばであるカジュアル共通語がある⓭。また，標準語と共通語も連続的であり，言語間の距離としては，標準語とフォーマル共通語の距離はそれほど大きくはない。標準語にも，ジャンルなどに応じた多様性（レジスター）がある（Biber 1988）。加えて，話者の母方言からの転移なども，標準語や共通語の言語実態の多様性を増幅する要因である。このように，標準語と共通語については，その定義に実態を反映させる場合には上の定義では不十分であるが，本章の目的である，「一般民衆が持つことばを統一する力（およびその限界）」ということを理解するためには，上のような理念型で考えるのが便宜である。

4．共通語の形成過程

さて，標準語と共通語を上のような意味で区別したとき，一般民衆がこ

⓬ ［英語史・堀田］本節で議論されているレジスターの多様性と連続体という見方に納得するとともに，本章で注目されている言語の標準化のボトムアップという方向性と，それと対置されるトップダウンという方向性もまた，実際には連続的，より正確にいえば双方向的となりうるのではないかと考えられる。ボトムアップに形成される共通語とトップダウンに形成される標準語という理念型の区別は有用ではあるが，個別言語史で見れば中間型あるいは双方向型と呼ぶべきケースもあるだろう。

近現代英語の標準語形成は，一般にボトムアップの傾向が強いとされる。フランスのアカデミーのような言語を統制する強力な機関は事実上設立されず，あくまで 18 世紀を中心に知識人や教養人が作りあげてきた規範的な文法や辞書の記述が，標準語の土台となったからである。しかも，彼らの規範の拠り所は，当時の一般庶民の慣用として広く行われていた語法だったともされる（Beal 2004: 111）。近現代英語の標準語についていえば，緩いボトムアップとトップダウンが交互に作用し，らせん状に標準化が進んでいったという見方がふさわしいように思われる。

・Beal, Joan C.（2004）*English in Modern Times: 1700-1945*. Arnold: Oxford University Press.

⓭ ［ドイツ語史・高田］「カジュアル共通語」に対応するといえるかもしれないものとして，ドイツ語には一般に Umgangssprache（日常語，日常交際のことば）と呼ばれる概念がある。この呼称自体はちょうど，標準文章語が確定した 18 世紀半ばに誕生した。つまり，文章語が確定したあと，Umgangssprache という，方言と標準語の間に位置する存在が見えてきたわけである。

とばの統一化に力を発揮するのは，2節の出会いの例で見たようなたがいに共通の言語や方言を持たないような状況で，互いの意思疎通ができるだけスムーズに行えるようにするための共通語を作り出す過程においてである。本節ではそのような一般民衆の力が働いたと思われる事例をいくつか見てみることにしよう。最初に参照枠として，多方言接触とその後の再編過程（コイネーが形成される過程）を類型化したモデルを示す（4.1）。次いで，事例として，江戸語・東京語（4.2），北海道共通語（4.3），日系カナダ人の日本語変種（4.4）を取り上げることにする。いずれの事例も移民社会でのコイネー形成の事例であるが，その共通語化の過程を目の前で観察できるものではなく，残された資料などからその過程を推測することになる。現代のように誰もが幼少のときから全国共通語を習得している時代には，この節で取り上げるような共通語化が起こることはほとんどないものと思われるが，状況さえあれば，話者（一般民衆）はいつでも共通語を作り出すことができるということを確認することが，本節の目的である。

4.1　共通語化のプロセス

表1は，トラッドギルが，19世紀以降に，イギリスのさまざまな地域から入植した人々[14]によって形成されたニュージーランド英語の形成過程（多様な英語方言の接触状態が収束し，体系的に安定したニュージーランド英語が形成されるまで）を3段階によってモデル化したものである（Trudgill 2004）。表中「主役」とあるのはその段階で主として関わった話者，「平準化」とは多様な形式が淘汰されること（複数のバリエーション形式の数が減ること，形態的な不規則性が規則化されていくことなど）である。

表1でTrudgill（2004）が指摘するように，方言接触の過程においてはさまざまな平準化が起こり，結果として形成される共通語は形式と意味が一対一で対応する透明な構造を持ちやすい。さらに，このようにして形成

---

[14] ［ドイツ語史・高田］ドイツ語史では，中高ドイツ語（1050〜1350年）の時代になると，封建制の確立と東方植民そして都市の繁栄がドイツ語を進展させた。12世紀のシュタウフェン朝時代にエルベ川を越え東進して，開拓・開墾が行われた。この東方植民は，言語的には新たに「東」中部ドイツ語圏を生み，標準的文章語の形成に大きく関わっていった。

表1　Trudgill（2004）によるニュージーランド英語の形成過程

段階	主役	特徴
段階 I	1世成人	・初期的平準化が起こる（平準化前の形式も併存） 　・話者間でアコモデーションが起こる 　・イギリスで身につけた規範意識や，言語形式の目立ち度（saliency）も関わって平準化が起こる ・中間方言（複数方言の折衷形）が発達する（部分的アコモデーション） ・過剰一般化などの過剰適応(hyperadaptation)が起こる(不完全アコモデーション)
段階 II	2世子供	・目標とする同世代のことばがない（アコモデーションが起こりにくい） ・言語変項ごとに個人の自由な選択が起こる（結果的に，世界でただ一人の変異形の組み合わせが生じる（同じ時期に同じ場所で言語を獲得しても，個人によってその言語実態が異なる）。ただし社会全体としては一定の変化の方向性を持つ） ・個人内部に可変性（個人内部の揺れ）がある ・無意識的平準化が起こる（使用者数がおおむね10%以下の形式は話者に気づかれずに消滅する）
段階 III	3世子供	・主として2世のマジョリティ形式に収束する方向でアコモデーションが起こる ・使用者が少ない形式でも無標形式であれば選択される可能性がある ・複数の形式に棲み分け（reallocation）が起こることがある

された共通語は，方言接触の場に遅れて参加する話者にとっては目標言語となるために，第二方言として習得しやすい／中間言語的な特徴を備えるようになる（Andersen 1984 の One-to-one Principle, Trudgill 2011 など参照）❶。〔注：逆に，狭い地域のなかで，共有知識を多く持っている当該集団のメンバーのみによって，主に日常的な出来事を話すために使用される言語や方言は，形式面での融合を繰り返す，文法化によって抽象的な意味を発達させるなどして，形態論的に複雑な構造を生み出しやすいと指摘されることがある（Trudgill 2011 など）。このような言語や方言は基本的に幼児が母語として獲得し，継承されるものであり，第二言語として習得されることはほとんどない。〕

4.2 江戸語・東京語

さて，ことばの統一への動きに一般民衆の力が働いた事例として，最初に江戸時代から明治期にかけての江戸語・東京語の形成プロセスを取り上げてみよう。先行研究の成果を踏まえつつ，そのプロセスを描いてみる。ここで考慮しなければいけないことは，主に次の3点である。

（a）すでに形成されていた共通語的変種の存在。森岡（1991）や土屋（2009），野村（2013）などによれば，江戸時代にはすでに，ある程度広い地域で使用される共通語的なことば（野村の用語ではスタンダード）が存在していた（野村による注⓫も参照）。教養層がさまざまな地域で行った講義などのなかで使用したことばや，抄物や心学道話などに記録されたことばなどがそれである。このことばは基本的には上方語をベースにしており，このような講義を行った人々の出身地と，そのような講義の聴講者などから判断しても，全国の広い地域での，さまざまな相手との一対多の公の場でのコミュニケーションに耐える，フォーマルなコードであったようである（田中 1983: 235）。このようなことばが展開したルートを，森岡（1991: 272）は，（[抄物 → 上方語 → 江戸語 → 東京語 → 標準語] ではなく）[抄物 → 江戸講義物 → 明治講義物 → 演説 → 標準語] のように想定し，野村（2013: xii）は「中世末期上方語 → 近世スタンダード（江戸の教養層言語）→ 明治スタンダード → 現代スタンダード（共通語）」のように想定している。

（b）文学作品などにおける上方語的特徴の衰退。文学作品等を資料にす

⓯ 英語史・堀田 ここで思い出されるのは，Mufwene の "founder principle" である。Mufwene は，複数の言語変種が行われている植民地社会においては，最初の植民者たち（founders），正確にいえば最初の影響力のある植民者の集団の変種が優勢となり，後に加わった集団にとっての目標変種となるという説を唱えた。ここで "founders" とは，新社会の中心にあってオピニオン・リーダーとして機能し，たとえ少数派となっても影響力を保持するとされる集団である。AAVE（＝African American Vernacular English），いわゆる黒人英語は，植民地時代の農場において白人支配者が比較的長く監督していたために，ほかのカリブ海地域に比べてクレオール語化が進まなかった変種と考えられる（Millar 166）。

・Mufwene, Salikolo S.（2001）*The Ecology of Language Evolution*. Cambridge: Cambridge University Press.
・Millar, Robert McColl（2012）*English Historical Sociolinguistic*s. Edinburgh: Edinburgh University Press.

れば，近世後期の江戸語においては，初期の上方語的な特徴が薄れ，次第に東国語的な特徴が顕著になっていく。江戸後期においても基本的に文化的に優位な上方語が威信を持っていたと思われるが，文章のなかではさまざまな東国語形式が併用され（ウ音便と促音便，ヌ系否定辞とナイ系否定辞，ジャ系断定辞とダ系断定辞など），東国語形式が優勢な体系へと移行する動きが見られる。たとえば明和期の洒落本4，咄本3の実態を調査した小田切（1943）によれば，断定辞についてはジャ25.1%・ダ74.9%，否定辞についてはヌ・ズ75.9%・ナイ24.1%などのようになっている。

（c）近代語の形成過程に見られる分析的傾向。中村（1957）や田中（1965）によれば，江戸語から東京語（現代語）に移行する過程において，以下のような変化の傾向が観察される。いずれも，4.1で述べた，形式と意味が一対一で対応する透明な構造，第二変種として習得しやすいコイネー的特徴への変化である。

（c-1）整理：一つの意味を担う形式の種類が少なくなる
　・併存していた否定辞ナイとヌが，ナイに一本化する
　・併存していた未然形＋バと仮定形＋バが，仮定形＋バに一本化する

（c-2）単純：ひとつの形式が担う意味の種類が少なくなる
　・意志と推量を表したウ・ヨウが，意志を表す形式に専用化する
　・受身・尊敬・可能を表したレル・ラレルの意味が，受身・尊敬だけになる（可能は可能動詞が担う）

（c-3）分散：複合的な意味を表した形式を，複数形式の合成（足し算）によって表現するようになる
　・マイという一形式が表した否定＋意志・推量の意味を，シナイ＋ダロウ（推量），シナイ＋ツモリダ（意志）という複数形式の合成によって表すようになる
　・ナンダという一形式が表した否定＋過去の意味を，ナカッ＋タという複数形式の合成によって表すようになる

小松（1985: 68ff.）は，江戸語は次の三つのステップを経て形成されたとする。〔注：上のトラッドギルの3段階は一般民衆レベルの共通語化であるが，小松の3段階は統一化に関わった人々の社会階層に注目する点で，着眼点が異なっている。〕

・第一次形成：武家ことばの形成（寛永（1624〜45）期）

・第二次形成：江戸共通語の形成（明和（1764〜72）期）

・第三次形成：下層の江戸訛りの形成（化政（1804〜30）期）

　このうち第一次形成について，野村（2013: 41）は，武家ことばは基本的には室町中央語＝上方語であったと推定している（日本橋周辺に多く集まった商人のことばも同様で，野村（2013: 80）は上方教養町人―江戸上層町人―江戸上級武家―江戸期共通語という図式を想定する）。一方，本章で注目する一般民衆の標準化の力が発揮されたのは，第二次形成期に（b）上方語的特徴が衰退し，現代語の形成過程において（c）分析的傾向が顕著になったことをもとに推測すれば，主に 18 世紀後半と 19 世紀後半のことではないかと思われる。

　幸田（1938）の「江戸町人人口表」によれば，天保 3（1832）年の江戸の住民（町方・寺社門前町人）のうち，江戸（当地）生まれ人口は 414,774，他所生まれ人口は 130,849 であり，他所生まれ人口も少なくない。〔注：この「他所」の内容については，関本（1958: 221）は農村部，速水（2008: 303）は多くが武蔵国出身者と推定している。〕このような状況のなかで，式亭三馬が『四十八癖』（1812-13）3 編末尾に描いた「大都会は諸国の人会（あつま）るゆゑに，六十余州の方言通ぜずといふことなく，耳に馴れ，口に従つて，常に諸州の言語（ことばづかひ）を混ず」（新潮日本古典集成 p.325。続いて一家の中での多方言接触状況が例示される）といった状況が生じ（表 1 の段階Ⅰ），その多様性（上方語を含む）が徐々に淘汰されていったことが推測される（同段階Ⅱ）[16]。

❖❖❖

[16] 英語史・堀田 英語の標準語形成の議論で「コイネー（化）」という用語は従来さほど使用されてこなかったように思われるが，そこで起こっていることは，ここで述べられているコイネー化と限りなく近い。書きことばの事例ではあるが，15 世紀前半の大法官庁英語（Chancery English）は，14 世紀半ばのロンドンにおいて，イングランド東中部地方からの移住者の方言要素を多分に含みつつ成立したコイネーに基づいている。また，産業革命時代には伝統方言から都市変種へのシフトが進行したが，これは交通・輸送手段の発達により，人々の行動様式や社会的ネットワークが様変わりし，各地域の内部における伝統的な社会関係が前の時代よりも弱まった結果，伝統方言が平準化・コイネー化したことに対応する（Gramley 2012: 181）。

・Gramley, Stephan（2012）*The History of English: An Introduction*. Abingdon: Routledge.

その後，第三次形成期において江戸語の安定期（日常語化，vernacularization）を迎え（同段階III），三馬『浮世風呂』（1809-13）2編の江戸と上方のことば争いに見られるような，江戸語をアイデンティティの拠り所とする行動も観察されるようになる。

一方，江戸・東京の人口は，明治維新をはさんで，慶応3（1967）年には 1,120,463 だったのが，明治6（1873）年には 595,904 と大幅に減少し，明治17（1884）年にようやく 1,020,473 と，もとのレベルにもどしている（田中 1983: 156。本書第4章も参照）。この間，特に武家の居住地であった山の手の住民が大幅に入れ替わり（野村 2013: 131ff. 参照），その後転入してきた各地の人々によって，山の手で再びコイネー化が起こった可能性が推測される。上の（c）の分析表現化する傾向は，このような状況のなかでさらに進行したことであろう。

4.3　北海道共通語

次に，明治中期以降，日本の各地からさまざまな方言を母方言とする多くの人々が入植した北海道を見てみよう。北海道ではさまざまな方言話者が接触し，世代をまたいで共通語が形成された。

北海道共通語は，言語面では標準語に類似することが指摘されるが，タイシタ（とても），オバンデス・オバンデシタ（こんばんは），ハンカクサイ（ばかげている）などの標準語にはない要素も含んでいる。国立国語研究所（1965）や小野（1978）によって明らかにされたその形成プロセスは，次のようなものである。

(1) 1世（入植者）の出身地にかかわらず3世のことばは「北海道共通語」に変わっている。

(2) 1世は出身地の方言の特徴を多く残すが，語彙については1世と2世の間で共通語化し，音や文法などの他の特徴は2世と3世の間で共通語化する（小野 1978 は音声・アクセント面の共通語化の度合が高く，文法・語彙面の共通語化は遅れているとする）。

(3) 共通語化の度合は地域社会の性格（都市部か農村部か，集団移住地か各地の方言話者が集まった屯田兵村かなど）によって制約される。

国立国語研究所（1965: 付表）によって，3世代におけることばの変化の

ありかたを見てみよう。表2は屯田兵村である美唄市（高知県長岡郡後免町から入植），表3は集団移住村である中川郡池田町（福井県吉田郡河合村から入植）の一家の，各世代の家族が使用する，一段動詞・カ変動詞，サ変動詞の命令形である（調査票による面接調査）。世代のあとのカッコ内の数字は調査時の年齢を示す。

表2　美唄市（屯田兵村，高知県長岡郡後免町から入植）の一家の命令形

	1世（86）	2世（58）	3世（38）
起きる	オキレ，オキヨ（よく使う），オキー（子供に），オキロ（稀）	オキレ，オキロ	オキレ，オキロ
見る	ミレ（稀），ミヨ（よく使う），ミー	ミレ，ミロ	ミレ，ミロ
来る	コイ（ヨ），キー（ヨ，甘やかしたことば，きれいな国のことば）	コイ	コイ
する	シレ，セヨ，セー，シーヤ（国のことば）	セー，スレ	セ，スレ，シロ

表3　中川郡池田町（集団移住村，福井県吉田郡河合村から入植）の一家の命令形

	1世（77）	2世（46）	3世（21）
起きる	オキヨ，オッキョマ，オキレ	オキヤ，オキマ，オキレ（少）	オキレ
見る	ミヨ，ミー，ミレ	ミレ	ミレ
来る	コイ	コイ	コイ
する	シェイ	シレ，セー	シレ，セー

　屯田兵村でも集団移住村でも，1世では出身地の方言や他の方言形式が併用されるものの，2世，3世ではそれが淘汰されて，限られた形式（北海道共通語）へと収束していく姿が見てとれるであろう❶。

4.4　日系カナダ人の日本語変種
　最後に，日系カナダ人の日本語変種を見ておく❶。日本人が最初にカナダに渡ったのは1877年であり，その後，多くの日本人が出稼ぎ労働者としてカナダに渡った。カナダでは，漁業，農業，林業，製材業，鉱業や，鉄道建設，港湾建設などに従事している。当初は太平洋沿岸のバンクーバー

周辺に集まって暮らし、パウエル街（リトル・トーキョー）や、漁業を主とするスティーブストンなどの日系人コミュニティも形成されている。このような状況で方言接触が起こり、共通語化（コイネー化）が進んだものと推測される。カナダの例ではないが、ハワイの方言接触状況については次のようなコメントが残されている。

> （……）日本人同志が、話が通じなかったんですゾ。山形県であろうが、新潟県であろうが、福島・宮城であろうが、一遍ですぐ話が分

❼ 中国語史・彭 日本語の標準化の議論の中で、動詞・形容詞の語尾変化や文末形式などの問題が取り上げられるのはしごく自然なことではあるが、孤立語の中国語の話者の目には、それは屈折を持つ言語（屈折語、膠着語）特有の現象のように映る。中国語の標準化は、大陸の「普通話」、台湾の「国語」と東南アジアの「華語」のいずれにおいても、基本的に語彙と発音の選択が中心問題となる。

筆者渋谷による解説 本章では文法面の例を多く挙げているが、ボトムアップの標準化は、日本語においても、語彙面や音声・アクセント面などでも起こっている。本文に記載したように、国立国語研究所（1965）には語彙が最も早く平準化するといった、平準化の順序についての言及もある。なお、そもそもことばのどのレベルにバリエーションが多く現れるか（言語接触の際に平準化の対象となるか）、関連して個別の言語共同体のバリエーションの研究（変異理論研究）がどのレベルに興味を持つかには、言語によって違いがあるようである。英語については音声のバリエーションを対象とする研究が多いが、これは英語のバリエーションが音声（accent）面に多く現れ、かつ話者も音声面のバリエーションに敏感であることが関わっているであろう。これに対して日本語のバリエーション研究は、語中のが行音（[g] と [ŋ]）や連母音の融合事象（[ai] と [e:] など）を除けば音声面について行われることはあまりない。アクセントや文法、待遇表現などの研究に偏る傾向がある。ただし、地域的変種（方言）間の比較研究ということになると、英語でも文法事象が大きくクローズアップされ(Kortmann et al. 2004 など)、日本語でも語中の無声閉鎖音の有声化や四つ仮名などの音声面も視野に入ってくる。このように、それぞれの言語のバリエーションや標準化の研究、言語計画の実践においてその言語のどのレベルを取り上げるかには、当該言語のレベルごとのバリエーションの現れ方と話者の関心のありかといったことが大きく関わっているように思われる。ちなみに、日本語についての、政府機関が主導するトップダウンの標準化政策は、アクセントや音声、文法、語彙などではなく、もっぱら表記について行われてきた。

・Kortmann, B., K. Burridge, R. Mesthrie, E. W. Schneider and C. Upton（eds.）（2004）*A Handbook of Varieties of English Vol. 2: Morphology and Syntax.* Berlin: Mouton de Gruyter.

❽ ドイツ語史・高田 現在のドイツでは、トルコ系移民3世代がドイツ語を習得してきた歴史的プロセスが比較的よく研究されている。ドイツ語の Ethnolekt（民族方言）という言い方がなされる。

るなんて奴はおらんかったから。そこさきてからに，山口だ，広島だ
ときたら，もう分らん。九州なんかときたら，もっと分らんかった。（ハ
ワイ，福島県出身1世，前山 1986: 68）

1912年および1920年の日系カナダ人1世の主な出身県は，表4のとお
りである（佐々木 1992）。西日本出身者が多く，カナダで使用される日本
語変種に西日本方言の要素をもたらす要因となっている。表には記載がな
いが，東日本では宮城県，福島県，神奈川県などの出身者が多い。

表4　日系カナダ人1世の主要出身県（佐々木 1992: 70）

	1912（明治45）年		1920（大正9）年	
滋賀県	1,953人	19.85%	3,054人	17.48%
和歌山県	1,436人	14.59%	2,597人	14.86%
広島県	976人	9.92%	1,758人	10.06%
熊本県	813人	8.26%	1,417人	8.11%
福岡県	737人	7.49%	1,375人	7.87%
5県合計	5,915人	60.11%	10,201人	58.37%
総人口	9,840人	100.00%	17,475人	100.00%

その後，1941年に日本軍が真珠湾を攻撃したあとは法的に敵国人とされ，
戦後も含めて内陸部さらにはトロント方面へと分散し，日系人コミュニ
ティは崩壊している。なお，日系カナダ人の共通語が存在したとして，そ
れを構成した要素には，1世の母方言の要素のほかに，マスメディアなど
を通じて接触して受容した日本語標準語の要素や，接触によって新たに生
じた中間方言的要素（表1参照），英語母語話者などと接触して受容した
英語の要素などもあったものと思われる（渋谷・簡 2013）。ただし，これ
もカナダの例ではないが，移住先では次のような言語状況であったことが
報告されている。

同じ場所で二つ以上の方言が常にいりみだれていると，さてどちらが
本当だろうかという疑念が起る。われわれは標準語と方言を対立させ
て，これは標準語であり，これは方言であるということを教えられた

ことがないのである。（ブラジル，栃木県出身１世，半田 1966: 120-121）**⑲**

以下，日系カナダ人の日本語データのなかから，１項目だけ例を見てお
こう。データは，真壁（1983，１世）と村井（2000，２世）に記載のある，
ライフヒストリーのために収録されたものである。このなかで使用されて
いる形容詞連用形と副詞ヨクのウ音便形／非音便形を示せば，表５のよう
である。ヨクとその他の形容詞では実態が異なるので，表では分けてある。
表のモリヤマのみ２世，ほかは１世である。居住地はそれぞれ異なる。

表５　形容詞（副詞）のウ音便形・非音便形（左：ウ音便形，右：非音便形）

	福島	村田	石川	中村	林	１世計	モリヤマ
ヨク	1／16	6／7	5／13	0／17	14／17	26／70	63／21
その他	0／25	0／26	4／28	0／31	2／25	6／135	0／98
計	1／41	6／33	9／41	0／48	16／42	32／205	63／119

・願望のタイを含むが，ウ音便形として使用されにくいもの（デキナクナルなどの否定辞ナイ，
　マモナク，亡クナル）やウ音便形でしか使用されないもの（可能の副詞ヨウ）は除外して
　いる。
・１世インフォーマントの氏名（出典による）・生年・出身地・渡加年
　　福島マキ・1892・山口県大島郡・1913
　　村田ハナ・1895・滋賀県彦根市大薮町・1918
　　石川矢須・1896・広島県神石郡油木町・1919
　　中村　民・1896・広島県広島市・1916
　　林　みよ・1902・鹿児島県姶良郡東国分村・1923
・２世インフォーマントの氏名（出典による）・生年・出身地・両親の出身地
　　マツヨ　モリヤマ・1914・アルバータ州レイモンド・福島県佐倉

ヨク以外の形容詞については，もともと１世でも使用が少なかったウ音
便形が２世では淘汰されている。一方ヨクについては，１世では個人ごと
に使用度が多様であったウ音便形が，２世においては多用されている。表
２，表３で見た北海道共通語の命令形もそうであったが，多様性が収束す
る方向は必ずしも現代標準語と同じものとは限らない。

<hr>

⑲ 英語史・堀田　中英語期の方言が林立していた時代からも，よく似た同時代の
コメントが残されている。イングランド最初の印刷家ウィリアム・カクストンが
1490 年に *Eneydos* の序文において，卵（複数形）を egges というか eyren とい
うかで人々がもめている逸話を挙げている。

54

5. 標準語としての機能と言語的拡張

　4節では，多様な方言が接触した場合，その多様性を調整しようとする話し手の力が働き，徐々に共通語といえるものが形作られることを見た。しかし，このようにして形成される共通語は，基本的にはその出会いのなかで交わされる会話を維持するためのことばである。これを，公の場での演説や，学術的な書き物などにも使用できることば＝本章が定義する標準語とするためには，一般民衆がことばに統一化をもたらす力だけでは不足する。標準語が標準語として，社会の公的な場面での使用に耐えるものであるためには，次のような，一見相反する二つの特徴を持つ必要がある。

　　(a) 透明性：誰にでも（特に言語形成期以降の成人が習得する第二変種として）習得／理解しやすいことばであること。

　　(b) 論理性：話し手と聞き手，書き手と読み手の間で互いに共有する知識が少ない，（あるいは，ときに相手が誰かがわからない）低コンテキスト的な環境で，命題内容やその関係などを細かく指定できることばであること[20]。

　(a) の「透明性」とは，4.1で述べた，形式と意味が一対一で対応するような構造（分析的傾向）を持つことである。この透明性への志向は，さまざまな言語的背景を持つ都市部や移民社会の話者の間で使用される共通語にも観察されることは，4節の事例で確認した。

　一方，(b) の論理性は，標準語が，日常的な出会いだけではなく，フォーマルな領域や書きことばでの使用など，多様な領域での使用に耐える体系と構造を持つ必要があるところからくる，最も標準語らしい特徴である。このような論理性，多機能性の拡張は，たとえば明治時代の日本にあっては，政府関係機関（国語調査委員会など）や知識人・教養層（明治時代の作家や学者，政治家など）によって行われた。ここには，野村（2013）がスタ

---

[20] （英語史・堀田）ここで英語の標準綴り字と比べることは必ずしも適切ではないかもしれないが，関連して考察してみるとおもしろい。英語の綴り字の標準化にあっては，個々の文字と音素の対応を捨てたといってよく，結果的に透明性も論理性も指向しなかったように見える。一方，綴り字と語の対応という観点から見ると，習得／理解しやすいかどうかは別として，一応は一対一の対応を獲得しており，少なくとも透明性を指向したとはいえるかもしれない。

ンダードと呼ぶ，室町時代末期頃から連綿と教養層が築き上げてきた公的な話しことばや書きことばの要素，漢文訓読文，翻訳文などの要素が流れ込んでいる。このようにして形成された標準語は，国定教科書などで使用されることによって日本語の規範となった。

　以上のような標準語の持つ特徴（透明性と論理性）を，表6によって確認しよう。ごくおおまかなものではあるが，異なる地方出身の東京の大学生が初対面場面で使用するような半フォーマルな共通語と対照して示す。

表6　日本語標準語の言語的特徴（「標準語」の特徴は渋谷2018を参照）

	標準語	半フォーマル共通語
語彙	走ル・疾走スル・暴走スル・完走する・快走スル，など	走ル（暴走スル・完走スル）
格助詞ガ・ヲ	義務的使用	可変的使用（省略可）
複合格助詞	ヲ：ヲ超エテ・ヲ経テ・ヲメグッテ・ヲモッテ ニ：ニオイテ・ニカケテ・ニ限ッテ・ニ関シテ・ニ先立ッテ・ニシタガッテ・ニ対シテ・ニツイテ・ニツレテ・ニトッテ・ニ伴ッテ・ニ入ッテ・ニムカッテ・ニヨッテ・ニ渡ッテ ト：トアッテ・トシテ，など	ニ：ニトッテ・ニムカッテ・ニヨッテ
広義アスペクト形式 （寺村1984）	時間的相：〜ハジメル・〜ダス・〜カケル；〜ツヅケル・〜ツヅク；〜オワル・〜オエル・〜ヤム 空間的相：〜アゲル・〜アガル・〜オロス・〜クダス・〜サガル・〜サゲル・〜オチル；〜コム・〜コメル・〜ダス・〜マワス；〜カケル・〜カカル・〜ツケル・〜ツク・〜カエス・〜アウ 程度その他：〜ヌク・〜キル・〜コム・〜トオス・〜ツメル・〜ツクス	時間的相：〜ハジメル・〜ダス・〜カケル；〜ツヅク；〜オワル 空間的相：〜アゲル・〜アガル・〜オチル；〜ダス・〜マワス；〜カカル・〜ツケル・〜ツク・〜カエス・アウ 程度その他：〜キル・〜トオス・〜ツクス

認識的モダリティ形式	推量：デショウ・ダロウ 蓋然性：カモシレナイ・ニチガイナイ・ハズダ 証拠性：ヨウダ・ミタイダ・ラシイ・（シ）ソウダ・（スル）ソウダ	推量：デショウ（・ダロウ） 蓋然性：カモシレナイ・ハズダ 証拠性：ミタイダ・（シ）ソウダ・（スル）ソウダ
認識的モダリティ副詞 （日本語記述文法研究会2003）	キット・タブン・オソラク・間違イナク・絶対(ニ)・サゾ・サゾカシ・モシカ｛スルト／シタラ／シテ｝・ヒョット｛スルト／シタラ／シテ｝・アルイハ・当然・タシカ・マサカ・ドウヤラ・ドウモ・マルデ・アタカモ・イカニモ	キット・タブン・オソラク・間違イナク・絶対(ニ)・モシカ｛スルト／シタラ／シテ｝・当然・タシカ・マサカ・ドウモ・マルデ
非情物主語文	使用	不使用
接続表現：論理的展開表示 （日本語記述文法研究会2009，一部変更）	確定条件：デアルカラ・ソレデ・ソノタメ・シタガッテ・ユエニ・ヨッテ・ソコデ 仮定条件：ソレナラバ・ソレデハ・デハ・スルト・ソウスルト・トスルト・シテミルト・ソウナルト・コウナルト・トナルト	確定条件：ダカラ・ソレデ 仮定条件：ソレナラ・ナラ・ソレジャ・ジャ・ソシタラ・ソウナッタラ・コウナッタラ
終助詞（日本語記述文法研究会2003）	伝達：ヨ 確認・詠嘆：ネ・ヨネ	伝達：ヨ（・ゾ・ゼ・サ・ワ） 確認・詠嘆：ネ・ナ・ナア・ヨネ その他：トモ・モノ・ノ・ッケ・ッテ／ッテバ
感動詞（日本語文法学会2014，森山卓郎執筆）	聞き手目当て 　挨拶：オハヨウ 　応答：ハイ・イイエ 非聞き手目当て	聞き手目当て 　挨拶：オハヨウ 　呼掛：オイ・ネエ・ホラ 　応答：ハイ・イイエ・マア・サア・イイヨ・イヤダ 非聞き手目当て 　情動変動：アア・オヤ・アレ 　情動反応：ワア・オオ・マ

		ア・キャア 価値評価：ヤッタ・クソ 思考中表示：エット・ドレ・ドレ・ハハア・ナルホド・フウン
	思考中表示：エエト・ナルホド	
音融合	なし（基本的に非融合形式のみ使用） ・シナイ ・シテシマッタ ・シタデハナイカ（／シタジャナイ）	融合形式／非融合形式の併用 ・シナイ／シネー ・シチャッタ／シテシマッタ ・シタジャン／シタジャナイ

　(a)透明性ということでは標準語と半フォーマル共通語ともに，第二変種として習得しやすい体系と構造を根底に持ちつつも，(b)論理性という面では，標準語のほうが複雑な体系になっている。ただし，表6の二重線（終助詞）以下の項目は，半フォーマル共通語のほうが，対話用のことばであることを反映して複雑に分化しているところである。この部分については，表の右側に，狭い地域で共有知識の多い話者の間で使用される地域方言を置けば，形態論的にも不透明な，複雑な形式が出てくる可能性がある（渋谷2018に山形市方言の記載がある）。このような方言の特徴と対照することによって，半フォーマル共通語の持つ相対的な透明度を明らかにすることができるものと思われる。

6. まとめ

　本章では，ことばの標準化において発揮される一般民衆の力にスポットライトを当てて，以下のことを述べた。
- 標準化（言語の統一化）の過程には，政府の公的機関や教養層・知識人のほかに，一般民衆も大きく関わっている。
- さまざまな方言を使用する話し手には，コミュニケーションを成り立たせようとする意志があり，互いに歩み寄りつつ（アコモデートしつつ），共通のことば（共通語，コイネー）を共有しようとする。
- その共通語は，透明な体系や構造を持ち，第二変種として習得しやす

いものになる。
- また，このようにして成立した共通語は，あとからそのコミュニケーション・ネットワークに参加する人々のモデル（習得目標言語）となって，規範力を持つに至る。
- ただし，これを標準語として使用するためには，さまざまな状況での使用に耐えるべく，論理性や多機能性を担えることばに拡張する必要がある。

ことばの標準化において働く一般民衆の力は，標準語の形成過程においては一般に見えにくいものではあるが，Trudgill（2004）が指摘する南半球（オーストラリア，ニュージーランド，南アフリカなど）の英語変種やカナダ（ケベック州）のフランス語変種，南米諸国のスペイン語変種の形成過程など，世界のいたるところで観察されたであろうし，身近なところでも，異言語，異方言の出会いがあるところには常に観察できる普遍的な力である❷❷。対照言語史としては，一般民衆の力が，それぞれの言語共同体において，どのような時代に，どのような社会的状況においてどのように発揮され，その結果どのような共通変種が形成されたのか，さらにその共通変種が標準語の形成にどのような役割を果たしたのかを明らかにすることが，課題となろう。

付記：本稿は JSPS 科研費 19K00627 の成果である。

---

❷ （フランス語史・西山） カナダのケベック州はアメリカや英語圏のカナダに取り囲まれた「島」であるため，英語との接触が多く，英語がそのまま用いられたり（boss や gang など），フランス語への適応をとげた単語もある。またフランス語から意味上の変化をとげた単語もある。

❷ （英語史・堀田） ここで参照されているトラッドギルは，2012 年の別の論文で近代英語期の標準化の進展も，14 世紀から 18 世紀にわたる長期のコイネー化と見ている。英語の標準化・共通語化も歴史的にはボトムアップの色彩が強いため，本論で展開された日本語の標準化・共通語化と詳細に比較対照してみる価値がある。

- Trudgill, Peter（2012）"Varieties of English: Dialect Contact." Chapter 130 of *English Historical Linguistics: An International Handbook*. 2 vols. Ed. Alexander Bergs and Laurel J. Brinton. Berlin: Mouton de Gruyter, 2044-59.

参考文献

小田切良知（1943）「明和期江戸語について―その上方的傾向の衰退（1）（2）（3）」『国語と国文学』20-8: 48-58, 20-9: 40-57, 20-11: 49-67.

小野米一（1978）「移住と言語変容」『岩波講座日本語別巻 日本語研究の周辺』岩波書店, 155-197.

幸田成友（1938）「江戸の町人の人口」『社会経済史学』8-1: 1-23.

国立国語研究所（1965）『共通語化の過程―北海道における親子三代のことば』秀英出版.

小松寿雄（1985）『江戸時代の国語 江戸語』東京堂出版.

佐々木敏二（1992）『日系カナダ人移民史』不二出版.

渋谷勝己（2018）「標準語の癖―論理性と分析性」『日本語学』37-1: 50-59.

渋谷勝己・簡月真（2013）『旅するニホンゴ―異言語との出会いが変えたもの』岩波書店.

関本直太郎（1958）『近世日本の人口構造』吉川弘文館.

田中章夫（1965）「近代語成立過程にみられるいわゆる分析的傾向について」『近代語研究第 1 集』武蔵野書院, 13-25.

田中章夫（1983）『東京語―その成立と展開』明治書院.

土屋信一（2009）『江戸・東京語研究―共通語への道』勉誠出版.

寺村秀夫（1984）『日本語のシンタクスと意味Ⅱ』くろしお出版.

中村通夫（1957）『現代語の傾向』宝文館.

日本語記述文法研究会編（2003）『現代日本語文法 4　モダリティ』くろしお出版.

日本語記述文法研究会編（2009）『現代日本語文法 7　談話・待遇表現』くろしお出版.

日本語文法学会編（2014）『日本語文法事典』大修館書店.

野村剛史（2013）『日本語スタンダードの歴史―ミヤコ言葉から言文一致まで』岩波書店.

速水融（2008）「近世日本の人口構造と変動」『日本学士院紀要』62-3: 285-307.

半田知雄（1966）『今なお旅路にあり―或る移民の随想』太陽堂書店.

前山隆（1986）『ハワイの辛抱人―明治福島移民の個人史』御茶の水書房.

真壁知子（1983）『写真婚の妻たち―カナダ移民の女性史』未来社.

村井忠政（2000）『日系カナダ人女性の生活史―南アルバータ日系人社会に生まれて』明石書店.

森岡健二編著（1991）『近代語の成立―文体編』明治書院.

山本正秀（1965）『近代文体発生の史的研究』岩波書店.

Andersen, Roger（1984）The one-to-one principle of interlanguage construction. *Language Learning* 34, 77-95.

Biber, Douglas（1988）*Variation across Speech and Writing.* Cambridge: Cambridge University Press.

Keller, Rudi（1994）*On Language Change: The Invisible Hand in Language.* London: Routledge.

Trudgill, Peter（2004）*New-Dialect Formation: The Inevitability of Colonial Englishes.*
Edinburgh: Edinburgh University Press.

Trudgill, Peter（2011）*Sociolinguistic Typology: Social Determinants of Linguistic Complexity.* Oxford: Oxford University Press.

第4章

スタンダードと東京山の手

野村剛史

1. 江戸期までの共通語

日本語の歴史は，特に 16 世紀の織豊政権時代までは，中央語の歴史としてしか追うことができない。その中央語の場所は，京都を中心としたいわゆる上方である❶。応仁の乱以降は，口語資料（口語体の書き言葉）が相当に現れるので，16 世紀の日本語の話し言葉中央語は，かなりよく分かる❷。また，その中央語は，ある程度地方語（方言）に対する規範性を有していた。それ故，スタンダードと述べることも可能であろう。16 世紀日本語の口語三大資料は，狂言，抄物，キリシタン資料であるが❸❹，そこから一例を挙げる。〔注：言語資料については，本文以上は煩瑣になるので，詳しくは野村（2011, 2013, 2018, 2019）を参照。〕次はキリシタン版（天草版）

❶ ［ドイツ語史・高田］「地方語」の対としての「中央語」という用語は，ドイツ語史にはない概念である。それは，ドイツ語圏では中央となる都市ないし地域がどこであると確定的に言うことができず，地方分権的なあり方が長い間続いたという事情によるものと考えられる。

❷ ［英語史・堀田］本章では，日本語の口語体の書きことば，ないし話しことば中央語の歴史が扱われている。前提には，日本語にはこれらと対置されるものとして文語体の書きことばが存在したという事実がある。この前提について英語などの西洋諸語の観点から対照言語史的に考察すると興味深い。というのも，英語の歴史に関していうならば，書きことばと話しことばが著しく乖離していた時代はほとんどなく，また書きことばの内部についても口語体と文語体とが大きく相違していた時代もなかったからである。上記の対置は，しいていうならば，中世において宗教・学問・国際交流の言語だったラテン語とヴァナキュラーである英語の対立関係に比せられるだろうか。

の『平家物語』の一節である。天草版の日本語ローマ字表記を，発音に近い漢字仮名交じり文に改めた。

さうあって忠盛は御前で舞われてござったれば，公家たちがこの人を嘲って拍子を変えて伊勢へいじはすがめなりと言うて，はやされてござった。さうせられた子細は，忠盛中ごろ都の住まいにうとうとしうなって，伊勢の国に住国がちにあったによって，その国のうつわものにことよせて，伊勢瓶子と申された。その上忠盛がすがめであったによって，かう申されてござった。（天草版『平家物語』，1593　勉誠社文庫 1989）

ポルトガル人宣教師を中心とするキリシタンは，布教のために日本語の話し言葉を学ばねばならないのだが，規範性にうるさく，自分たちは上品なミヤコの言葉を使用するべきだと考えていた❺。

「抄物」というのは，室町時代に広く行われた禅宗五山僧らによる講義の筆録である。だいたい漢籍の注であって，それを「～抄」と言った。講義であるから筆録も口語体になる。彼らはその講義を京都，近江，越前一

❸ ドイツ語史・高田　ドイツ語史の場合，狂言，抄物，キリシタン資料のうち，狂言はドラマのセリフということで話しことばの再現のための資料として用いられる。宗教的な講義録に似たものとしては，古高ドイツ語時代（750～1050 年）にザンクト・ガレンの修道院付属学校教師の Notker（950 頃-1022）が残した資料があるが，これは話しことばに近いものではない。キリシタン資料に対応するものももちろんないが，そもそもドイツ語が初めて文字で書かれたのは，カロリング帝国がキリスト教化を推進する目的でラテン語をドイツ語で注釈したことがその始まりである。

❹ 中国語史・彭　中国語の文語（文言）体と口語（白話）体の対立が形成された後の主な口語資料は，7～10 世紀の唐・五代の敦煌変文資料，10～13 世紀宋代の（禅宗伝灯録，儒学者講義録などの）語録資料，14 世紀の元代戯曲台本と 14～19 世紀の明・清白話小説などが挙げられる。ただし，漢字の表意文字の性質上，これらの口語資料を通して，各時代の言葉の語彙的，文法的特徴を観察することはできるが，音韻的特徴を観察するのには限界がある。

❺ 中国語史・彭　17～19 世紀頃に中国で活動していた宣教師たちにも同様の傾向が見られる。聖職者の尊厳を示すため，彼らはことばの威信と規範の所在に敏感で，中国語を学ぶ際にも当時の文化中心地や上流階級の発音と表現の習得にかなり気を配っていた。一方，中国語の主要方言間の距離は意思疎通が困難なほど遠いため，効果的な布教を狙った宣教師たちは方言の習得と研究にも熱心で，福建，広東や上海などの地域方言による聖書翻訳も積極的に手掛けていた。

乗谷，太田道灌の江戸等々で行った。場所を提供する戦国の武家たちは教養を欲し，ミヤコの言葉はその教養の一部に含まれていたであろう。抄物の一例を挙げる。次の抄物「湯山聯句抄」（岩波新日本古典文学大系53）は，抄者が一韓智翃，1504 年（永正元年）の成立である。一々の指摘は行わないが，キリシタンの「天草版平家物語」も抄物の「湯山聯句抄」も，文法的に近代口語に近い。

> 禅宗の清規なんどにも，冬の寒き時は，五日に一度づつ浴に入るぞ。夏中日々に淋汗と云ぞ。淋汗とは風呂に入，湯に入れば必汗が垂るを云ぞ。淋汗は，汗を淋くの心ぞ。かう云たは，我が叢林〔禅寺〕の浴に入る法であるぞと，先づ大数を云てをいて，さるほどに，今湯山に入る事を云ぞ。（『湯山聯句抄』岩波新日本古典文学大系53）

　豊臣政権下の 16 世紀後期，各地の戦国大名たちは，京・伏見・大坂といった上方に集められた。日本史上初めての状況である。ミヤコ言葉の知識があれば，多少の役に立ったのではあるまいか。上方の中央語が一層の求心力を持った時代が，生まれたと言えるだろう。だがそれは長くは続かない。江戸開府とともに，いったん上方に集中した武家たちは，江戸に移動することになったからだ。

　江戸開府は，いわば首都移転であった。関ヶ原の戦いの後も多くの大名たちは生き残り，豊臣家臣団はまるまる江戸に移動した。関東地方は東国方言の場所だったろうから，江戸にはまず，武家らによる上方言語の島が生じただろう❻。地域的には主に江戸城の西・北・東側であり，後の江戸山の手の基盤となった。その後を追うように，商工業者町人が江戸城の東北方面に下町を形成した。商工業者の出身地は多様であるので，江戸はし

---

❻ 中国語史・彭　歴史背景が異なり単純比較は難しいが，戦争，王朝交代や遷都などによる言語（方言）島の形成という意味では，江戸の旧豊臣家臣団と北京の満州貴族との間にある種の共通点が見られる。1644 年頃清王朝が北京に都を移した後，城内中心部には満州語を使う満人貴族層，城内周辺部には満州語，モンゴル語，中国語が混用される旗人層，城外には中国語を使う漢人層という三層構造の住居形態となっていたため，北京の満州語使用地域は東北の満州族の生活地域から遠く離れた飛び地となっていた。北京の満州語は清王朝の「国語」として周囲の北京語に影響を及ぼしながらも 19 世紀頃にはそれに呑み込まれ消滅した。

ばしば方言の坩堝といわれる。しかし，武家と接触するような上級の商人の出身地は，主に京大坂，近江，伊勢などの近畿地方である。江戸下町にはやがて，「べらんめー」ともいわれるような「江戸っ子」の言葉が成立してゆくが，江戸の人々は改まった場面での丁寧な言葉と，日常のぞんざいな，時には乱暴な言葉を巧みに使い分けてゆく❼。後の時代のことではあるが，その間の事情を，幕府御家人の倅で「半七捕物帖」の作者である岡本綺堂は，次のように述べている。綺堂の父親は明治維新後，東京のイギリス公使館で勤務していた。

> 更らに又，注意しておきたいのは，江戸に限らず，すべての都会人はみなそうであるが，多年訓練の結果として，言葉の使い分けを自然に心得ていることである。(……) 乱暴な言葉と，礼儀正しい言葉と，こんなにも違った言葉がどうして同一人の口から出るかと怪しまれる程に，あざやかに使い分けられるのである。(……)「なんだ，べらぼうめ，この野郎。ぐずぐずしていると，引っぱたくぞ」こういうと，まるで裏店の職人の言葉のようにも聞えるが，これが江戸の武士の日常普通の言葉である。(……) 武士と職人と比較すると，商人が最も丁寧である。(……) 殊に中流以上の商人の言葉などは頗る丁寧であったらしく，「身分のよい商人などと話をしていると，こっちが恥ずかしいくらいであった」と，私の父がかつて語ったことがある。(岡本1956)

上方から江戸への首府移転によって，16世紀までの中央語は二箇所に分岐した。一つ目は当然，江戸である。もう一つは上方である❽。武家や一部の商人は江戸に移動したとしても，17世紀の文化的・経済的中心地

---

❼ ［ドイツ語史・高田］ 18世紀後半以降，大都市ベルリンでは教養人は私的場面では低地ドイツ語方言の勝った話しことばを話すが，公的場面では書籍に書いているようなことばを話すというダイグロシア（二言語併用）状況にあった。

❽ ［ドイツ語史・高田］ この状況に近いと言える可能性があるのは，15世紀から18世紀後半までのあいだに，東中部ドイツ（ライプツィヒやドレスデン）の文章語と東上部ドイツ（ドイツ語圏南部の東部部分：ミュンヘンやウィーン）の文章語とが対抗したことであろう。後者は，南部では「共通ドイツ語」（Gemeines Deutsch）と称された。

はやはり京・大坂であった。江戸に移住した京坂，近江，伊勢商人の本店は上方にあり，人材の供給地はいまだ上方である。人口も多い。すなわち，江戸期の言語中心は，それまでの中心一つの円形型から，中心二つの楕円<ruby>型<rt>がた</rt></ruby>に移行した❾。楕円型の中央語はより広範な地域で通用することになるから，むしろ「共通語」と呼ぶことがふさわしいだろう❿。

　江戸期共通語の大きな資料として，講義ものと芝居台本の二種を挙げておく。講義ものにはまず，前代「抄物」の流れを引くタイプがあって，こ

◇◇◇

❾ ［英語史・堀田］「中心二つの楕円形」は，社会言語学でいわれる "polycentric language" あるいは "pluricentric language" という概念を想起させる（Clyne 1992）。各々社会言語学的に自律性を持ち合わせた（言語的には通常よく似た）複数の変種を配下に含む 1 言語と定義できるだろう。現代英語も，アメリカ英語とイギリス英語（さらにオーストラリア英語等々）のように複数の「中心」を持つという点では polycentric language である。英語が世界的に拡大する以前にも，中世後期から近代に至るまでブリテン島内においてイングランド英語とスコットランド英語という 2 つの「中心」があり，やはり polycentric language だった。日本語において 17 世紀以降中央語が二手に分岐したということは，その言語的実態が互いによく似ていたことも念頭に置きつつ，一種の polycentric language 化の事例といえるだろう。これは，17 世紀以降，とりわけ 18 世紀後半のアメリカ合衆国独立を機に，イギリス英語からアメリカ英語が分岐していく過程と比較できる事例ではないか。「複数の中心」問題については第 1 章 2.9 を参照。
・Clyne, Michael（ed.）（1992）*Pluricentric Languages: Differing Norms in Different Nations*. Berlin: Mouton de Gruyter.

❿ ［中国語史・彭］中国の歴史上の遷都は大規模なものとして，紀元前 8 世紀頃の西周の鎬京（西安）から東周の洛邑（洛陽）への移転，紀元前 1 世紀頃の前漢の長安（西安）から後漢の洛陽への移転，12 世紀頃の北宋の汴京（開封）から南宋の臨安（杭州）への移転，そして 15 世紀明の南京から北京への移転などが挙げられるが，これらの首都移転の過渡期の一時期には，常に新旧二つの都の間に楕円形らしき中央語の分布が形成されていたと考えられる。移転後の王朝が長期化すれば，新しい中央語が確立し，共通語が楕円形から円形に収縮していくことになるだろうと推測される。このような発想に基づき幾何学的な図形で略示すると，後漢末の円形中央語は，三国時代になると，一時期蜀の成都，魏の洛陽と呉の建業（南京）という三都からなる三角形に近い分布へと変容し，その分布がのちの四川省あたりの「西南官話」，河南省あたりの「中原官話」と江蘇省あたりの「江淮官話」の形成に影を落とすことになると考えられる。そして，中国諸言語の域内外の地理的分布を見ると，西部にはチベット語，ウイグル語，北部にはモンゴル語，ロシア語，東北部には韓国語などといった異言語の壁に阻まれることにより，現在の中国語の標準語は，北京官話を中心としながら，主に南西，南東に向かって広がる扇形の分布となる，またはなりつつあるととらえることができよう。

の時代にはしばしば「国字解」と呼ばれた。「かな」すなわち国字を使って漢籍の解説を与えるからである。書き言葉の口語体と見ることができる。次は服部南郭（1683-1759）『唐詩選国字解』（1791 刊　東洋文庫 1982）の一節である。南郭は荻生徂徠（1666-1728）の弟子で，詩作で名が知られている。

> 此の馬は，陣中へ出てからは駆けりまはること，並びもない名馬ぢゃ，此のやうな気象な〔元気な〕馬は，人の思ふやうには廻らぬものぢゃが，此の馬は乗手の思ふやうになって，手柄をさする。高氏〔高仙之〕は都護〔西域の押さえ〕の役をして居たが，辺塞〔辺境のとりで〕で何ぞ手柄をして，馬を連れて都に帰った（……）。（『唐詩選国字解』巻之二）

『唐詩選国字解』は南郭の著作として認められていたが，南郭にしては稚拙な間違いがはいりこんでいるので，彼の弟子筋が南郭の講義なり原稿なりを元に，南郭の名で出版したものかと疑われている。しかし，江戸期の言語として見て行く場合には，実際の著者が誰であるかは問題にならず，このような書籍が大いに流行したということが重要である。荻生徂徠，服部南郭らは江戸の人であって，すでに江戸には十分な文化的蓄積が認められる。

　講義もののもう一つのタイプとして，心学の講話が挙げられる。心学は京商人の石田梅岩（1685-1744）が始めた儒教・仏教・神道の道徳教誡を一まとめにしたようなもので，梅岩自身の講義録は無いのだが，弟子は多く，彼らの講義録がたくさん残っていて，「心学道話」と呼ばれる。内容的には「町人の町人による町人のための」教義となるから，言葉遣いは丁寧・低姿勢で，いかにも話し言葉調である。後の講談・落語の一つの源泉でもある。次の講義録は，梅岩の弟子の中沢道二によるものだが，時代は明治と言っても通るかも知れない。

> 此のやうにうごき詰じやによって，一切万物の造化するは，悉く天の働き，天と万物と一体なるゆへ，釈迦如来も孔子様も，千石万石の殿様も，賤い銘々どもも，蚤も鯨も，犬も猫も，雁も鴨も，皆天の生じた土じゃ。其の生じた土が，形の通りしてゐるが則道じゃ，といふ事

でござります。（……）聖人は天地同根同性なるゆへ，一切万物を心として，其外に別に心はない。（……）学問といふは，其道理を明らめるのじや。（「道二翁道話」初編　大阪で版行）

　特に注目したいのは，中沢道二の足跡である。中沢道二は，1725（享保10）年京西陣の機織り業の生まれ。中年後に心学に目覚め 1779 年江戸に下向し，1780 年日本橋 通 塩町（現日本橋馬喰町一丁目付近）に，心学講話所の「参前舎」を開き，以後江戸中心に活躍。全国 27 か国，10 藩で講義を行った。

　この心学道話には，次のような指摘がある。

　心学者はおおむね京都を中心とする上方の出身者であるが，九州を除く五畿七道二十七か国に亙って布教し，聴聞した人は藩主・上流武士・千代田城大奥から町人・農民・佃島の寄場人足に及んでいる。また，道話の板本は，講演者の生前の筆録から没後数十年を経て復元したものもあり，また筆録者も浪速人あるいは江戸人とさまざまであるにもかかわらず，出版された心学道話の語法ならびに文体は極めて等質的である。この点から，江戸時代すでに共通語が存在し，心学道話の文体はまさに江戸時代の言文一致体というべき性質のものであろうという趣旨を述べた。（森岡 1991）

　国字解や心学道話は講義の言葉であるから，公的な改まった場面の言葉づかいとなる。江戸期共通語と言っても，日常のぞんざいな言葉とは異なっている。その事を確かめるために，もう一つの資料タイプとしての芝居台本（歌舞伎台本）を見てみたい。江戸時代後期には，上方歌舞伎と江戸歌舞伎が並立していた。時代が進んだ 18 世紀の江戸と上方の言葉を比べてみると，改まった・丁寧な言葉づかいでは，江戸と上方はよく似ているように感じられるが，ぞんざいな言葉づかいでは，大分違いが出ている。

　次は，上方歌舞伎「伊賀越乗掛合羽」（1776 初演　岩波新古典文学大系95）のセリフを取り上げたもので，「又五郎」は侍の登場人物である。文章が長くなるので，言葉を選んで抜き出す。丁寧な言い方とぞんざいな言い方を比べてみてほしい。

又五郎

　丁寧な言い方

- ・ごもっともでござりまする。拙者もさよう存じてから，ご機嫌を見合わせご帰館あるようにとお勧め申すことでござりまする。
- ・命を捨てての御諫言，イヤハヤ，驚き入ましてござる。

　ぞんざいな言い方

- ・そりゃ何をぬかすのじゃ。その正宗の刀は俺がのじゃ。元来沢井の家の重宝じゃよって沢井正宗と言わぬか。（……）千石の加増は俺がしてやるのじゃ。そう思ふてけつかれ。
- ・何じやい，明日から帰参すれば七百石取の，ヲヽ，沢井又五郎様じゃ。いまいましい。こんなむさい屋敷は嫌ひじゃ。大べら坊めらめが。去ぬるわい。（うぬ）覚えてけつかりあがれ。こな鼻垂らしめが。

　続いて，江戸歌舞伎の場合。「御摂勧進帳」（1773 初演　岩波新古典文学大系96）の「粕屋の藤太」の言葉は，この頃の江戸の武士言葉と考えられる。

粕屋の藤太

　丁寧な言い方

- ・是は，何れもさまにお揃い遊ばされ，只今の参内。何共，合点参りませぬ。
- ・イヤ，その儀は気遣ひあられまするな。はや先達て，此所へ召寄まして御ざりまする。

　ぞんざいな言い方

- ・何を，此とち女郎め。うぬ一人でもある事か，おぼこ娘の村雨，疵物にしやアがったな。
- ・是，ヱヽ，爰をどこだと思ふ，是明親王の御殿だぞ。（……）面倒な。親玉の御前へうしやアがれ。

　注目したい事柄は，「改まった場面での言葉」は，上方であっても江戸であっても，方言臭がない江戸期の共通語だということと，「ぞんざいな言葉」は，上方と江戸では大分違いが生じているということの二つである。

「ぞんざいな言葉」は，それぞれの地域の（次第に分化した）方言である。改まった場面の言葉は，江戸期の共通語に連なり，そのまま明治期の共通語になる。

2. 明治共通語

　明治前期にはまだ書き言葉文語体の文章が多いが，初期の東西「小新聞」の文章が口語体の格好の材料になるかと思う⓫。小新聞は今日で言う三面記事中心の新聞で，当初は特に口語体が多用された⓬。次は東京で発行された最初の小新聞，「読売新聞」第一号の記事。「布告（おふれ）」の解説文である。

> 毒薬といつても用ひ所で病にきくものゆゑ薬種屋（きぐすりや）にも有るのでございますが何もはげしい薬だからもし間違へば人の一命にもかゝることゆゑ,政府（おかみ）でも間違ひのないやうにと御世話が有るので御座います。(「読売新聞」第 1 号　明治 7 年 11 月 2 日)

　続いて，大阪の小新聞では「朝日新聞」（明治 11 年発刊）が著名であるが，より早い「浪花新聞」（明治 9 年発刊）の文章を見てみよう。

> 所の名が地蔵坂といふほど有ッて其辺に住む人は慈悲（なさけ）が深ひといふ既に此間地蔵さんの傍（そば）で犬が子を三疋産みましたが皆ン白でござりましたスルと近所の人がヤレ寒かろうマア此中へ這入ッて居ろと空た炭俵の中へ入れ口を横にむけて置た処が暫時（しばらく）して親犬が来たりクウクウと子犬を呼出せば駆出した子犬が皆なン黒に成ッて居りましたゆへ親犬は大きに疑ひし様子にて一日斗りの間は十分に乳を飲ませざりしが

⓫ （ドイツ語史・高田）ドイツ語史では 19 世紀中葉に，大衆新聞がルーズな書き方をするという認識から新聞のドイツ語に対する批判が行われた。ショーペンハウアーが Zeitungsdeutsch「新聞ドイツ語」という言い方で厳しく糾弾した。

⓬ （中国語史・彭）中国でも 19 世紀末頃から『無錫白話報』（1898 年創刊），『蘇州白話報』（1901 年創刊），『杭州白話報』（1901 年創刊），『中国白話報』（上海 1903 年創刊）などのように，口語体新聞が各地域で相次ぎ発行され，中国語の近代化，書記言語の口語化に大きく寄与した。しかも，新聞名が示し，各紙の社説欄でも主張するように，これらの新聞は事件報道や文芸娯楽の提供だけでなく，新しい口語体書きことばの創出と普及という社会的責任を明確に自覚していた。

其中段々に白くなるにしたがひ又元のように乳をのませたといふ（「浪花新聞」　明治9年1月27日　第24号）

　「浪花新聞」の文章は先行する「読売新聞」の文章を真似たものとも考えられるが，その「読売」にも先行して，この時代には筆者が「開化啓蒙体」と呼ぶ庶民向けの文明開化の啓蒙書が，東京や大阪で多く出版されていた。

　新聞はきわめて大規模な出版物であり，商業的に成功しなければならない。特に注目すべきは大阪の新聞発行者の態度である。「浪花新聞」のこの口語体が東京語っぽく感じられたら，なまじ口語体であるだけ，大阪の読者からはそっぽを向かれるだろう。けれども，これらの文章はすべて江戸期以来の共通語を言葉の基盤としていて，各地の方言臭が抜けている。そこで「浪花」「朝日」などの発行者は，「文章はこの口語体で行ける」と疑わなかったのであり，実際にそれで通用した。もちろん印刷される言語は，講義ものの言語同様公的な場の改まった言語である。江戸期共通語は明治初期も共通語であった。

　さらに，明治20年前後からは，坪内逍遥『当世書生気質』をはじめとして，新形式の小説が勃興する。必ずしも言文一致体でなくともよい，それらの小説——例えば二葉亭四迷『浮雲』，田辺花圃『藪の鶯』など——の会話部分は，「江戸期共通語 → 明治初期共通語」の流れを引き継いでいることがわかる。次の『藪の鶯』（1881　『日本の文学 名作集（三）』1970中央公論社）の会話部分はやや鹿鳴館風ではある。

　　宮「オヤ。ミス服部しばらくでした。
　　服「宮崎さんどうあそばしました。
　　宮「少し不快で。毎度妹がお世話になります。あなたが朝夕おせわく
　　　　ださるので。このごろでは日曜も帰りたくないと申しています。

3.「標準語」

　時代は遅れるが，森鷗外『青年』などでも，明治期共通語が東京に定着していることが分かる。先の岡本綺堂，坪内逍遥などとともに鷗外も戯曲の書き手であり，セリフに対する言語感覚は鋭敏である。次は上京した「地

方生」である小泉純一が登場する冒頭部分。

　（……）袖浦館という下宿屋の前に到着したのは，十月二十何日かの
午前八時であった。（……）純一は立ち留まって名前を呼んでみた。
（……）赤い襷を十文字に掛けて，上り口の板縁に雑巾を掛けている。
十五六の女中が雑巾の手を留めて，「どなたの所へいらっしゃるの」
と問うた。
　「大石さんにお目に掛かりたいのだが」
　田舎から出て来た純一は，小説で読み覚えた東京詞を使うのである。
丁度不慣な外国語を使うように一語一語考えて見て口に出すのである。
そしてこの返事の無難に出来たのが，心中で嬉しかった。
　雑巾を攫んで突っ立った，ませた，おちゃっぴいな小女の目に映じ
たのは，色の白い，玉子から孵ったばかりの雛のような目をしている
青年である。（……）小女は親しげに純一を見て，こう云った。
　「大石さんの所へいらっしったの。あなた今時分いらっしったって
駄目よ。あの方は十時にならなくっちゃあ起きていらっしゃらないの
ですもの。（……）（『青年』，1909　新潮文庫版 2010）

　ここでは「東京詞」と言われているが，標準語と述べても構わないだろ
う。「東京語＝標準語」と見なされているようなのである。対して「おちゃっ
ぴいな小女」のセリフは，もちろん標準語に近いが，「いらっしったの」
だの「ならなくっちゃあ」だの，特有の東京なまりになっている。
　明治期後半には，「標準語」という考え方が，次第に定着していったよ
うだ。特に東京帝国大学教授上田萬年は，国家語としての「標準語」制定
の必要性を訴え，より具体的に「教育ある東京人の話すことば」（上田萬
年「標準語に就て」1895）が標準語として適切という規定を加えた。標準
語はさらに，「東京に於て専ら教育ある人々の間に行はるる口語」（大槻文
彦『口語法』1916），「東京山の手の教養ある人々の言語」（神保格『標準語
の研究』1941）などと考えられてきた。これらは，言語政策論的にあるい
は社会言語論的には重大であるが，日本語の自然史的過程としては，多数
の資料が「江戸期共通語 → 明治共通語 → 東京（山の手）語」と，ほぼ同
一の方向を示していると思う。上田らの主張を見ると，あたかも東京語が

標準語になったように見えてくるのであるが，この標準語型「東京語」は，江戸期以来の楕円型共通語に由来しているわけだから，もともと共通語が東京語に先行していたわけである。それを筆者はかつて「東京語が標準語になったわけではない，標準語が東京語を作ったのだ」と表現したことがある。「東京語から標準語へ」という考え方は，倒錯しているのである。ただ，東京語はもともと共通語を基盤にしている。さすればいかにも標準語（共通語）として普及するにふさわしく見えるであろう。倒錯がかえって説得力をもたらすのは，論理的にはよくある事柄である。

　また上田らの主張は，その後の日本人の標準語観を大きくゆがめることにもなった。実際に規範的な共通語が存在していたにも関わらず，上田らは国家語としての「標準語」の必要性を強力に訴えた。加えて上田は，この時代にありがちな身分制的偏見の持ち主であった。上田は尾張藩江戸屋敷の生まれで本所育ちである。東京語についてもよく馴染んでいるようで，東京語のバリエーションとしての「演劇場寄席等の言語」なども，「標準語」の候補者として検討の対象としている。こんにち明治期の講談・落語の口演速記などを見ると，「演劇場寄席等の言語」のうち演者の説明部分（小説の「地」の部分）や，話しの中の商人の丁寧なもの言いなどは非常に洗練されており，「標準語」にふさわしいとも言えそうである。にもかかわらず上田は，この種の言語を「頗る発達したる者なれども，悲しいかな，其話す人が今日まで賤しめられし人々なる故，従ひて其言語に偉大純美の徳を欠くこと多し」として斥けてしまう。そして一方では，洗練された「演劇場寄席等の言語」に影響されているはずの自分たちの言語を，「教育ある東京人の話すことば」として「標準語」にふさわしい言語とみなしたのである。

　このように「江戸期共通語 → 明治期共通語 → 東京人の言語」という言語の自然史的過程は，「東京人の言語 → 標準語（共通語）」のように倒錯した[13]。しかしながらここには，まだ不明点が残存する。上田の言う「教育ある東京人の話すことば」は「東京山の手の教育ある人々の言語」と言い換えて構わないだろうが（ただし後述される），では，その「東京山の手の教育ある人々の言語」はいかにして形成されたのか。東京山の手語は，その地域で，どういう人々によって，どのように形成され定着したのか。

これがさまざまな夾雑物を取り除いた後に残る最後の問いとなるのである。

4. スタンダードと東京山の手の形成

1878年（明治11）に，東京府は15区6郡制に編成され，1932年までこの体制が続く。15区は通常，次のように「山の手区」と「下町区」に分類される（『東京百年史 第二巻』）。自然地理学的には，「山の手」は武蔵野台地上，「下町」は台地下である。人文地理学的には，山の手は江戸期以来の旧武家の居住区であり，下町は商工町人の居住区である〔注：代表的な参照書は，東京都（1979）〕。

　　山の手区：麹町，麻布，赤坂，四谷，牛込，小石川，本郷

　　下町区：芝，神田，下谷，浅草，日本橋，京橋，本所，深川

ただ，台地には谷が切れ込み，またエドワード・モースが「（日本の）ほとんどの都市において普通に見られることは，もっとも貧困な階層の居住する区域に近接して富裕階級の邸宅が建っている」（モース 2014）と指摘するように，人々の住居地も入り組んでいた。しかしおおむね上記の区分に従い，山の手，下町を考えて行くことにする。上田萬年の「標準語」規定には，「山の手」という指摘は無い。けれども後の記述に自然に現れてくるように，事実上，「山の手，下町」規定は有効である。なお上記「下町」中「神田，芝，下谷」は山の手的性格を併せ持ち，特に神田区は麹町区と地続きで，江戸期には私塾など学問の中心地であったことも特記しておきたい。

　「教育ある人々」を「教養ある人々」と言い換えるのは，事柄を朧化させるので，「教育」で考える。その「教育ある人々」は，大体「師範学校，

◇◇

❸ 中国語史・彭 このような倒錯した見方は，日本語だけの現象なのか，それとも他の言語の標準語に対する認識にも発生しうる見方なのだろうか。中国語の標準語の形成について「北京人の言語 → 標準語（共通語）」という見方はないとも言えないが，現代中国語標準語の前史とも言える漢・唐時代の「通語」の形成や，明・清時代の「官話」の形成を考えると，現在の北京の標準語「普通話」はかつての中央語が幾度かの遷都を経て形成された巨大な共通語圏（官話方言圏）がその基盤となっていることが明らかである。その意味で「北京人の言語が標準を作った」という見方がもし存在するとしたら，それも一種の倒錯した見方と言わざるをえないだろう。（「通語」と「官話」について詳しくは第10章を参照。）

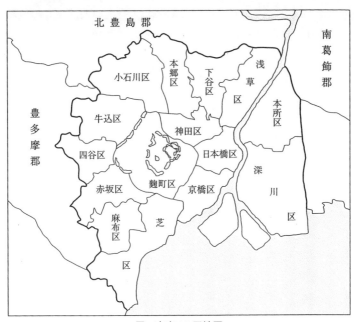

図　東京15区地図

専門学校，高等学校，大学」クラスの教育を受けた人々とする。明治期に
は中学卒も相当の高学歴であろうが，中学を考えるのはあまり実際的でな
い。一方，明治10年代頃までは江戸期的教育理解が濃厚なので，上記の「学
校」は，その学校程度ということで考える。明治期，そのような人々は「高
級官員，上級軍人，高等教師」といった職業に就いた。他に医師や幹部実
業家が考えられるが，この時期には高学歴の実業家はいたって少ない。

　さて「表1」は，幕末・明治期の江戸・東京の人口動態である。19世紀
の江戸は百万都市と言われ，武家と町人（工商）の人口比は半々と考えら
れている。明治になって東京の人口が江戸期に比し半減するのは，版籍奉
還・廃藩置県によって，武家の人口がほぼ一掃されたからである。武家は
おおむね山の手に居住しており，居住地の面積は広大であったので，明治
初期の東京山の手は巨大な人口空白地となった〔注：人口については小木
（1979）が詳しいが，その後も種々の数値が示されている〕。空いた大名・旗本
屋敷地には官軍の人々などが入り込んだが一部に過ぎず，残存地には桑の

木や茶の木を植えてみたりして（桑茶政策），空白の旧武家地の処理は東京府の重要な行政課題となった（東京都 1965，松山 2014）。

表 1　江戸・東京人口動態　（野村 2013）

1855	安政　2	114 万 6544
1867	慶応　3	112 万 0463
1873	明治　6	59 万 5904
1876	明治　9	87 万 3646
1884	明治 17	102 万 0437
1888	明治 21	129 万 8661
1895	明治 28	133 万 9726

　しかし表 1 に見られるように，明治 20 年前後に東京の人口は維新以前に回復した。商業・サービス業者は維新前より一貫して存在していたので，新たな回復人口の主力は官員，軍人，教師，書生などである。産業化（工業化）以前の東京は，全国から税金や仕送り金の集まる江戸以来の消費都市であった。ここで問題になるような教師，軍人は高級官員の仲間なので，当時の「官員録」によって東京での居住地が分かる。ほぼ 10 年ごとの彼らの居住区を示そう。官員は等級順に，おおむね「親任官・勅任官・奏任官」を高級官員とみなす。上級軍人は佐官級以上とする。「高等教師」は，ここでは大学・官立専門学校の教授以上とする。これらの人々は官員録に住所が示されているのである。彼らは，ことに官員・教師が，現在以上に東京に集中している。例えば明治 20 年には，住所判明者の総数約 1000 名中 890 名が東京に居住している。東京以外居住者の大部分は，税務・司法関係者である。

表 2　高級官員（おおよそ奏任官以上）の居住区上位 5 位（野村 2019）

明治 12 年		明治 20 年		明治 30 年		明治 40 年	
東京府	580 人	東京府	890 人	東京府	1350 人	東京府	2250 人
麹町区	164	麹町区	279	麹町区	274	牛込区	308
神田区	77	牛込区	85	牛込区	179	麹町区	283

芝区	59	芝区	75	本郷区	151	本郷区	235
京橋区	35	神田区	63	赤坂区	107	小石川区	204
本郷区	32	小石川区	49	小石川区	103	赤坂区	199

　表2から分かるように，高級官員は多く麹町区を中核に宮城を取り巻くように居住していた。神田区は下町的と考えられがちであるが，その駿河台地区は麹町区からのほぼ地続きの台地上にあって，明治前期には麹町区的状況を示していた。多くの官員がこれらの上位5区（特に麹町区）に住みついたのは，江戸以来の旗本・御家人住居をそのまま利用できたことと，通勤の便のためであろう。いわゆる省庁は，この時代宮城の周辺に存在していたのであるが，移動は徒歩か人力車（稀に馬）しか利用できない時代であった。「高級官員」居住地区は，「牛込，本郷，赤坂，小石川，麻布」のように，中核をなす「麹町」の北，西，南に次第に広がってゆくことも分かる。

　以上だけでは高級官員らの様相しか分からない。もう少々詳しく東京居住者の実態を確かめるために，次に明治36年刊行の『人事興信録』（初版注9）を利用する。明治35年頃の状況となる。『人事興信録』は，著名人の人名録であり，その性格はその「例言一」によって大体を知ることができる。「例言一」には「本書採録の標準は交際社会に名を知られたる紳士と其家族を網羅するに在りしも初版に於ては華族，文武官，貴衆両院議員を除くの外は地方在住の者を省きたり」とある。個人の「姓名，生年月日，現地位，出身地，士族・平民・爵位，家族・親族，主たる経歴」などが載っている。いずれ「改版よりは庶子，私生児と嫡子を区別し戸籍上及び内実の妾婦をも検出せんと」（同書）するそうだが，筆者はそれは見ていない。以下では「官」に分類する人々（官人），すなわち「官員，軍人，官立校教師，華族」をベースとし，会社役員，商店主，自由業（開業医，弁護士），議員などを私人（民間人）とする。経歴に「官」が入っていれば官人である。陸海軍軍人（軍），華族（爵位者）の内訳数も示す。「学卒」とは，帝国大学（及びその前身），（高等商業などの）官立専門学校などの出身者を言う。いわゆる専門学校（私立学校）は，原本にもともとあがっていないので含まない。「慶應義塾」は含む。15区の順序は麹町区を中心としたおおよそ

の時計回りで示した。横浜市を付け加える。

表3 人事興信録

住所	総数	内私人	私人率	学卒	軍	爵
麹町区	346	95	27%	59	31	87
神田区	121	61	50%	11	9	24
本郷区	207	59	29%	74	23	11
小石川区	172	31	18%	39	23	43
牛込区	237	46	19%	46	46	58
四谷区	80	10	13%	6	25	29
赤坂区	155	34	22%	16	30	39
麻布区	187	49	26%	25	33	61
芝区	226	81	36%	15	36	58
京橋区	129	84	65%	13	6	9
日本橋区	165	146	88%	10	2	3
浅草区	36	19	53%	1	1	11
下谷区	72	34	47%	5	3	20
本所区	56	21	38%	8	2	25
深川区	31	25	81%	1	0	5
横浜市	92	75	82%	0	0	1

　表2, 表3によれば,「麹町, 牛込, 本郷」などが安定した官人上位3区であり,「小石川, 麻布, 芝」などがそれにつぐ。ただ細かく見ると, 牛込, 麻布は陸軍の, 芝は海軍の軍人が, それぞれ順位を押し上げているのである。安定した官員の区は「麹町, 牛込, 本郷」である。また, 学卒者の区は,「本郷, 麹町, 牛込」である。対して, 総数も多く私人率の高い区は「日本橋, 京橋, 浅草」であり（深川は未だ「東郊」とも言える）, それらの区は学卒者も少ない。面白いことに, 浅草区唯一の学卒者は上田萬年である。浅草在住の事情は分からないが, 上田は本所で育ち江戸文化の造詣も深かったようであるから, 先に見たような国家志向と市井志向とで内面的に分裂していたのだろうか。

　さて以上によれば,「山の手の教育ある人々の言語」とは官人たちの言語と言えそうなのであるが, 本当にそうであろうか。実は官人たちの言語的性格は, 明治10年代後半から20年代にかけて変化している。明治20年頃までの官員は, 薩長土肥に代表される維新の功労藩の士族たちである。

その人々の言語について，明治10年代に坪内逍遥の私塾に住み込んでいた長谷川如是閑は，次のように述べている。「そのころの山の手の東京語は，いわゆる「官員言葉」だが，純江戸っ子でも，それらと接触するものはそれが感染して，私の父でさえ，改まってものをいう時などは，「ゆきよる」「せにゃならん」などという……」（長谷川1968）。この「官員言葉」は，西日本的性格の言語のようである。

　それが，学制が整い官僚制が完備してゆく明治10年代の後半から次第に変わってゆく。官人の主流は，学卒者と専門学校で学んだ官僚試験の受験者になるのである。この時代には地方生の東京遊学に向けた案内書が大いに人気を博するのだが，彼ら地方生は，文官試験，医師資格試験，代言人・弁護士試験，中学・師範学校教員試験などを受験するために，東京に集まって専門学校などで勉学に励んだ。〔注：本富（1887）に次のようにある。「東京府下に居留する者の中に四大種族あり。書生・官員・車夫・兵隊是なり。……此四種族の中其最も大関係を有する者は書生官員の二種族是なり。」〕書生たちの員数は『当世書生気質』（1886）によれば，「中にも別て数多きは，人力車夫と学生なり。おのおのその数六万とは，七年以前の推測計算方」とある。人力車については，最盛期の明治19（1986）年の「警視庁統計書」で約6万1000人となっているから（斎藤2014），これで大体当たっていそうであり，相当の人数である。

　『書生気質』に書き込まれているが，彼ら地方生の多くは，言語的に「東京語グループ」（もともと東京語），「東京語化グループ」，「方言グループ」の三者に分類される。そこに現れる「方言グループ」はまさしく「ゆきよる」と言っていて，書生としては旧来の伝統型である。「東京語グループ」は数が少ないだろう。表3から分かるように，本来の東京人はさのみ高等教育にあこがれない。「東京語化グループ」こそ多数派であろう。彼らは「田舎から出て来た純一」のように「小説で読み覚えた東京詞を使うのである」。そしてそれが「無難に出来たのが，心中で嬉しかった」という経験をしたかもしれない。『書生気質』以来，東京語小説は既に存在する。もっとも，それだけでは心許なかろう。けれども見本は幾らもあるわけで，それは彼らのあこがれる「教育ある」らしく見える人々の「礼儀正しい言葉」である。しかも学校社会は隔離された特別な社会である。その種の場所では古

代植民都市のコイネーのような共通言語が発達するのだが，それにはもともとの共通語が最適である。

　これまでをまとめると次のようになる。

　東京の改まった礼儀正しい言葉は，江戸−東京と続く江戸期以来の共通語であった。明治初期，東京山の手は巨大な人口空白地となった。そこに入り込んだのは，官軍の中核をなす人々である。その後継者となる「教育ある」官員・教師・軍人たちが引き続いて山の手に入り込んだ。彼らの多くは各地から東京に集まった書生育ちである。彼らは東京人の礼儀正しい改まった言葉づかいを東京語として学ぶ。それは教育ある官人社会にもふさわしい言語であり，やがて「標準語」と指定される。しかしそれは，さかのぼれば江戸期以来の共通語であった。

　東京山の手の社会史的研究は，下町と比べて遅れているように見える。以上の仮説的結論が，さらに改善され発展することを望むものである。

参考文献

岡本綺堂（1956）『江戸に就ての話』井蛙房.

小木新造（1979）『東京庶民生活史研究』日本放送出版協会.

斎藤俊彦（2014）『人力車の研究』三樹書房，「あとがき」（1979）.

人事興信所編（2000）『人事興信録』復刻版（原著 1903 年）.

東京都（1965）『明治初年の武家地処理問題』

東京都（1979）『東京百年史　第二巻』ぎょうせい.

野村剛史（2011）『話し言葉の日本史』吉川弘文館.

野村剛史（2013）『日本語スタンダードの歴史』岩波書店.

野村剛史（2018）「東京山の手の形成と標準語」『日本語学』37-9，明治書院.

野村剛史（2019）『日本語「標準形」の歴史』講談社.

長谷川如是閑（1968）『ある心の自叙伝』筑摩書房.

本富安四郎（1887）『地方生指針』嵩書房.

松山恵（2014）『江戸・東京の都市史』東京大学出版会.

モース，E・S（2014）『日本人の住まい』八坂書房（原著 1886 年）.

森岡健二（1991）『近代語の成立　文体編』明治書院.

第5章
書きことばの変遷と言文一致

田中牧郎

1. はじめに

　今を生きる日本の人々には，今のことばと昔のことばの違いを意識することがあるだろう。その昔の日本語と今の日本語を分ける境界は，どこにあるだろうか。それは，高等学校の国語科で扱われる古典と現代文の間にありそうである。読み継がれてきた文学作品を時系列で並べてみると，たとえば，明治時代の森鷗外の小説には，昔のことばで書かれたものと，今のことばで書かれたものとの，両方がある❶❷。

　(1) 石炭をば早や積み果てつ。(『舞姫』, 1890 (明治23))

❶　中国語史・彭　森鷗外より19歳若い魯迅も文語体の「文言小説」と口語体の「白話小説」の両方を創作していた。彼のデビュー作『懐旧』は文言で書かれ1913年に『小説月報』(第四巻第一号)に発表されたが，最初の白話小説『狂人日記』は1918年に『新青年』(第四巻第五号)に掲載された。明治・大正とほぼ同じ時代の清末・民国初期頃には，中国語の書記言語にも文体の新旧交代の問題が浮上し，現代中国語による新しい文学の建設とともに，20世紀の新しい文体の確立に向けた試行錯誤が始まっていた。

❷　フランス語史・西山　フランス語は17世紀に標準化が行われたため，17世紀以降のフランス語は特別な学習を受けなくともおおむね読むことができる。たとえば初期キリスト教の最大の教父であるアウグスティヌス(354-430)の著した『告白録』のフランス語訳にはさまざまなものがあるが，最も広く普及している文庫版(ガリマール社フォリオ・クラシック)は17世紀の著述家ロベール・アルノー＝ダンディリー(1589-1674)の翻訳を採用している。これに対して，16世紀以前のフランス語は単語や文法なども若干異なるため，読むためには古フランス語，中期フランス語などの知識が必要となる。

（2）金井 湛 君は哲学が職業である。（『ヰタ・セクスアリス』，1909（明治
　　42））

　（1）の「積み果てつ」を今のことばに直せば「積み終えた」，（2）の「職
業である」を昔のことばに戻せば「職業なり」，というような変換は，日
本で国語教育を受けた人は，容易だろう。この，昔のことばから今のこと
ばへの交替に関して言文一致と言われることがあるのも，知られているか
もしれない。しかし，言文一致は，どうして起こり，どのようにして進ん
だのかということになると，あまり知られていないのではないだろうか。
本稿は，この問いについて述べるものである。

2. 日本語の書きことばの伝統
2.1 書きことばの文体の交替

　鷗外の文章に昔のことばで書かれたものと今のことばで書かれたものの
両方があるといっても，明治時代に，日本語そのものが，昔のことばから
今のことばに入れ替わったというわけではない。言文一致とは，文字通り
に，言（話しことば）と文（書きことば）の一致ということだが，日本語史
の現象としては，書きことばの文体が，文語体から口語体に交替する出来
事として現れる❸❹。昔のことばは書きことばとしてしか伝わらないため，

❸ 英語史・寺澤 14世紀後半において，イングランドでは文学の媒体としてラテ
ン語・フランス語が広く用いられていた。たとえば，ジョン・ガワー（1325頃
−1408）は母語の英語でなくラテン語・フランス語を用いて詩作している。一方，
ガワーと同時代のジェフリー・チョーサー（1340頃–1400）は英語で執筆して
おり，文学のジャンルで「言文一致」が進んでいくことになる（ただし科学など
の分野ではラテン語の使用が続く）。

❹ 英語史・堀田 17世紀後半のイングランドの事情と比較される。当時，真面目
な文章の書かれる媒介が，ラテン語（日本語の文脈での文語体に比せられる）か
ら英語（同じく口語体に比せられる）へと切り替わりつつあった。たとえば，ア
イザック・ニュートン（1642–1727）は，1687年に *Philosophiae Naturalis
Principia Mathematica*『プリンキピア』をラテン語で書いたが，1704年には
Optiks『光学』を英語で著した。この状況は当時の知識人に等しく当てはまり，
日英語で比較可能な点である。もっとも日本の場合には同一言語の2変種の問題
であるのに対して，イングランドの場合にはラテン語と英語という2言語の問題
であり，直接比較することはできないように思われるかもしれないが，二つの言
語変種が果たす社会的機能という観点からは十分に比較しうる。

書きことばが交替する現象を目にするとことばが入れ替わったかのように見えるのである。日本語の書きことばを，文語体と口語体の観点から整理し，その変遷のありようを図式化すると，図1のようになる❺❻❼。

時代		～弥生 （～3世紀）	古墳～奈良 （3～8世紀）	平安 （8～12世紀）	鎌倉～明治前期 （12～19世紀）	明治中期～昭和 （19～20世紀）
書き ことば	文語体	なし				
	口語体					
話し ことば						
出来事			・漢字・漢文の伝来 ・訓の成立 ・変体漢文の成立 ・万葉仮名の成立	・片仮名の成立 ・平仮名の成立 ・漢文訓読文の成立 ・和文の成立	・和漢混淆文の成立	・言文一致運動

図1　書きことばにおける文語体と口語体

　日本語の話しことばは，書きことばのなかった弥生時代以前から現代まで続いてきている。その実体は絶えず変化するが，その変化がそのまま書きことばに反映するわけではない。

　古墳時代に大陸から漢字・漢文が伝来して，中国語の枠組みを用いて日本語を書くことが始まった。外国語の枠組みで書くので，その書きことばは，話しことばからは大きく隔たったものであった。話しことばから隔たっている書きことばの文体のことを文語体と言い，奈良時代までの書きことばは，歌や宣命といった特別なものを除けば文語体しかなかった。平安時代になると，片仮名と平仮名が発明され，片仮名を漢字に添えて書く漢文

❺ 英語史・堀田　この図表は，第6章6節で示したグラフと比較するとおもしろい。そこでも話しことばと書きことばを区別していることに加え，書きことばのなかにも威信の上下に相当する段階を設けている。対照言語史上，比較してみる価値がある。

訓読文と，話しことばを基盤として平仮名で書く和文が成立した。この和文が，本格的な口語体の最初のものである。口語体とは，話しことばに近い書きことばの文体のことである。図1で，最も濃い部分は話しことば，次に濃い部分が口語体，薄い部分が文語体，「なし」の部分は存在しないことを示している。話しことばの範囲は不変であるが，弥生時代から平安時代に向かって，書きことばがなかった時代から，文語体だけの時代，文語体と口語体が同程度に並存する時代へと，移り変わっていったのである。鎌倉時代になる頃，それまでの漢文訓読文と和文とが混じり合った和漢混淆文が，新しい文語体として成立すると，口語体の勢力は弱くなり，書きことばの大半は文語体となる。明治時代中期になって言文一致に向けて新文体を創出する言文一致運動が盛んになったことで，現代文につながる新しい口語体が成立し，従来の文語体の勢力は弱くなり，書きことばの大半が口語体になったのである。以下では，こうした書きことばの変遷の過程を，具体的に見ていこう。なお，この観点での日本語史への入門書に，山口（2006）がある。

❻ ［ドイツ語史・高田］ ドイツ語ではおよそ以下の図式となる（Maas 2014）。

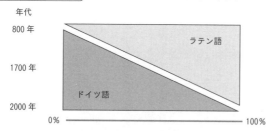

　古高ドイツ語時代（750〜1050年）には，ヨーロッパ内で普遍的に通用したラテン語を媒介してキリスト教的な古典文化を受容する目的で，各地に修道院や学校が設置されラテン語が教えられた。14世紀以降には，ドイツ語の公文書のことばはラテン語にならって，形式性と統一性と複合性を得ていった。16世紀になりルターが聖書をドイツ語に翻訳したとき，「ラテン語の字面に尋ねてはならない」という表現でラテン語からの独立宣言を行った。続く17世紀にドイツ語の文法と語彙が整備されるなか，1700年頃を境にドイツ語による著述の数とラテン語による著述の数が反転した。大学の授業で用いる言語がラテン語からドイツ語に切り替わったのは，18世紀になってからである。

・Maas, Utz（2014）*Was ist deutsch? Die Entwicklung der sprachlichen Verhältnisse in Deutschland*. München: Fink, 188.

2.2　書きことばの成立

　日本語は，文字を持たず，話しことばだけだった時代が，弥生時代まで
の長期間続いたと考えられるが，その話しことばの始まりや実態は不明で
ある。大陸から人や文化が流入してくるなかで，古墳時代からは中国語が
記された漢字・漢文がもたらされるようになった。日本列島から出土した，
5〜6世紀のものと推定される鉄剣には，まとまった内容の漢文が刻まれ
たものがある。そこには，日本で行われた祭祀や伝統などが記されている
が，日本の人名や地名以外は，中国語式の漢文で書かれており，当初の書
きことばは中国語が使われていた❽❾。渡来人風の書き手の名前が含まれ
ており，その担い手は，渡来人だったと考えられる。

　ところが，7世紀に記された仏像の背銘の文章を見ると，漢文のなかに，

❼　中国語史・彭　図1に倣って中国語の話しことばと書きことばの歴史的変遷を
　図示すれば，次のような略図になる。図中の「古代の話しことば」と「現代の話
　しことば」の用語は，それぞれ消えていくプロセスと発生するプロセスを含めて
　広義的に解釈している。そして，略図では表示しきれないが，文言体と白話体の
　比率はレジスターによってかなり変動し，法令や公文記録などのようなフォーマ
　ルな書きことばでは文言体が使用され，俗文学や民間文芸などのようなイン
　フォーマルな書きことばでは白話体の比率が上がることになる。

時代		～東周 （～前3世紀）	秦・漢・南北朝 （前2世紀～6世紀）	隋・唐・宋 （6〜13世紀）	元・明・清 （13〜20世紀）	中華民国～ （20世紀～）
古代の話しことば						なし
書き ことば	文言体					
	白話体					
現代の話しことば		なし				
出来事		・甲骨文，金文 ・諸子百家 ・雅言	・文字統一 ・白話体出現 ・通語	・古文運動 ・仏典翻訳 ・変文，語録	・戯曲 ・白話小説 ・官話	・白話文運動 ・文言体消滅 ・国語，普通話

　筆者田中による解説　中国語の書きことばにおける文言体から白話体への移行
　や，前注に記されるドイツの書きことばにおけるラテン語からドイツ語への移行
　が，徐々に進行しているのに対して，日本語の書きことばの歴史においては，口
　語体の勢力が平安時代と明治時代に急速に拡大しているのが特徴である。この特
　徴は，平安時代における平仮名の発明にともなう和文体の成立と，明治時代にお
　ける言文一致運動が深く関係している。

日本語に特有の敬語表現や目的語が動詞の前に来る表現が交じっており，見かけは漢文だが，実は日本語を書いた文章に変わっていることがわかる。この文体を変体漢文（和化漢文とも）といい，奈良時代の『古事記』は，その代表的なものである。

   （3）国稚如浮脂而久羅下那州多陀用弊流之時^{流字以上}（訓読文：国稚く浮ける^{十字以音}
     脂の如くして，くらげなすただよへるときに／現代語訳：国土が若く浮い
     た脂のようで，くらげのように漂っているときに）

   （3）の原文のはじめから6文字は，「国－くに」「稚－わかし」のように，漢字の意味を和語（日本語固有の単語）に対応づけた訓によって書かれており，「如浮脂－浮ける脂の如し」の部分は，漢字の字順と日本語の語順が転倒している。7文字めの「久」から10字後の「流」までは，漢字の意味を度外視した音によって書かれている。末尾に割行で書かれているのは，「流」字から上の10文字は音で読むようにという注記である。このような変体漢文の書き方について，『古事記』の筆記者の太安万侶は，その序文で，訓で述べると心とことばが一致せず，音を連ねると冗長になってしまうと述懐している❿。

   上記の，「久羅下－くらげ」のように，漢字の音を借り用いる文字遣い（万葉仮名と呼ばれる）は，平安時代の9世紀になると，その形をくずして書く平仮名を成立させた。もう一つの，漢字の訓を用いて書く方法は，対応する漢字がない助詞・助動詞などを，万葉仮名で，行間や字間に小さく書き添える工夫を編み出し，8世紀から9世紀に，その形の一部を省略して

---

❽ ［ドイツ語史・高田］日本語の文字的把握の始まり方は，時代的に案外とドイツ
語の場合と似ている。ゲルマン人は独自の文字「ルーン文字」を持っていたが，
5世紀末以降にゲルマン人がキリスト教化するにともない，ラテン文字に切り替
わった。王朝はキリスト教の教会・修道院を取り込んで勢力をのばしていった。
ドイツ語が「始まる」のは8世紀半ばで，カール大帝の命で，キリスト教布教を
目的としてドイツ語への翻訳がなされた。

❾ ［英語史・堀田］英語ではルーン文字が先にあり，後にラテン文字がもたらされ
て前者が徐々に衰退していった点ではドイツ語史の場合と同様である。しかし，
ラテン文字の導入からほどなく，ラテン語ではなく英語そのものが本格的にラテ
ン文字で書き記されるようになった点では，日本語の場合やドイツ語の場合と異
なる。また，英語は文字に付され始めた当初より，おおむね「言文一致」であり
続け，今日に至る。

書く片仮名を成立させた**⓫**。これによって，文芸の分野では，平仮名主体の和文が成立し，学術・仏教の分野では，漢字を主体として片仮名を交える漢文訓読文が成立することになった**⓬**。漢文訓読文という呼び名は，字面からは漢文を訓読する文と解されがちだが，実際には日本語を書く場合にも用いられた。

（4）いまはむかし，たけとりのおきなといふものありけり。（竹取物語，10 世紀初め）

（5）何而イカニシテカ備ソナヘ儲テ如法之供養 ［訓読文：何(いか)にしてか如法の供養を備(そな)へ儲けて／現代語訳：どうにかして如法の供養を準備して］（東大寺諷誦文稿，9 世紀前半）

（4）のような平仮名だけで書き連ねる和文は，文芸の場で発達したこともあり，当時の貴族の話しことばに基盤を置いた口語体であった。しかし，話しことばはやがて移り変わるので，100 年，200 年を経ると和文も文語体と化した**⓭**。つまり，平安時代に口語体であった和文は，鎌倉時代以降は文語体に位置付けられるのである。一方，（5）のような片仮名を添えつつ（上の例では，片仮名部分は漢字の読み仮名，送り仮名，助詞になっている）

⓾ 〔英語史・堀田〕 この太安万侶の不満と愚痴は，日本語母語話者が日本語を表記するために，中国語を表記するのに発展してきた漢字をいかに手なずけるべきか，いかにそれが難しいかを吐露したものと解釈できる。実際，日本語はある意味では初めて漢字と本格的に向き合うようになってから，仮名を発達させるのに 4〜5 世紀ほどかかったことになる。それとほぼ時代（幅）を同じくして，イングランドでも，ラテン語を表記するのに発展してきたローマ字を，いかに英語を表記するために手なずけるかに苦心していた。ローマ字は表音文字であるから，悩みの大きさは太安万侶には及ばなかったかもしれないが，自言語への手なずけには，相当の腐心と時間が費やされ，創意工夫が必要とされた。

⓫ 〔英語史・堀田〕 古英語期には，英語母語話者がラテン語の文章を読み下す際に，行間に注釈（gloss）をつけるということがしばしば行われた。いわばラテン語学習者による英訳語を書き込んだ「あんちょこ」である。漢字の訓ほど体系だったものに発展しなかったものの，他言語を自言語に引きつける努力という点から比較する価値がある。

⓬ 〔ドイツ語史・高田〕 古高ドイツ語の時代（750〜1050 年），ドイツ語は初めラテン語文の行間に注釈として遠慮がちに入れられた。ラテン語の複合性を模範にして，抽象度のあるドイツ語の構文・文体が形成された。ラテン語文の逐語訳的なドイツ語である《官庁ドイツ語》が，《和漢混淆文》としての文語体というイメージに近いかもしれない。そして，「官庁ドイツ語」からの独立が，日本語の場合の「文語体からの独立」に相当すると言える面がありそうである。

漢字が中心になる漢文訓読文は，学術や仏教という，中国漢文と直接つながる場で使われ，当初から話しことばとは隔たりの大きい文語体であった。これら，和文と漢文訓読文は，変体漢文とともに，明治前期まで使われ続けていく。書きことば成立期の概説は沖森（2003）が参考になる。

2.3　書きことばの変遷

　大きく異なる和文と漢文訓読文であったが，やがて，それぞれの要素が混じり合うようになり，平安時代末期の 12 世紀に和漢混淆文が成立する❹。その成立期の代表的なものが，『今昔物語集』である。次の例には，和の要素である「けり」が 2 か所見られるほか，漢の要素である「くして」や字順の転倒した「可経（ふべし）」も見られる。

　（6）今昔，京ニ有ケル若キ女，身貧クシテ世ニ可経キ方モ無カリケレバ
　　　（巻16）

　この和漢混淆文は，和の要素を強めて和文寄りに書くことも，漢の要素を濃くして漢文訓読文寄りに書くこともでき，『今昔物語集』における，その振れ幅はかなり大きい。和漢の間を自在に往還できる，柔軟な和漢混淆文は，12 世紀以後の書きことばの中心となっていく❺。こうして，和文，漢文訓読文，変体漢文，和漢混淆文のいずれもが，文語体の規範として継承され，文学，学術，宗教などの分野で，多様な文章に展開していく。また，記録，文書，手紙などの実用的な文章も，それぞれの目的に応じて，これらの文語体で書かれるのが一般的だった。図 1 に示したように，鎌倉

❸ 〔英語史・堀田〕英語史に緩く対応するものがあるとすれば，10〜11 世紀に標準化したとされる書きことば英語「ウェストサクソン標準語」が，規範的な意識を持つ写字生によって 12 世紀にも書き継がれていたという事例がある。この時期は話しことばの言語変化が激しかった時期であり，ウェストサクソン標準語の書きことばは 12 世紀にはすでに当時の話しことばからかけ離れたものになっていた。基本的には英語は有史以来おおむね「言文一致」を通してきたが，この短い時期に限っては珍しく「言文不一致」だったといえる。

❹ 〔英語史・堀田〕英語史の各時代において，英語本来語と主にラテン借用語との「混淆文」というべきものが見られた。中英語期には macaronic poem と呼ばれる，書かれたコードスイッチングのような韻文があった。初期近代英語期には，華麗語法（aureate diction）と呼ばれるラテン語かぶれした文体が現れた。現代では，一種の言葉遊びとしてラテン語の語尾を英単語に規則的に配して隠語的に用いる pig Latin と呼ばれるものがある。

～明治前期は，書きことばの大部分を文語体が占め続ける。

　(7) 近き世の人の名には，名に似つかはしからぬ字をつくこと多し，(本居宣長『玉勝間』，18世紀末)

　(8) 青々たる春の柳，家園に種ることなかれ。交りは軽薄の人と結ぶことなかれ。(上田秋成『雨月物語』，18世紀後半)

　上の2例は，ともに18世紀を代表する学者と作家の文語体であるが，『玉勝間』は和文を規範に独自の風合いを持った文語体で，『雨月物語』は和漢混淆文から発展した文語体で，それぞれ書かれている。『玉勝間』も『雨月物語』も，文語体でありながら，平安時代の和文や和漢混淆文とは，異なった趣きの文体になっており，新しい表現法を工夫することで，文語体も独自の発展を重ねながら継承されていったのである。

　ところで，話しことばに基づく口語体で綴られた作品も，室町時代や江戸時代に，いくつかある。たとえば，狂言や浄瑠璃など演劇の台本，キリスト教宣教の目的で編集された日本語教科書，学問の場で師匠が講じたことばを弟子が記録した講義録，恋愛話や滑稽話など会話の面白さを追求した文学作品などである。これらは，話しことばを写すことを目的とした特別な文体であり，上で見てきた文語体の文体とは，大きく異なるものであった。〔注：こうした演劇台本，キリスト教宣教のための日本語教科書，会話を写すことを目的とした文学作品は，室町時代や江戸時代の話しことばの実態を知るのに有益な資料になる。本書の第3章・第4章では，これらの資料を用いて，話しことばの標準化について考察している部分がある。〕

⓯ 英語史・寺澤 英語でも英語本来語と外来語(とりわけラテン語・フランス語)を一方に重きを置いて混在させることができるが，ラテン語・フランス語の要素を多めに用いると文体が堅苦しく，フォーマルになる。和漢混淆文でも，和と漢の要素のどちらを強めるかで文体的な差異は生じたのだろうか。

筆者田中による解説 和漢混淆文は，和の要素を強めることも漢の要素を強めることもできた。たとえば(6)に引いた『今昔物語集』は，1000余りの物語を集成した作品だが，仏教的な内容の物語は漢の要素を強めて書き，世俗的な内容の物語は和の要素を強めて書いてあり，両者の文体的差異は大きい。

3. 言文一致への動き

3.1 西洋語との接触を契機とした言文一致論

　どんな風に書くかの工夫として，新しい主張が見られるようになるのは，江戸時代の洋学者からである。山本（1965）に基づき，洋学者の主張を整理しよう。その主張は，ローマ字を用いる西洋語の書きことばと，漢字・仮名を用いる日本語の書きことばを比較して，表音文字である仮名で書くことの優位性を説くところから始まる。

> (9) 彼国に支那日本に云様なる文字にてはなし。只二十五字ありて（中略）事を記すに足れりとす。日本は支那の癖に染て物々事々につき其文字を用いる故に，字数多くなければ用をなさず。（中略）文字は事を記し，情を述るを旨とせば，数万ある支那の文字を記憶せんより，我日本の仮名に 悉 _{ことごとく} 事を記さば大に便利ならん。〔オランダは中国や日本のような文字ではない。わずか 25 字で事物を記すのに十分である。日本は中国の習慣に染まって事物それぞれに文字を用いるから，その数が多くないと用をなさない。文字は事柄を記し，気持ちを述べるのが本質だから，数万もある中国の文字を覚えるより，日本の仮名で事柄を記すようにすれば，とても便利ではないか〕（本多利明『西域物語』，1798）❶❻

---

❶❻ 中国語史・彭 『西域物語』にあるような文字形態の単純比較は 20 世紀初頭頃の中国の漢字廃止論者たちによっても主張されていた。しかし，やがて，1 個のアルファベットは意味を持たないが，1 個の漢字は意味を持つ欧文の単語（または意味素）に相当することがわかり，そして，漢字はその表意性により，表音文字が担えないような発音バリエーションを許容する安定的な意味伝達機能を備えていることが理解されるようになり，欧米表音文字のバイアスがかかった漢字廃止論は説得力を失った。しかし，中華人民共和国成立直後，政策責任者毛沢東は 1949 年 12 月にスターリンとの会談でスターリン自慢のマルクス主義言語論を聞かされた後，自らの主張を二転三転した末，1951 年 6 月に表音文字化への支持を表明した。それが呪縛となり，漢字廃止に反対する者の政治的リスクが高まった。当時著名な甲骨文字研究者，考古学者陳夢家（1911-1966）が 1957 年 5 月 19 日に上海の新聞『文匯報』に文字改革（簡体字化，ローマ字化）に反対する意見を表明したことが原因で，批判と粛清の対象となり軟禁中に命を落とした。毛沢東の死（1976）後，中国での急進的な「漢字廃止論」が終焉を迎え，1970 年代後半頃，字形の複雑な繁体字を使用する台湾，香港における識字率の高さや経済の高度成長により，社会制度の欠陥や教育行政の失敗の責任を文字形態に負わせるかつての漢字批判が不当だったことが自明となった。詳しくは第 10 章の参考文献（彭 2005）を参照。

（9）は，文語体の主流を占めていた，漢字を多く用いる和漢混淆文の系譜にある文語体を念頭に置いて記述されていると考えられる。

やがて，表音文字を用いるオランダ語の文典には，「以作文章使之與其口語無毫末之差〔文章を作るのに，話しことばと全く違いはないだろう〕」（大庭雪斎『訳和蘭文語』，1855-1857，自序）といった認識も示されるに至り，西洋語では話しことばと書きことばに違いがないことと，そこから翻っての，両者の乖離した日本語への省察が生まれてきた**⓱**。

西洋語と対峙した洋学者による，新しい書きことばに向かう議論は，幕末から明治初期にかけて熟成していくが，書きことば改良の主張が政治の場で行われた初めての例が，前島密が最後の将軍徳川慶喜に建議した「漢字御廃止の議」（1867 年）である**⓲⓳⓴**。国家の大本は国民教育にあり，身分にかかわらず全国民に教育を行きわたらせるにはできるだけ平易な文字や文章を用いなければならないという主張から始まるこの建議は，次のように，表音文字（仮名）で教育を行うことと，話しことばと書きことばを

⓱ 英語史・堀田 確かに英語史ではヴァナキュラーである英語そのものに関しては話しことばと書きことばには大きな開きのない時代がほとんどだった。しかし，中世以来，ヴァナキュラーで話しことばの英語に対して，書きことばのフランス語やラテン語という別次元の対立が存在した。

⓲ 英語史・堀田 「書きことば改良の主張が政治の場で行われた」ケースは，英語史でもスペリング改革などに際して多少見られるが，成功した例は皆無である。英語での改革は在野からのボトムアップが基本だった。ただし「ボトムアップ」といっても，特定の知識人の活動が基盤にあり，第 3 章で前提とされている一般大衆の集合的な活動としての「ボトムアップ」とは意味合いが異なる。

⓳ ドイツ語史・高田 ドイツ語史でも同じ頃，1871 年のドイツ帝国誕生後に，言語育成の問題が政治の場で初めて議論され，世紀が切り替わるまでに一連の分野で公的な言語育成がなされた。1874 年以降に郵政大臣 Heinrich Stephan が郵政に関わる語をドイツ語化し，正書法統一の第 1 回会議が 1876 年に開催され（K. Duden『正書法辞典』，1880），1881 年に Bauer & Duden『ドイツ語文法』が出版され，1890 年代に発音基準についても検討されて 1898 年に Th. Siebs『ドイツ舞台発音』が出された。

文字問題に関しては，ドイツでは 16 世紀以来，アンティカ書体で書くかフラクトゥール書体（ドイツ文字，ひげ文字とも呼ばれる）で書くかについて長きにわたり議論があった。1911 年に帝国議会でフラクトゥール書体の優先が決議され，またナチス・ドイツではフラクトゥール書体がドイツ民族の文字と認識されたが，1941 年に通達が出され，国際的通用性という実用性ゆえにアンティカ書体に切り替えられ現在に至っている。

同じにすることを主張する**㉑㉒**。

(10a) 果して然らば，御国に於ても西洋諸国の如く音符字（仮名字）を
　　　用ひて教育を布かれ，漢字は用ひられず，終には日常公私の文に漢字
　　　の用を御廃止相ひ成候様にと奉存候。〔というわけで，日本でも，西洋
　　　諸国のように表音文字（仮名）を用いて教育を広め，漢字は使わず，最終
　　　的に，公私いずれの文章でも，漢字使用は廃止となるのがよいと存じます。〕

(10b) 言語は時代に就て変転するは，中外皆然るかと奉存候。但，口舌
　　　にすれば談話となり，筆書にすれは文章となり，口談筆記の両般の趣
　　　を異にせざる様には仕度事に奉存候。〔言語は時代によって移り変わる
　　　ものであることは，万国共通と存じます。ただ，口頭に上せれば談話となり，
　　　筆記すれば文章となるのであり，話す・書くどちらであっても，その趣が
　　　違わないようにしたいものと存じます。〕

　大政奉還前年のこの建議は日の目を見ることはなかったが，明治維新後，
書きことば改良論は活発化する。世論形成に特に力のあった洋学者が集っ
た明六社の機関誌『明六雑誌』創刊号（1874）の筆頭記事は，西周による，
日本語はローマ字で書くべきとする論であった。

(11) 洋字ヲ以テ和語ヲ書シ，呼法ヲ立テ以テ之ヲ読ム，如此キ耳^{のみ}。然
　　　ルニ而テ其事タル厳令シテ行ハルベキニアラズ，禁罰シテ習ハシムベ
　　　キニアラズ。習フニ漸次ヲ以テシ，行フニ歳月ヲ以テシ，寡ヨリ衆ニ
　　　及ボシ，小ヨリ大ニ至ラシム。（西周「洋字を以て国語を書するの論」，『明
　　　六雑誌』創刊号）

◇◇

㉑ 〔中国語史・彭〕20世紀前半頃の中国での文字改革の議論は，当初日本での「漢
　字廃止論」に触発されて始まったが，その後，議論が政党間の政争の具と化し，
　漢字文化の継承を重んじる国民党側が「正統」または「保守的」，漢字全面廃止
　を唱える共産党側が「異端」または「先進的」というイデオロギー対立に陥って
　いた。20世紀の中国大陸での漢字ローマ字化運動は結局失敗に終わったが，こ
　のようなイデオロギー対立はいまでも言語・文字政策の根本的な違いとして台湾
　の正（繁）体字と大陸の簡体字の間で続いている。

㉑ 〔英語史・堀田〕話しことばと書きことばがそれぞれ仮名と漢字に紐づけられた
　という事実が意味深長である。英語は表音文字であるローマ字使用なので，正確
　に対応する現象はないが，話しことばと書きことばがそれぞれ本来語と借用語に
　紐づけられたという語彙的な事実とは，ある意味では平行的といえる。

㉒ 〔ドイツ語史・高田〕ここで，レジスターが口語－文語ではなく，公－私になっ
　ているところが興味深い。

（11）にある「和語」とは日本語のこと，「呼法」とは綴りの読み方のことであり，日本語をローマ字で書いてその読み方を決めるのがよく，それは強制するのではなく，時間をかけて慣れさせ，まずできるところから始め，次第に全体に及ぼしていくのがよいと主張している。ローマ字で書く利点の一つに，「言フ所，書ク所ト其法ヲ同ウス。以テ書クベシ，以テ言フベシ」❷❸と，言うことと書くことを同じ法則で行えることを挙げている❷❹。

　このように，西洋語と向き合ったことの反転として，日本語でも表音文字を使うべきことが主張され，その主張の中で，話しことばと書きことばを共通のものにすることが考えられるようになっていったのである。

3.2　口語体書きことばの実際

　こうした，表音文字を使用することから，話しことばと書きことばを共通のものとしていくことを主張した人物が，実際に書いた書きことばはどのようなものだったか❷❺。蘭学者がオランダ語文典に記した，オランダ語例文の日本語訳として示した文には，口語体が混じることがあったものの，彼らが書く日本語は文語体で，前島密が漢字廃止の実践として発刊した，

❷❸　ドイツ語史・高田　これは，「話すように書け」と「書くように話せ」という二つの要請が教養人に対して行われたということであるのか。またそこで言われているのは，音韻・文法の問題か，それとも文体の問題か？　ドイツでは，18世紀に入り啓蒙主義とともに，それまでの官庁語的な複雑な文体に対する疑念が生じ，特に書簡では話すのに近づけて書くことが要請された。18世紀後半に文章語の音韻面と文法面が確定すると，教養人には「書くように（＝音韻面と文法面で正しく）話せ」という要請がなされた。19世紀の大衆の時代に入ると，文章語を文体的に平易にすることが一般に要請された。

　筆者田中による解説　この西周の論説文は，日本語をローマ字で書くことで，音韻，文法，文体のすべてを変えていけると主張しているように読める（そういう言語学的な分野に分けた議論は未分化である）が，この改革論は実践を伴うものではなかった。

❷❹　英語史・堀田　先に触れられている本多にせよ，西にせよ，ローマ字の持つ表音主義を前提として立論している。しかし，皮肉なことに西洋の言語のなかでも当時より最も勢力のあった英語は，有史以来文字体系としては表音文字を採用していながら，スペリング体系として見れば，特に近代英語期以降，表音的というよりもむしろ表語的な方針に切り替えてきた（すなわちスペリングと発音が乖離してきた）歴史を持つ。つまり，（オランダ語であればまだしも）英語を参照点として考えるならば，本多や西の訴える「ローマ字で書く利点」は，英語にはさほど見られないのである。

平仮名書きの『まいにちひらがなしんぶんし』も，一貫して文語体で書かれ，口語体は選択されなかった。

　日本語のローマ字表記化を主張した論説を創刊号の筆頭記事に掲げた『明六雑誌』であるが，この雑誌はほとんどが文語体の記事で占められる。43号まで発行され百数十の記事があるなかで，口語体で書かれているのは，わずか3記事（ほかに，文語体と口語体が混在する記事が一つ）で，その文は次のようなものだった。

(12) 内地旅行モ許シテサシテ見タ上デナクテハ善カ悪イカ実ハ分ラナイ訳デゴザル。（西周「内地旅行」，『明六雑誌』23号）

(13) 今日以後ハマダノ＼何ガ出ルカ恐ロシヰ事デ御坐リマス。（阪谷素「民選議院変則論」，『明六雑誌』27号）

(14) 実ニ拙者無上ノ大幸トハ則此事デアリマス。（津田仙「禾花媒助法之説」，『明六雑誌』41号）

　名詞類の後について断定を意味する助動詞が文末にくる文に着目すると，「だ」で終わる文が一部に混じるが，上のように，「でござる」「でござります」「であります」などと，敬体（丁寧体）で終わる文が基調となっている。明治初期に，大衆を読者とした小新聞や，大衆を開化する目的で書かれた開化啓蒙書の一群にも，口語体が見られるが，同じような傾向を示す。表1は，国立国語研究所編『日本語歴史コーパス　明治・大正編Ⅲ明治初期口語資料』のうち，戯作文学として性格を異にする『安愚楽鍋』を除いた，開化啓蒙書9作品について，名詞類の後について「だ」「である」「です」「でござる」などの断定の助動詞が付いて終わる文の数を集計したものである（田中2021による）。

---

❷❺　英語史・堀田　英語史において16世紀後半に公的な書きことばがラテン語から英語へ移行する際にも，書き手は似たような懊悩を感じていた。その典型パターンは，新モード（英語）で書きはするものの，序論で必ず英語で書くことに対する「詫び」と「言い訳」が入ることだった。

表1　明治初期開化啓蒙書における断定の文末表現

作品名	刊行年	でござる。	でござります。	でございます。	であります。	です。	である。	だ。
交易問答	1869	71		3				5
開化のはなし	1872	8	3					
文明開化	1873-1874	102		1				
よりあひばなし	1874	24	14					9
百一新論	1874	241						8
開化問答	1874-1875	472	11				1	22
明治の光	1875	24						6
文明田舎問答	1878	16	1			5		85
民権自由論	1879	11	1		9		1	

　表1によれば,「でござる」がすべての作品で広く用いられること, これに「だ」を交える作品も多いことがわかり, 先に見た『明六雑誌』の(12)の文体が, 開化啓蒙書の主流であったと見られる。これらに,（13）のような「でござります」を交える作品も目立っている。一方で,「であります」「です」を使うのは1作品にとどまり,「である」もあまり使われていないなど, 現代よく使われる文末表現は少ないことがわかり, 現代の口語体とは, かなり異なったものであった。

　このような口語体は, どこから来たのか。それは, 2節の終わりに触れた, 話された講義を写した, 講義録の文体❷だったと考えられる。師匠が弟子

❷　ドイツ語史・高田　口語体が講義のことば由来であるとは興味深い。「大衆を教え諭す」という趣旨での口語性であるならば, ドイツの場合, 説教師の説法に口語的要素が強いことが知られている。その脈絡でルターのことを考えると, ルターは音韻・文法面では東中部ドイツの官庁語に依拠したが, 文体面では,「家庭の母親に, 路地の子供たちに, 市場の普通の男に, どう言い表せばよいのかをたずねて, 彼らの口を見て彼らがどう言い表すかを知り,（……）実際にわかりやすくドイツ語らしいことばに」なるよう書いたので, 文語性の高くないドイツ語であった。

に内容のあることを教えるという，やや改まった場での丁寧さを伴う文体である（話しことばの標準化の源流に講義体があることは，第3章，第4章にも言及がある）。

> (15) いかさま是は面白い事でござります。聖人の道も，チンプンカンでは，女中や子ども衆の耳に通ぜぬ。心学道話は，識者のためにまふけました事ではござりませぬ。（柴田鳩翁『鳩翁道話』，1835，傍点は引用者による）

　明治初期の開化啓蒙書や小新聞といった媒体では，大衆に教え諭すようなつもりで，こうした文体が選択されたと考えられる。つまり，この時期の口語体は，新しい文体が作られたというわけではなく，講義体を講義以外の場に持ち出したものだと見ることができる。そして，先の『明六雑誌』のほか，大新聞や，『学問のすすめ』『西国立志編』などのベストセラーなど，当時の出版物の大半は文語体で書かれていたのである。

　明治10年代になると，開化啓蒙書もあまり出版されなくなり，小新聞の文体も文語体に移行していき，口語体の書きことばは収束していく。『日本語歴史コーパス　明治大正編Ⅰ雑誌』で，『明六雑誌』（1874-1875（明治7-8））の次に収録される『東洋学芸雑誌』（1880-1881（明治13-14））は，口語体の記事は皆無となる。こうした明治初期の開化啓蒙期の口語体は，先に示した言文一致論とは無縁のところにあった，旧来の講義体に由来するもので，「開化啓蒙体の書き手たちはあたかも教師の如き存在であり，読者はあたかも小児のように見なされていた」（野村 2013: 195）こともあり，こうした文体は長続きせず，「口語体の文章は，従来の多数派，文語体の中に埋没していった」（同: 196）のである。

　上記のコーパスに次に収録される『国民之友』（1887-1888（明治20-21））でも，ほとんどすべてが文語体であるが，一つだけ口語体で書かれた記事が見られる。それが，文学者による言文一致運動の火蓋を切る二葉亭四迷の手になる，翻訳小説『あひびき』である。

4. 小説の言文一致

　1888年に発表された二葉亭四迷『あひびき』は，ツルゲーネフのロシア語による原作からの翻訳[27][28]で，口語体で書かれた小説の初期のものの

一つである。次のように書き出される。

(16) 秋九月中旬といふころ，一日自分がさる樺の林の中に座してゐた
　　　ことが有ツた。今朝から小雨が降りそゝぎ，その晴れ間にはをり／＼
　　　生ま煖かな日かげも射して，まことに氣まぐれな空ら合ひ。あわ／＼
　　　しい白ら雲が空ら一面に棚引くかと思ふと，フトまたあちこち瞬く間
　　　雲切れがして，無理に押し分けたやうな雲間から澄みて怜悧し氣に見
　　　える人の眼の如くに朗かに晴れた蒼空がのぞかれた。

　下線を付したように，文末は「た」が非常に多く（102 文中 85 文，83％
を占める），これは，過去時制を取るロシア語の原文に忠実に訳した結果
であるが（コックリル 2015），(17) の 1 か所だけだが，文末が「だ」の文
もあり，ここは，語り手である「自分」の思いが直接表出されている。

(17) 鳩が幾羽ともなく群をなして勢込んで穀倉の方から飛んで来たが，
　　　フト柱を建てたやうに舞ひ昇ッて，さてパッと一斉に野面に散ッた――
　　　――ア，秋だ！

　二葉亭は，『あひびき』を翻訳していた時期に，口語体小説『浮雲』の
創作にも取り組んでおり，そこにも，(18) のように，語り手の思いを表
す「だ」で終わる文が見られる。「だ」と同じ機能を表す「である」も，(19)
のように使われている。

(18) デも持主は得意なもので，髭あり服あり我また奚をか寛めんと済
　　　した顔色で，火をくれた木頭と反身ッてお帰り遊ばす，イヤお羨
　　　しいことだ。(第 1 編)

(19) 仮令へ免職，窮愁，耻辱などゝいふ外部の激因が無いにしても，
　　　お勢の文三に対する感情は早晩一変せずにはゐなかッたらう。お勢は
　　　実に軽躁で有る。(第 3 編)

　こうした口語体小説を書き始めた時期のことを後に回想して，二葉亭自
身，次のように書いている。

❷❼ 〔英語史・堀田〕英語史でも主に中英語期にはフランス文学からの翻訳が，散文
か韻文かを問わず多く現れ，英語は語彙，語法，文体の点で鍛えられたといって
よい。

❷❽ 〔ドイツ語史・高田〕ドイツ語史においても，翻訳がドイツ語の表現力や文体を
鍛えた面は大きい。

（20）暫らくすると，山田美妙君の言文一致が発表された。見ると，「私
　　は……です」の敬語調だ。自分とは別派である。即ち自分は「だ」主
　　義，山田君は「です」主義だ。後で聞いて見ると，山田君は始め敬語
　　なしの「だ」調を試みて見たが，どうも旨く行かぬと云ふので「です」
　　調に定めたといふ。自分は始め，「です」調でやらうかと思つて，遂
　　に「だ」調にした。即ち行き方が全然反対であつたのだ。（『余が言文
　　一致の由来』，1906）

　ここで，言及されている山田美妙の「です」調とは，次のようなもので
ある。

（21）知盛の今日のむねぐるしさ，わざと従容（しょうよう）として無理に笑顔を賣る
　　ものゝ，その笑顔は冬野の寒菊，無情の風を待つのみです。主上に対
　　する眼，女房どもに向ける目眦（まなじり），いづれ優劣なく無念の露を宿して，
　　否帯びて，むしろ色は，今まで蒼ざめて居たのが次第に紅く為つて行
　　き，いつの程にか髪の毛も針を植ゑて居るやうです。（『胡蝶』，1889）

　「です」と「だ」「である」との違いは，丁寧さの有無にあるが，3節で
見たように，敬体（丁寧体）のほうが常体（普通体）よりも多く用いられ
るのが，明治初期の口語体の文章だった。美妙は，その系譜を踏まえつつ
も，明治初期によく使われた，丁寧度の高い「でござる」「でございます」
ではなく，それまでの文章ではあまり使われることのなかった「です」を
基調とした口語体を創出したのである。「です」は，江戸語では，身分の
高くない町人が用いることばであったものを，明治の東京語では，地方か
ら出て来た学生や官吏などが，芸者や噺家のことばを真似て使い出したも
のと言われており（中村1948），丁寧度の高くないことが，小説に適する
ところがあったと考えられる。

　一方，二葉亭が用いた，「だ」「である」などの常体は，江戸語や明治初
期の東京語では，会話や心内語としてはよく使われるが，文章の中で用い
られることは，普通でなかったものである。聞き手に配慮する丁寧さがゼ
ロの常体は，小説の地の文でこれを用いることで，語り手や登場人物の思
いを直に表出できる㉙。二葉亭の常体よりも美妙の敬体のほうが，発表当
初は大きな反響を得たが，内面の思いを直接表出できる二葉亭の常体は，
若い作家たちに大きな影響を与え，やがて常体による口語体小説が主流と

なっていく。美妙の敬体と二葉亭の常体とを，日本語史的に対比し，それぞれの言文一致運動の意義を考究したものに，野村（2013）がある。

　小説の言文一致の流れについて，データで確認してみよう。『日本語歴史コーパス　明治大正編Ⅰ雑誌』に含まれる，総合雑誌『太陽』1895 年（創刊年）と 1901 年における小説の文体について，地の文が，文語体か口語体かを調査した。そして，6 年を隔てた二つの年次だけでは，変化の流れがとらえにくいので，中間の年である 1898 年の雑誌『太陽』と，時代をさかのぼった 1892 年の文芸雑誌『都之花』の原誌を対象に，掲載されている小説について目視で同様の調査を行った。その結果を整理したものが，表 2 である。

表 2　雑誌に掲載された小説の地の文の文語体・口語体の別

	『都之花』1892 年	『太陽』1895 年	『太陽』1898 年	『太陽』1901 年
文語体	30（71.4%）	22（95.7%）	10（37.0%）	2（14.3%）
混在	4（9.5%）	0	0	0
口語体	8（19.0%）	1（4.3%）	17（63.0%）	12（85.7%）
計	42（99.9%）	23（100.0%）	27（100.0%）	14（100.0%）

　表 2 から，文語体から口語体へという移行が進むことを読み取ることができるだろう。『都之花』1892 年が『太陽』1895 年よりも，口語体の比率が高くなっているが，文芸雑誌である『都之花』は，革新的で実験的な口語体を取る作品が多かったのに対して，総合雑誌である『太陽』は，保守的で広い層に馴染みのある文語体を取る作品が多かったからだと説明できよう。『太陽』1895 年に着目すると，全体で 23 本の小説が掲載されており，22 本までが文語体で書かれているなかで，1 本だけが口語体で書かれている。その唯一の口語体小説は，(22) に示す通り，「だ」「である」の常体によっている。

❷❾ 〔英語史・堀田〕　心内語と関連して，英語には直接話法と間接話法の特徴を混在させた描出話法や中間話法と呼ばれる修辞的技法がある。言文一致の観点から再考してみる価値がある。

（22）或は花見に，或は飲みに，なぞと取々だ。何心なく大机の上を見ると，音楽学校から来て居る手紙がある編輯局宛で。既に封は切つてある。我も手に取りて見ると，中には案内状と，奏楽の番組と，切符とがあつた。翌日の午後第一時から，音楽会堂で開くとの事である。(江見水蔭「朝顔」)

　口語体の小説が，敬体を取っているか，常体を取っているかについて調査した結果は，表3のようになる（1件しかない1895年は％を表示しない）。

表3　雑誌に掲載された口語体小説の敬体・常体の別

	『都之花』1892 年	『太陽』1895 年	『太陽』1898 年	『太陽』1901 年
敬体	3（37.5％）	0	2（11.8％）	0
混在	0	0	2（11.8％）	0
常体	5（62.5％）	1	13（76.5％）	12（100.0％）
計	8（100.0％）	1	17（100.1％）	12（100.0％）

　表3からは，口語体のなかでは，敬体作品と常体作品がともにあったところから，常体作品ばかりになるという移行が進むことを見て取ることができる。本章冒頭に示した鷗外をはじめとする多くの作家は，20世紀になると，その作品のほとんどを，「だ」「である」を用いる常体の口語体で書くようになる。

（23）なぜ，おれ一人に呉れて，兄さんには遣らないのかと清に聞く事がある。すると清は澄したもので御兄様は御父様が買つて御上げなさるから構ひませんと云ふ。是は不公平である。おやぢは頑固だけれども，そんな依怙贔負はせぬ男だ。(夏目漱石『坊ちゃん』, 1906)

（24）亭主が苦情を言いに来た処が，もう洗濯をしても好い頃だと，あべこべに叱って恐れ入らせたそうだ。この部屋の主人は大石狷太郎である。(森鷗外『青年』, 1910-1911)

　こうして，小説の文体は，文語体から口語体へ，口語体の中では常体専用へと，10年余りの間に一気に進行したのである。

5. 論説の言文一致

　それでは，論説文での言文一致の流れは，どうだったのだろうか。それは，3節で見た，講義体から発して，明治期に盛んになった演説（講演を含む）の中で熟成され，やがて書きことばにおける口語体の論説文として安定していくというものであったと考えられる。3節に引いた『明六雑誌』の(12)(13)(14)の例は論説文の例だが，そのうち二つには演説筆記であることが明記されている。1881（明治14）年に創刊された『東洋学芸雑誌』は，『日本語歴史コーパス』に収録される1881・1882年にはないものの，その後の年次には，演説に基づく記事が時々掲載されている。ほかにも，明治中期までの雑誌の多くに演説筆記の論説文を拾うことができる。

　『日本語歴史コーパス』に収録される雑誌で，演説筆記の記事が多いものに『太陽』1895年があり，14本を数える。その一つである井上哲次郎による「戦争後の学術」という記事は，創刊号の論説欄に掲載され，冒頭に演説筆記であることが明記された上で，次のような文章になっている。

　(25) 戦争後の学術が如何なる景況を現はすべきであるかといふ事に付きましては多少学者社会には既に議論のある事でありますが世間では未だ朝鮮の教育に関する事の外は余り論究する人も無い様に見え<u>ます</u>，併ながら此事は今より予測して置く事が随分我々日本人に取つては大切な事と思は<u>れます</u>，先づ戦争後の学術の如何を考察する前に方りまして凡そ国運の消長と学術の盛衰の関係が通常人が始めて考へまするよりも余程密着なるものであるといふ事を見るのが必要<u>であります</u>，

「ます」で終わる敬体を取っており，名詞類の後に付く文末表現は「であります」で結んでいる。この記事の大半の文は，文末が敬体になっているが（87%），時に交じる文末が常体の文は，(26)評価の文，(27)否定の文を始め，疑問，禁止など，話し手（書き手）の気持ちや判断が前面に現れる場合である。

　(26) 啻に外国に起つた所の学術を引入れて夫れを学習する事に止まるのは如何にも<u>浅墓な事である</u>，

　(27) 孔子の教が忽然価値を失ふといふ様な訳のものでは<u>決して無い</u>，

一方，大半の文末が常体で，時に敬体を交える記事もある。

　(28)は，やはり演説の筆記であることが明記されている加藤弘之の「遺

伝応化の理によって学問奨励の方法を論す」という記事の冒頭であるが，敬体で始まった後，常体に移行し，97％の文末が常体になっている。敬体になっているのは，冒頭の文，末尾の文のほか，聴衆（読者）に問いかけていることがわかる文である。

　　(28) 今日は遺伝と応化と云ふ道理を持出して，学問奨励の方法を論ずると云ふ積りであります，遺伝と応化と云ふ事は大抵諸君は御承知でありませうが，併し遺伝応化と云ふ事は重もに近頃ダーヴヰンが論出して之に次でハクスレー及びヘツケル又はワイスマン等の進化学者は段々委しく論じて居る（中略），植物などに至つては親とか父祖とか云へば可笑い様であるが矢張り同じ事である，即ち其の父祖から追々に伝はつて来た所の性質は即ち遺伝である，

　『太陽』1895年の演説筆記による演説には，(25)(26)(27)のような敬体を基調として時に常体が交じるものと，(28)のような常体を基調として時に敬体が交じるものとがだいたい同じ程度ある。話している相手を強く意識するか，話している内容を強く意識するかで，敬体と常体とが使い分けられていると考えれば，演説筆記での敬体と常体の使い分けは，話しことばにおける敬体と常体の自然な運用の反映と見ることができるだろう。

　『日本語歴史コーパス』に含まれる『太陽』の1895年，1901年，1909年には「論説」という欄が設けられており，その欄に掲載される記事が文語体か口語体かを整理したのが，表4である。表4から，文語体がほとんどであったところから，次第に口語体が増加し，やがて逆転する流れを読み取ることができる。しかし，小説の口語体が1901年の段階で85％以上にのぼっていたこと（表2）に比べると，論説では1901年は18％余り，1909年でも64％余りにとどまり，言文一致の速度は遅かったこともわかる。

表4　『太陽』における論説欄掲載記事の文体

	1895 年	1901 年	1909 年
文語体	39 (92.9%)	49 (81.7%)	56 (35.4%)
口語体	3 (7.1%)	11 (18.3%)	102 (64.6%)
計	42 (100.0%)	60 (100.0%)	158 (100.0%)

表4では，1895年の論説欄には口語体の記事は3記事しかないが，上述のように，演説に基づく口語体記事は14記事を数え，「講演」「政治」「教育」「工業」「商業」などの欄に広がっており，それらも，文章の種類としては論説文と見てよいものである。1901年，1909年と進むに従って，口語体の論説文であっても，演説に基づくと記されているものは減少していくので，演説を経ない口語体の論説文が増加していったと見られる。つまり，演説筆記を通して普及した口語体の論説文が，演説を介さずとも書かれるように，一般化していったのである。話しことばを介さずとも書ける口語体論説文が広まるのにともなって，読み手に向かう敬体の文末表現は減少し，内容に向かう常体の文末表現ばかりになっていく。読み手を意識して敬体と常体を使い分ける口語体から，そういう使い分けをしない口語体へと変わっていったのである❸。なお，小説や論説以外の文章の種類（随筆や実用文など）も含めた雑誌『太陽』の記事全般の言文一致の流れについては，田中（2013）を参照してほしい。

6. おわりに

本稿で述べてきたことをまとめると，次の3点になる。

・言文一致と言われる，昔のことばから今のことばへの交替現象は，書きことばの文体が，旧来の文語体から新しい口語体に交替する出来事である。それは明治時代の言文一致運動を経て達成された❸。

・話しことばに基盤を置く口語体と話しことばから隔たった文語体とのせめぎ合いは，近代だけではなく，日本語が文字を持つようになった古代から続いてきた。そのせめぎ合いが特に目立つ時代には，その背景に，文字の成立と定着，外国語（古代は中国語，近代は西洋語）との接触があった。

・近代の言文一致運動は，江戸時代の洋学者から議論が始まるが，その

---

❸ 英語史・寺澤 英語論文では以前は口語的で主観的な表現（たとえば，一人称単数代名詞 I，接続詞の and や but など）を避けることが奨励されたが，近年はそうした口語的表現が論文で用いられることも少なくない。

❸ 中国語史・彭 明治時代に日本に留学・亡命した中国の知識人の多くは日本での「言文一致」運動を目撃し，帰国後には中国の「白話文運動」に身を投じた。

実践には，明治20年代に一気に進む，作家による口語体小説の文体創出と，明治初期から後期へと比較的ゆるやかに進む，演説筆記を通した論説文体の熟成の二つの流れがあった。

明治時代の言文一致については，多くの先行研究はあるが，不明なことも多く残されている。解明が期待される研究課題として，次などが考えられる。

- 文末表現以外の言語形式も含めて，言文一致による言語変化の実態を総合的に記述すること。
- 法令などの公用文，新聞などの報道文，手紙，日記など，小説や論説以外の文章では，言文一致はどのように進んだのか。そして，相互にどう関係し合ったか。
- 言文一致を推進する力としての書きことばの標準化において，国語政策や国語教育は，どのような効果や問題があったのか。
- 言文一致の背景には，近代化に伴うさまざまな社会革新があったが，言文一致と社会革新とは，どのように関係するか。

なお，言文一致を含む近代日本語の文体に関する包括的な参考文献としては，山本（1965, 1971），木坂（1976），森岡（1991），飛田（2004），古田（2011），宮地・甲斐（2017），野村（2013, 2019）などが有益である。

参考文献

沖森卓也（2003）『日本語の誕生―古代の文字と表記』吉川弘文館.
木坂基（1976）『近代文章の成立に関する基礎的研究』風間書房.
コックリル浩子（2015）『二葉亭四迷のロシア語翻訳―逐語訳の内実と文末詞の創出』法政大学出版局.
田中牧郎（2013）『近代書き言葉はこうしてできた』岩波書店.
田中牧郎（2021）「コーパスによる近代語研究」田中牧郎・橋本行洋・小木曽智信編『コーパスによる日本語史研究―近代編』ひつじ書房.
中村通夫（1948）『東京語の性格』川田書房.
野村剛史（2013）『日本語スタンダードの歴史』岩波書店.
野村剛史（2019）『日本語「標準形」の歴史―話し言葉・書き言葉・表記』講談社.
飛田良文編（2004）『国語論究11 言文一致運動』明治書院.
古田東朔（2011）『国語意識の発生：国語史2』くろしお出版.

宮地裕・甲斐睦朗監修（2017）「特集 日本語 150 年史」『日本語学』36-12.
森岡健二（1991）『近代語の成立―文体編』明治書院.
山口仲美（2006）『日本語の歴史』岩波新書.
山本正秀（1965）『近代文体発生の史的研究』岩波書店.
山本正秀（1971）『言文一致の歴史論考』桜楓社.

使用コーパス

国立国語研究所編『日本語歴史コーパス』 https://ccd.ninjal.ac.jp/chj/2021

用例出典

『古事記』『竹取物語』『今昔物語集』『雨月物語』（新編日本古典文学全集）
『東大寺諷誦文稿』（『東大寺諷誦文稿の国語学的研究』）
『玉勝間』（本居宣長全集）
『西域物語』『鳩翁道話』（日本思想大系）
『訳和蘭文語』（早稲田大学図書館 https://www.wul.waseda.ac.jp/kotenseki/）
「漢字御廃止之議」（国立国会図書館デジタルコレクション https://dl.ndl.go.jp/）
『浮雲』『余が言文一致の由来』『胡蝶』『舞姫』『ヰタ・セクスアリス』『坊ちゃん』（明
　治文学全集）
『青年』（森鷗外全集）
『明六雑誌』『国民之友』（国立国語研究所日本語史研究資料 https://dglb01.ninjal.
　ac.jp/ninjaldl/）
『太陽』（太陽コーパス）

第 6 章

英語史における「標準化サイクル」

堀田隆一

1. はじめに

　英語の歴史において標準化の波は3度あった。1度めの標準化は，紀元1000年前後の後期ウェストサクソン方言に基づく書きことば標準語の緩やかな成立を指す（第7章で論じられる「統一化」）。この最初の標準語は，一点に固定した（fixed）ものではなく，あくまで中心に向かって焦点が合っている（focused）といった程度の，多少の変異を許容する類いの標準だった（「固定」「焦点」を含めた標準化の程度を記述するための用語については次節，および第1章の2.2を参照）。たとえば，同一の単語であっても綴り方は一つではなく，いくつかの異なる綴り字が見られた。

　その後，この最初の標準語は1066年のノルマン征服により無に帰し，「脱」標準化した。しかし，14世紀後半より改めて書きことばの標準化の波が始まり，18世紀を中心とする規範化の時代を経て現代にまで連なっている（第7章で論じられる「統一化」および「規範化」）。この2度めの標準化は1度めよりも画一化の程度が高く，およそ固定した標準語といってよい水準に達している。たとえば，単語の綴り字でいえば，同一単語は原則として一つの綴り方しかない。

　話しことばに目を移すと，16世紀以降の近現代英語期には英語はイギリスから世界へとその分布を広げ，とりわけ世界語と称されるようになった20世紀には，異なる言語・方言を話す人々の共通のコミュニケーション手段として標準口語英語が発達してきた（第7章で論じられる「通用化」）。

これが標準化の3度めの波である。今回は話しことばに関する標準化であるから，完全に固定した標準語の水準に到達することはなく，あくまで焦点が合った標準語にとどまっている。つまり，上記の1度めの書きことばの標準化が到達した水準に近い。一方，20世紀以降，英語の使用が世界化するにつれ，英語の話しことばが拡散（diffuse）し，多様化してきたのも事実であり，ある意味では再び脱標準化が生じているようにも見える❶。

　このように英語が標準化と脱標準化を繰り返してきた過程は「標準化サイクル」ととらえることができそうだが，各段階の（脱）標準化には独自の特徴があり，同じことが繰り返されてきたわけではない。本論では，形式と機能の変異量という二つの指標に注目し，英語史における各段階の

標準なし
（多様性）

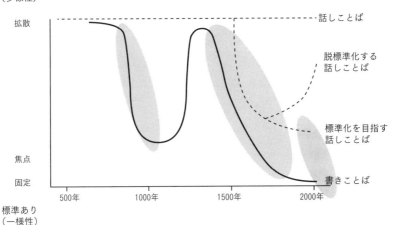

図1　英語における標準化と脱標準化

❶ （ドイツ語史・高田）ドイツ語史の場合も，同種の三つの標準化の波を想定することが可能ではある。第1は，騎士・宮廷文学（1170〜1250年）を書き表した中高ドイツ語で，これにはある程度の超地域性があった。しかし，この詩人階がその後に受け継がれはせず，14世紀以降に都市生活において公的文書がドイツ語で書き留められ，さらにルターを経て18世紀後半にドイツ語文章語の標準化が完結する。これが第2波といえる。第3波といえる口語での標準化は，Siebsによる『ドイツ舞台発音』（1898）以降，ラジオとテレビの発達とともに進行していった。

（脱）標準化の特徴を浮き彫りにすることを目指す。これにより（脱）標準化の抽象化を行い，対照言語史の立場から諸言語の標準化に迫るための一つの視点を提案したい。

2. 英語史における標準化と脱標準化

　英語標準化の歴史については，第2章に概略が記述されており，第7章でも標準化の過程に軸足を置いた英語史の時代区分が取り上げられているので詳細は割愛する。しかし，本章で論じる「標準化サイクル」を念頭に置きつつ，改めて英語の標準化の歴史を概略すれば，図1のようになる❷❸。

　図1は英語の（脱）標準化を概略的に表したものである。横軸は時間を，縦軸は非標準化の度合いを表す。標準化されている／いない程度は厳密には数値化できないが，図の下方にいくほど標準化が進んでいること，すなわち言語的に一様であることを示し，最低値はある一点に完全に「固定し

❷ 　日本語史・田中　英語史の標準化の議論が，9世紀頃の英語を対象とするところから説かれ始めるのとは大きく異なり，日本語史における標準化の議論は，19世紀以降の「標準語」の成立を中心に展開され，近年の野村剛史の研究（本書第4章参照）でも16世紀以降が対象にされている。日本語史における標準化の議論が，古い時代の日本語を対象にしてこなかったのは，日本語の書きことばが中国語の書きことば（漢文・漢字）を借りるところから始まったことによると考えられる（第5章参照）。西洋語は表音文字を用いることから，話しことばと書きことばの対応が見えやすく，話しことばの変異を反映させて書くことが多くなると脱標準化し，それを反映させず書き方に規範を定めると標準化していくのではないかと考えられる。話しことばと大きく離れたところから始まった日本語の書きことばは，話しことばの反映という側面から考えられる機会がなかったのだと思われる。もっとも，日本語も表音文字である仮名の用い方については，13世紀頃から議論が始まり，そこには，英語の標準化論と類似しているところが認められる（注❾参照）。しかし，書きことばの中心は漢字が担い続けてきたので，言語の標準化のような大きな議論にはなりにくかった。

❸ 　中国語史・彭　（脱）標準化の変動に影響を及ぼす言語内外の関数要因の特定は難しいが，図1のようなダイナミックな分析モデルを通して中国語史の流れをたどると，次のような興味深い事実が見えてくる。周代以降の3000年にわたる王朝の分裂と統合の周期的変動の中で，長い統一王朝時代（周代，漢代，唐代など）には言語の標準化（標準字体，標準発音の字書の刊行や儒教経典の標準テキストの編纂など）が進む一方，統一王朝後の戦乱時代（戦国，三国，五代十国など）には都が分散することによる脱標準化が進むという，言語史と社会史が連動するリズミカルな動きが観察され，王朝の「安定性」と「持続性」という二つのファクターが作用する一種の「標準化サイクル」の輪郭が浮かび上がる。

ている」ことを示す。また、一点への固定には至らずとも、ある程度一点を指向する水準にある場合には「焦点が合っている」という表現を用いることにする。また、「固定」と「焦点」を合わせて、広い意味での「標準的」と解釈しておきたい。一方、図の上方は非標準的な水準、すなわち言語的多様性を示し「拡散した」状況と表現できる。

　上記の一連の用語を用いて、英語の（脱）標準化の流れを改めて追ってみよう。書きことばと話しことばは必ずしも切り離して考えられるわけではないが、本質的には独立した二つの言語の媒体ととらえられるので、ここでは別々に考えていくことにする❹。まず、図において実線で表されている書きことばから見ていく。5世紀半ば、アングロサクソン人とともにブリテン島にもたらされた、後に英語と呼ばれることになる言語は、当時より部族ごとの方言が多数存在していた。当時の書きことばはわずかに現存するルーン文字に残されているが、読み書きできた層は明らかに共同体のごく一部にすぎず、書きことばの標準化の程度を論じられるような水準には至っていなかった。

　700年前後より、ラテン文字で記された英語の文献がまとまった量で現れ出すが、以後10世紀まで英語は個々の方言に応じて独自の綴り字で書かれるのが普通だった❺❻。英語は書きことばに関する限りおよそ拡散した状態にあったと考えてよい（実線が図中の高い位置にあることに注意）。し

❹ （中国語史・彭）標準化のプロセスの中で、話しことばと書きことばという二つの言語媒体がそれぞれどのような動きを見せ、いかに相互作用するのか、これらの問題は、英語に限らず、ことばの標準化の普遍性を考える上できわめて重要だと思う。中国語史において、紀元前3世紀頃の秦始皇帝の言語政策では、文字統一と言語統一を別々の問題としてとらえていたようで、文字や書きことばの統一は政策に反映され、後世に大きな影響を残したが、音声言語・話しことばの統一は、問題意識としては持たれていたものの、政策の実施には至らなかった。（詳しくは第10章4節を参照。）

❺ （中国語史・彭）中国語の文字において、綴りの問題はないが、方言と字形（筆画）の関係における拡散、収束と統一の問題は存在する。中国の東周後期の戦国時代（前403～前221年）頃、各地の方言ではそれぞれ独自の文字形態（第10章3節の図を参照）が使用されていた。戦国時代の文字形態は中国語史の中で最も拡散した（diffuse）状態だったと言える。そして、漢代2世紀頃の『説文解字』、唐代7世紀頃の『字様』や明代17世紀頃の『正字通』などの大型字典の編纂と刊行は字形や字体の収束に向けた標準化作業の一環としてとらえることができる。

かし，10世紀にかけてウェセックス王国の威信が高まってくると，同王国の方言（ウェストサクソン方言）の綴り字慣習に従った比較的一様な書きことばが現れてくる（図中で1000年あたりにかけて実線が一気に下降する様子に注目）。これが，伝統的な英語史において「後期ウェストサクソン標準語」とされる書きことば標準である。ただし「標準」とはいっても，現代英語の書きことば標準で当然視されている，同一の単語は常に同一に綴られるといった意味での固定した標準ではなく，いくらかの変異を許容する，あくまで焦点が合っている水準の標準だったことに注意しておきたい〔注：この伝統的な「古英語の標準語」という概念については，読み書き能力の分布が社会的に偏っていた当時にあって，誤解を招くものであるとして否定的にとらえる von Mengden（2012: 27–28）のような論者もいる〕。

　ところが，焦点が合っている程度ではあるものの標準化を指向していたと見られるこの後期ウェストサクソン標準語は，1066年のノルマン征服により崩壊した。征服後1世紀ほどの間，同標準語は地方において散発的に書き続けられたものの，イングランドにおいて公的に書き記される言語は原則として英語からフランス語（あるいはラテン語）へとシフトし，英

❻ 日本語史・田中 各地の方言で書き表される英語文献とはどのようなものなのか。日本語史における古代は，書きことばが必要とされるのが，政治や文化の中心地であった奈良や京都に限られ，地方行政の担い手も中央から派遣された官人が漢文による記録文書を記していたので，当該地域の方言が書かれることはなかった。例外的な出来事としては，地方の地誌を記して朝廷に報告する『風土記』（8世紀）に断片的に現れる方言や，『万葉集』（8世紀）に，「東歌」や「防人歌」として東日本の人々の歌を特別扱いをして収録したものなどが挙げられる。いずれも，中央の人が興味を持って方言（やその作品）を記録したものであり，地方の人々が自らの方言を「独自」に書いたものではなかった。英語は，各地域の言語共同体ごとに書きことばが産出されたということだろうか。

筆者堀田による解説 ここで話題としている初期古英語期と，1100年から始まる中英語期には，標準書きことばが存在しなかった。各地域の言語共同体ごとに，その方言（話しことば）がおよそそのまま書きことばに反映された。したがって，異なる地域からの写本を並べて見比べてみれば，さながら目に見える方言の一覧となる。日本（語）の場合には政治的にも言語的にも「中央」が存在したが，イングランドと英語の場合には，「中央」の権威が弱いか，あるいは中英語期などではそもそもフランス語やラテン語にその座を奪われていたため，英語に関する限り「中央」が不在だったということである。結果として，写字生は原則として母方言をそのまま文字にすることとなり，話しことばが多様なのと同じくらい書きことばも多様になった。

語はそもそも書きことばの領域から追い出されてしまった❼❽。その後13世紀から15世紀にかけて，英語は少しずつではあるが着実に書きことばへと復帰していったが，再び書き記されることになった英語は，先の後期ウェストサクソン標準語とは似ても似つかぬ代物であり，当時の諸方言のさまざまな発音が反映された，全く統一性を欠く，拡散した書きことばだった（図で1400年あたりにかけて実線が一気に上昇する様子に注目）。この時期の書きことばの多様性を示すために，極端な例を一つ挙げれば，現代英語の "through" に相当する単語が，イングランド諸方言の異なる発音や異なる綴り字習慣を反映して，筆者の数え上げによると515通りもの綴り字で書かれていたことが確認される❾。

その後，15世紀以降，現代にかけて，再び緩やかな収束の時代に入っ

❼ 中国語史・彭 中国語史において，異民族支配の元代（1271～1368年）と清代（1616～1912年）の最上位の威信言語がそれぞれモンゴル語と満州語であったため，中国語は，11世紀のノルマン征服下の英語のように書きことばから追い出されるようなことはなかったが，その地位は明らかに格下げされていた。（第7章の注❺にも彭による同問題への言及あり。）

❽ 日本語史・田中 英語による書きことばができかけていたところへ，フランス語による書きことばが入ってきて，英語の書きことばはいったん駆逐されたということだろうが，そのとき，二つの書きことばが接触し，影響を与え合うことはなかったのだろうか。日本語史の場合,書きことばは外国語である漢文からスタートするが，その漢文の中に，日本語が交じっていくことで，日本語独自の書きことばとしての変体漢文が生まれた。また，漢字の表音的な用法（万葉仮名）をもとにして，日本語の音を表記する文字システムとしての平仮名，片仮名が生まれ,そのことが，新しい書きことばである和文や，漢文訓読文を生んだ（第5章参照）。そこから類推すると，書きことばにおいて英語とフランス語が接触したことで，言語が変容することがあってもよさそうだが，どうなのだろうか。

筆者堀田による解説 日本語と漢文の接触は比較的穏やかなものだったが，英語とフランス語の接触の契機は，ノルマン征服という手荒い軍事的・政治的征服だった。この点が，その後のイングランドの社会言語学的状況にとってたいへん重要な意味を持つ。行政，法律，議会，裁判といった書きことばと密接に関わる公的な領域において，常用語は英語からフランス語へと一気に移行し，英語が書きことばからほぼ完全に閉め出されてしまったのである。書きことばの上で両言語が混ざり合う機会すらなかったといってよい。ただし，13世紀以降，英語がイングランドの書きことばとして復権していく過程で，それまでイングランドの書きことばを支配していたフランス語から，綴り字習慣や語彙をおおいに借り入れたのも事実であり，その折衷・融合した結果に注目するならば，日本語の漢文訓読文などとも比較することができるだろう。

ていく。綴り字の新たな標準化の兆しは15世紀に始まり，17世紀半ば，そして18世紀半ばという途中段階を経て，現代見られる標準語へと発展してきた（図中の現代に至るまで数世紀をかけて下降していく実線に注目）。現代標準英語においては，colour/color などの英米変種間に見られる若干の綴り字の差異を別とすれば，同一の単語は常に同一に綴られるのが原則であり，英語の書きことばは史上初めて事実上固定した水準を享受しているということになる。

　次に，図中で破線として表されている話しことばの標準化に注目しよう（破線にしたのは，書きことばに比べて各時代の実態がとらえにくく，標準化の程度の推測もより困難なことを示すためである）。英語の話しことばの歴史について明言できることは，書きことばとは異なり，どの時代においても原則として拡散した状態だったことだ（破線が高い位置で一定である点に注目）。常に多様な地域方言が行われてきたし，社会方言も同様に多様だったと考えてよい❿。話しことばにおける「標準化」を仮に論じられるとすれば，せいぜい16世紀以降の近現代英語期の話しことばに限定されるだろう。近代以降ロンドンの中・上流階級によって話されていた1英語変種が，イ

<hr>

❾ **日本語史・田中** 英語史における書きことばの標準化のサイクルが，主に綴り字を想定しているとしたら，日本語史における仮名遣いの規範と比較できるところがある。平仮名が創始された10世紀には，平仮名と発音は合致していて，仮名遣いは均質であった。ところが，発音が変化し，たとえば10世紀には [o] と [wo] で区別のあったア行のオとワ行のオの発音の区別がなくなると，「お」と「を」の仮名の用い方に揺れが大きくなっていった。13世紀にその運用の仕方の規範を定めようと，歌学者の藤原定家は，アクセントの違いによって「お」と「を」を区別する「定家仮名遣い」を示し，その規範が平仮名を用いる学芸の分野で発展継承された。さらに，18世紀には，『万葉集』『古事記』など古典を対象とする国学の興隆によって，古代の音韻や仮名の用法が研究されたことで，平仮名創始当時の発音に基づいて仮名を運用する「歴史的仮名遣い」が規範として整備され，明治政府の学校教育に取り入れられ，太平洋戦争終了時まで，この規範が普及した。この二つの仮名遣いの規範は，仮名の用法の揺れの大きさを解消することを目指した点で，英語史における綴り字の均質化を志向した標準化の力と類似の動きと見ることはできるだろう。この日本語の仮名遣い規範を定めたのは歌学や国学といった，古代の文芸世界を志向する学術の世界での出来事であって，古典籍の仮名の用法の研究を通して見出されたものであるという特徴がある。そして，太平洋戦争後に制定される「現代仮名づかい」では，現代日本語の発音に基づいて仮名を用いる表音的な規範に一新された。

ングランド国内に広く通用するようになっていった過程が**⓫**，図中では枝分かれして下方へ折れていく破線として表現されている。しかし，それによって現代までに到達しえた標準化の水準は，固定ではなくせいぜい焦点止まりである（後期ウェストサクソン標準語の書きことばが達したのと同程度の水準であることに注意。話しことばにおける固定した水準というものは，古今東西もほとんど例がないし，今後もありえないだろう）。一方，枝分かれしたその破線から，さらに枝分かれして上方へ折れていく破線にも注意したい。18世紀以降，英語が世界化するにともない，話しことばにおいては，互いに異なる英語変種が数多く生じてきた。この英語変種の多様化は，英語史上改めて生じている脱標準化と見ることもできる。

　英語の書きことばと話しことばの歴史を図1に即して見てきた。図中で線が下降していく過程（どこまで下がっていくかの程度の違いはあれ）が標準化であり，線が上昇していく過程が脱標準化ということになる。楕円で囲まれた部分は，英語史における3度の標準化と，各々が到達した水準を示している。上昇と下降が交互に繰り返されているようにも見え，一種の「標準化サイクル」と呼ぶべき構図となっていることが改めて確認できるだろう。

3.「標準化サイクル」をめぐって

　「標準化サイクル」（standardisation cycle）とは，Greenberg（1986）とFerguson（1988）によって示された概念である。Swann et al.（2004）より定

⓾ （**日本語史・田中**）日本語の地域方言，社会方言も，江戸時代（19世紀半ば）までは，それぞれ独自に展開していったと考えられる。特に江戸時代（17世紀初め〜19世紀半ば）は，教育機関も藩や地域ごとに整備され，藩士の子息は藩校，庶民は寺子屋というように，社会階層によって通う学校も異なっていたため，話しことばが標準化される力は強くなかった。一方，江戸と地方を行き来する上級武士など一部の社会階層では，異なる地域の者どうしが通じ合う話しことばは形成されていた。それが，明治時代以降の話しことばの標準語に連なっていく。

⓫ （**日本語史・野村**）日本語の場合，17世紀，上方（京・大坂）から江戸へと実質的な首都移転が行われ，大規模な人口移転が生じた。それまでの中央語は上方語であったが，それが江戸に移植されることによって，中心点が楕円のように二つある（しかし，ただ一つの）標準言語が，広範な人々に認知されることとなった（第4章参照）。その種の事例が他言語にも認められるのか，日本語の特異例であるのか，興味深い。

義を拙訳で示す。

> もともと比較的一様だった言語が諸方言に分裂していき，後の段階に
> なってこの諸方言を基盤として共通の一様な標準語が確立されていく
> という規則的に繰り返される歴史の過程。最終的にこの変種は再び地
> 域的および社会的諸変種へと分裂していき，サイクルが始まる。

　単純化していえば「言語変種は拡散と収束を繰り返す」という仮説であ
る。この仮説について，3点ほど筆者の見解を述べておきたい。一つは，
標準（内部に固定か焦点かという程度の差はあるが）と非標準のような二つ
の極の間の往復運動を仮定することの理論的意義についてである。標準と
非標準という相反する二つの性質を両極に持つ直線を考えたとき，ある時
代における言語，たとえば後期中英語の書きことばは，515通りの "through"
に見たように，非標準の極に近い1点に位置づけられるだろう。別の時代
の同言語，たとえば現代英語の書きことばは，逆にその直線上の標準の極
に近い1点に位置づけられるだろう。つまり，時間とともに点の位置が移
動してきたことになる。しかし，(1) 言語は時とともに必ず変化する，(2)
点の移動できる範囲が二つの極を持つ直線上に限定されている，という原
理と条件を考え合わせれば，十分に長い目で見れば，おおまかに非標準か
ら標準へ変化している時間帯も存在すれば，その逆の傾向を示している時
間帯も存在するはずである。それが1, 2往復くらいすれば，振り返って「サ
イクル」と評することができてしまうのではないか。
　二つめの点は，この仮説を英語史に当てはめてみると，なるほど前節で
振り返ったように標準化と脱標準化が交互に繰り返されているように見え，
サイクルと言えそうである。しかし，繰り返される過程の一つ一つを詳細
に検討してみると，各（脱）標準化は独自の社会言語学的背景のもとに独
自の様相を示していることがわかる。たとえば，標準化が到達した程度も
固定か焦点かで異なっているし，その過程が続いた時間幅も数世紀という
単位で異なっている。また，すでに見たとおり，書きことばと話しことば
でも過程の様子は大きく異なっていた（改めて確認すれば，一般に書きこと
ばの標準化では固定も焦点もありうるが，話しことばではせいぜい焦点止まり
である）。何よりも，（脱）標準化は言語的な過程であると同時に社会的な

過程でもあり，当該の言語社会が経てきた歴史，いわゆる外面史に大きく影響される。そして，この外面史は，仮説が主張するサイクルという用語から想起される自律的な規則性とは相容れないもののように思われるのである。筆者は，言語それ自体が自律的に標準化サイクルをもたらすわけではなく，社会の変動こそが，一見サイクルのように見えるこの運動の原動力だろうと考えている。

　三つめに，ここで念頭においている標準語と非標準語の間の往復運動という意味での「サイクル」と，諸言語変種が離合集散を繰り返すという意味での「サイクル」とは，厳密にいえば異なることを指摘しておきたい。後者は，標準語（化）の概念と切り離して考えることも可能だからである。

　上記の議論を踏まえ，筆者としては「標準化サイクル」を次のように解釈したい。英語であれば英語という個別の言語の（脱）標準化の歴史を振り返って，そこにサイクルらしきものを認めることができる場合には，サイクルを構成する一つ一つの（脱）標準化の過程を検討し，それらの間にどのような共通点と相違点が見られるのかを検討することが肝要だろう。「標準化サイクル」という見方は，言語の（脱）標準化の類型を探る契機を与えてくれる点において有意義な視点といえるのではないか。

4. ハウゲンによる標準化の4段階

　後の言語の標準化の議論に大きな影響を及ぼしたハウゲンの論文によると（Haugen 1966），標準化の過程には四つの局面が認められる（これについては第1章2.7でも触れた。また，第9章2.2ではハウゲン自身による改訂版モデルが参照されている）。ある言語変種が標準化していくとき，典型的に「選択」（selection），「成文化」（codification），「精巧化」（elaboration），「受容」（acceptance）の4段階を経るという（Milroy and Milroy（1991）はこの発展版として7段階説を主張している）。この四つの段階と順序は，社会／言語，および形式／機能という二つの軸により整理することができる（Haugen 1966: 933をもとに表1を作成）。

表1　ハウゲンによる標準化の4段階

	形態（form）	機能（function）
社会 （society）	1. 選択 （selection）	4. 受容 （acceptance）
	↓	↑
言語 （language）	2. 成文化 （codification）　→	3. 精巧化 （elaboration）

(1) 言語の標準化は，まず規範となる変種を選択（selection）することから始まる。ここでは，社会的に威信ある優勢な変種がすでに存在しているのであれば，それを選択することになるだろうし，そうでなければ既存の諸変種の混合体，あるいは新たに策定した変種などを選択することになる。

(2) 第2段階は成文化（codification）である。典型的には，選択された言語変種に関する辞書や文法書を編むことになる。標準的とされる語彙項目や文法項目を具体的に定め，それを成文化して公開する段階である。ここでは「最小の形態変異」（minimum variation in form）が目指される。

(3) 第3段階の精巧化（elaboration）においては，その変種が社会のさまざまな場面，すなわち多くの異なる使用域や文体で用いられるよう，諸策を講じることになる。ここでは「最大の機能変異」（maximum variation in function）が目指される。

(4) 第4段階の受容（acceptance）の過程では，選択された変種が社会に広く受け入れられ，使用者数が増加する。これにより標準化が完了する。

　社会／言語，および形式／機能という二つの軸からなるマトリックスにより，標準化の4段階が体系としても時系列としてもきれいに整理される。とりわけ言語の標準化を測る主たる指標として，第2段階で目指される「最小の形態変異」と第3段階で目指される「最大の機能変異」の一対の視点は単純明快であり，応用が利く。確かに，最小の形態変異を持つ言語変種は，社会の多くの人々の間に広く通用しやすく「標準的」となりやすい。

一方，最大の機能変異を持つ言語変種は，社会の上から下までのさまざまな階層や使用域に用いられるという点でやはり「標準的」だろう。形態変異が最小であり，かつ機能変異が最大である変種が最も「標準的」であり，形態変異が最大であり，かつ機能変異が最小である変種が最も「非標準的」であると見なせるということだ。形態変異は水平方向の指標として，また機能変異は垂直方向の指標として理解することができる。

5. トラッドギルの地域的変異と社会的変異のピラミッドモデル

　水平方向の形態変異と垂直方向の機能変異という洞察は，筆者がトラッドギルの「ピラミッドモデル」から着想を得たものである。トラッドギルは，現代イギリスのような主要な英語社会を念頭に，地域的変異（regional variation）と社会的変異（social variation）の関係を表現するのに「ピラミッドモデル」を提案した（トラッドギル 1975: 37 をもとに図 2 を作成）。

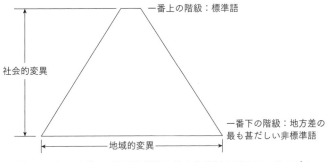

図 2　トラッドギルの地域的変異と社会的変異のピラミッドモデル

　この図は，社会的に高い階級に属する話者は地域的な言語差が少なく，低い階級に属する話者は地域的な言語差が大きいことを示している。現代イギリスにおける英語使用に照らしてみると，威信のある容認発音（Received Pronunciation）を持つ高い階級に属する話者は，イギリスのどこで生まれ育ったとしても，およそ似たような容認発音で話すが，非標準的な変種を話す話者は地域によって互いに大きく異なった発音を示す。このモデルは，発音のみならず語彙や文法の側面においても有効である。たとえば，「かかし」を表す英単語は，ピラミッドの頂点にある標準的な英語

では scarecrow しかないが，ピラミッドの底辺である非標準的な英語においては，地域によって bogle, flay-crow, mawpin, mawkin, bird-scarer, moggy, shay, guy, bogeyman, shuft, rook-scarer などと交替する。文法については，標準的な He's a man who/that likes his beer. に対して，非標準変種では地域によって関係代名詞の部分が，who, that, at, as, what, he あるいはゼロのようにさまざまに交替する（トラッドギル 1975: 38）。

　ただし，一つ付け加えておくべきは，このモデルは現代イギリスに代表される主要な英語社会を記述するものにすぎず，世界には地域的変異と社会的変異の関係がむしろ逆ピラミッドに近くなる例すら（おそらく相当に稀ではあるが）あるという点だ❷。たとえば，南インドのドラヴィダ語族に属するカンナダ語について，語彙や文法について地域差とカースト差の関係を調査してみると，上位カースト（ブラフマン）では地域によって変異が多く見られるのに対して，下位カースト（非ブラフマン）では地域をまたいで互いに近似性が見られるという（トラッドギル 1975: 31–32）。

　ここでトラッドギルのピラミッドモデルと前節のハウゲンから得られた二つの洞察を組み合わせてみたい。イギリスやアメリカなど現代の主要な英語社会では，トラッドギルのピラミッドの頂点は理想的な標準化の条件，すなわちハウゲンのいう「最小の形態変異」かつ「最大の機能変異」を満たしていると考えられる。一方，ピラミッドの底辺は正反対の様相，すなわち「最大の形態変異」かつ「最小の機能変異」を示していると解釈できる。では，英語史における（脱）標準化の各過程をこのモデルに当てはめてみたらどうなるだろうか。各過程は異なる形状のピラミッドを示すはずである（次節で見るように実際にはピラミッドよりも「ハノイの塔」に近い）。そして，この試みは，英語にとどまらず他言語の（脱）標準化の記述にも応用できる可能性があり，ひいては標準化をめぐる対照言語史の道具立てとなるのではないか。

---

❷ ⌜ドイツ語史・高田⌟ ドイツ語史においても，箱型からピラミッド型への進展が通用する。

6. 英語史の各段階の図示

本節では，英語史の各段階において言語の標準化がどのような様相でどの程度進んでいたのかを，ハウゲンとトラッドギルからの洞察にもとづき図示していく。考慮するパラメータはトラッドギルのものと緩く対応しているが，厳密に合致するわけではないことを断っておきたい。

具体的には，トラッドギルのピラミッドでは垂直方向は社会的威信の高低に対応しているが，以下の図示では，相対的に社会的威信を帯びやすい書きことばを上部に，対して話しことばを下部に配置するという粗い区分を採用し，これをもって社会的機能と緩く連動させることとした。また，トラッドギルでは水平方向は地域変異の幅を表していたが，本節の図示では，これを形態変異の幅に対応させることとした。各パラメータを厳密に数値化することは不可能なため，あくまで以下の図は概略的で模式的なものとして解釈されたい。

また，本節の図示は，正確にいえば英語の（脱）標準化の表現というよりも，イングランドという主に英語が母語として用いられている社会をとりまく（諸）言語の（脱）標準化の表現というべきものであり，英語以外の言語としてラテン語やフランス語も参加してくることに注意されたい。では，英語の歴史を（脱）標準化の観点から七つに分けた各段階について，解説と図示により考察していく。

（1）初期古英語期（～900年）までのイングランドでは，書きことばと話しことばを含めたすべての社会的機能において，つまり「上から下まで」英語が用いられていた。しかし，いずれの媒体においても，形態的な一様性は見られず変異幅が大きかった。図の形状はピラミッドに似ても似つかぬ「箱型」である。

（2）後期古英語期（900～1100年）には，図の形状が大きく変化する。英語社会において，最上位の書きことばはラテン語に置き換えられ，イングランドの「標準語」というべき言語変種はある意味ではラテン語ともいえる状況になる。もっとも，ラテン語の一段下に位置づけられる英語にも，ウェストサクソン方言を基盤とした標準的な書きことばが存在したことは先述の通りである。後期ウェストサクソン標準語はあくまで焦点が合っている水準ではあったが，前代と比べて形態変異はぐんと小さくなっている。

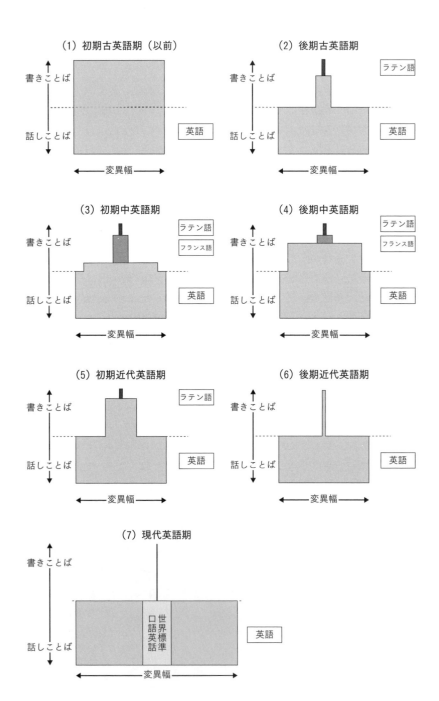

ちなみに，最上位のラテン語に関しては，威信ある伝統的な言語として抜群の一様性を誇るため，形態変異は最小となっている。

（3）初期中英語期（1100〜1300年）は，ノルマン征服後の特異な社会言語学的状況を反映している。ヴァナキュラーである英語に関していえば，前時代のウェストサクソン方言を基盤とした書きことば標準が崩壊し，稀に英語が書かれることがあったとしても，かつての標準語から大きく逸脱したものが目立つようになる❸。一方，イングランド社会において書きことばの大半はフランス語かラテン語となり，ある意味ではこれらの言語が英語に代わって社会の標準語となったと見ることもできる。形態的に文句なしに一様だったラテン語に比べれば，フランス語にも形態変異はあったため，図の上半分はやや複雑な形状を示す。

（4）後期中英語期（1300〜1500年）は，図の形状としては直前の時代と大きく異ならないが，書きことばの領域において英語が伸張している（垂直方向の存在感を増している）。これは，書きことばにおいて英語が再び広く用いられるようになってきた当時の状況を反映している。しかし，上位にフランス語とラテン語が，前代に比べれば垂直方向での存在感を若干薄めつつも，いまだ残っていることに注意したい。水平方向については，先述の "through" の 515 通りの綴り字に象徴されるように，英語の書きことばの形態変異は大きいままである。

（5）初期近代英語期（1500〜1700年）については，前代まで存在感を残していたフランス語はすでに消え去っている。ラテン語が最上部にいまだ

---

❸ 日本語史・田中 書きことばがあまり書かれなくなるということは，活力を失い，その変異も小さくなるということはないのだろうか。図によると，この時期の書きことばの変異が大きくなっているように見える。日本語の場合，書きことばの変異の幅が大きくなるのは，たとえば，江戸時代に，書き手が多様な表現スタイルを創造していき，書きことばの総量も増えるのに伴う動きと見ることができる。筆者堀田による解説 確かに英語の書きことばの総量は減り，活力は失われた。ただし，皆無というわけではなく，たとえばキリスト教の説教など英語話者である一般民衆に向けられることを前提としたジャンルでは英語も書き続けられていた。しかしその際に，すでに参考となる書きことば標準が不在だったため，書き手が参照できるのは自らの母方言の発音のみであり，自らの方言発音をそのまま綴り字に落とすよりほかに方法がなかった。結果として，各地の訛りが写本の上に反映されることになった。

残っているとはいえ，書きことばが広く英語に置き換えられたことがわか
る。同時に，英語の書きことばの標準化も徐々に進んでいたため，前代に
比べれば水平方向の形態変異の幅は減少している。なお，興味深いことに
図の形状が（2）の後期古英語期に近い状態に回帰していることを指摘して
おきたい。英語史研究において，この二つの離れた時代を直接比較する機
会は一般に少ないが，標準化の観点から見れば詳細な比較研究に値するの
ではないか❶。

（6）後期近代英語期（1700～1900年）は，書きことばの領域からついに
ラテン語が姿を消す。英語がすべての領域で唯一の書きことばとなり，し
かも標準化が著しく進んだため，形態変異は現代につらなる最小化への道
を歩む。

（7）現代英語期（1900年～）には，書きことばにおいて英語が唯一の言
語として定着したばかりか，世界的な通用度を誇るようになった。高度な
形態的一様化を達成し，形態変異は史上最小となる。一方，話しことばに
おいては世界各地にさまざまな変種が出現し，その点において形態変異は
史上最大となったとも解釈できるが，その反面，世界標準口語英語（World
Standard Spoken English）なる標準的な話しことばが出現してきたとも見る
ことができる（Crystal 2003: 185-189; 第7章2節）。

　以上の図示は，書きことばと話しことばという大雑把な2区分，しかも
各々の内部での異なる使用域などを十分に考慮しない粗い区分に基づいた

❶ フランス語史・西山 英語とラテン語の関係はフランス語にも比較できる。上
位言語としてのラテン語がフランス語に代替されたのは，フランス語で書かれた
初めての哲学書である『方法序説』（1637）を嚆矢とする。とはいえ，学術語が
直ちにすべてフランス語によって置換されたのではなく，実に20世紀初頭に至
るまでラテン語は学術言語であり続けた。フランスでは博士号の取得に正論文と
副論文が必要であったが（現在，副論文の制度は廃止），20世紀初頭までこの副
論文はラテン語で執筆することが慣例となっていた。ラテン語は国際関係の分野
でもフランス語の上位にあり，30年戦争を終結されたウェストファリア条約
（1648）に至るまで，国際条約はラテン語で作成された。フランス語は，スペイ
ン継承戦争の講和条約として結ばれたラシュタット条約（1714）の正文に初めて
登場し，これ以降，第一次世界大戦を終結させたヴェルサイユ条約に英語が登場
するまで外交ではフランス語の時代が続いた。

モデル化の試みであり，理論的には未完成である。たとえば，図の垂直方向は具体的にどのような使用域の束から構成されているのだろうか（書きことばの最上部は宗教や学術の書きことばか，等々）。また，書きことばにせよ話しことばにせよ，時代によって各々の箱が占める絶対的な高さや幅は異なるはずだが，上記ではその点はほとんど反映されていない。

　しかし，このように抽象化することによって初めて判明する事実もあるし，次節に見るように言語間の比較も可能となる。

7. 言文一致前後の日本語との比較対照

　前節で英語史における各段階の図示を試みたが，本節では対照言語史の観点から，近代期の日本語標準化の一側面と英語のケースとを比較対照してみたい。日本語について考慮するのは，言文一致前後の状況の推移である（第5章の議論も合わせて参照されたい）。

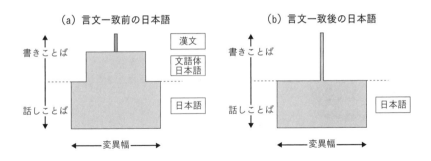

(a) 言文一致前の日本語　　　(b) 言文一致後の日本語

　（a）言文一致前には，書きことばは，話しことばと同じ日本語であるとはいえ，平安時代の日本語（話しことばおよび書きことば）に基盤をもつ特異な日本語変種群だった。一方，書きことばの上位には，威信と伝統を誇る漢文が一定の存在感を有していた❿。

　（b）言文一致後は，書きことばにおいて漢文は地位を失い，もっぱら日本語が用いられるようになった。しかも，この書きことば日本語は同時代の話しことばに基盤を持ちつつ，比較的一様な性格を有しており，形態変異は減少した。

　ここで改めて英語史と日本語史における「近代化」の時代の図を比較し

てみよう。「近代化」の時代は，英語史においては初期近代英語期から後期近代英語期（図 (5) から (6) への移行期）に相当し，日本語史においては言文一致前後の時代（図 (a) から (b) への移行期）に相当する。各パラメータの細かな数値は算出も比較もできないが，図の比較から英日両言語における構造的な類似性を認めることができるだろう。垂直方向の 3 段構えから 2 段構えと変化していること，書きことばに相当する上部において形態変異が著しく減少したことが共通項としてくくり出せる。

　言語史も社会言語学的状況も著しく異なる 2 言語を，このように抽象的なやり方で比較対照し，そこに共通点を見出すということには慎重であるべきかもしれない。しかし，あえて対照言語史という新領域の意義を唱える立場からは，上記のように少ないパラメータで抽象化・モデル化した上で，類型的に異なる言語を比較対照してみることは，刺激的な試みであると信じる。英日両言語において何が比較対照に値するのか，しないのかも含めて，読者諸氏の批判や議論に期待したい**⓰⓱⓲**。

⓯ **日本語史・田中** 言文一致以前の日本語における漢文の位置は，英語におけるラテン語の位置に対応し，英語史の後期古英語，初期近代英語で示される図と，確かによく似ている。日本語における漢文は，中国古典とも通じ合う学問・文芸・宗教等の分野の高尚な書きことば（純粋漢文）もあれば，実用的な記録や書状に用いられた書きことば（変体漢文）もある。英語におけるラテン語は，実用的な書きことばではなく，高尚な書きことばと考えられるから，日本語の純粋漢文に相当するだろう。日本語における純粋漢文は，訓読によって日本語としても読める書きことばであり，そこから語彙を借用し続ける存在であった。英語におけるラテン語は，英語との間に，常に語彙を供給するような回路があったのだろうか。このモデルの一番上の階級にある外国語が，自国語にとってどういう位置にあったのかを考慮して対照することで，より興味深い対照ができるだろう。

筆者堀田による解説 日本語と漢文は，大いに異なる言語ではあるが「訓読」によって結びつけられ，語彙供給の回路ともなっていたという点が非常に興味深い。英語にはラテン語との間に「訓読」に相当する円滑な方便はなかった。それでも翻訳というぎこちない回路を通じての語彙供給は，古英語から近代英語まで絶えることなく続いてきた。回路が開かれていた時間幅という点では，日本語と漢文の関係に近い。

⓰ **日本語史・野村** 「言文一致」が生じている以上，横方向の形態変異が少なくなるという事は，もっともである。これは多くの言語で認められる事柄かと思う。日本語の場合，書き言葉で言文一致が駆逐したものは，漢文（外国語文）というよりも，自国語の古典文（文語文）だった点が特徴的である。

8. おわりに

　本論では，まず英語史の3度の標準化の波について概説した。そして，英語史が一見してたどったように見える「標準化サイクル」の仮説を批判的に検討した上で，実際には英語史における（脱）標準化の各段階は独自の様相を帯びており，「サイクル」から想起される単純な繰り返しを構成するものではない旨，指摘した。次に，各段階の独自性（および，もしあれば段階間の共通性）を記述・指摘するために，ハウゲンの標準化の4段階説とトラッドギルのピラミッドモデルから洞察を得た，形態変異と機能

❼ 　中国語史・彭　このような抽象化の視点に基づき，中国語の標準化過程の歴史を一部モデル化すると，次のようになる。紀元前3世紀〜3世紀の漢代の中国語は書きことばと話しことばがほぼ一致し初期古英語の(1)に類似した図(A)になるが，文語（文言）体と口語（白話）体が明確に分離した14〜17世紀の明代の中国語は書きことばの中に上層の文語体と下層の口語体からなる二層構造の図式(B)に変わる。17〜19世紀の清代には中国語の書きことばの中の文語体の上にさらに異系統の威信言語として満州語が現れ，英語の上にラテン語が乗っかる図(2)に似たような図(C)となる。そして21世紀の現代の中国語は，文字形態（簡体字と繁・正体字）の差はあるものの，大陸と台湾の書きことばのスタイルは，話しことばに比べ共通性が高いと言えるので，上層の書きことばでは現代英語期の図式(7)の書きことばに似たような形になるが，下層の話しことばでは，豊富なバリエーションを持ちながら，大陸の「普通話」と台湾の「国語」という2種類の「口語標準中国語」を有する図(D)のような図式となる。

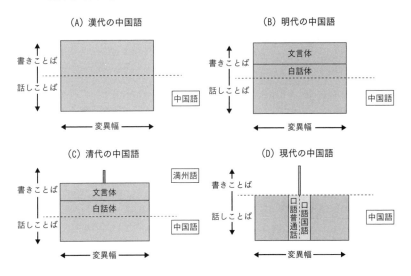

変異という二つの指標を組み合わせた新たなモデルを提案した。同モデル
は，英語史の各段階の視覚化に貢献するばかりでなく，日本語の標準化の
重要な契機である言文一致運動前後の時代との比較対照をも可能にし，さ
らに一般に標準化に関する対照言語史的，類型論的な考察にも寄与しうる
ことを示した。

　本論中で簡単には触れたものの詳しく扱えなかった論点として，言語の
標準化を論じる際にこれまであまり顧みられなかった問題に注意を促した
い。「言語の標準化」という話題を扱う際には，特定の個別言語を念頭に，
その言語的標準化を論じるというのが自然な議論の仕方だろう。しかし，
特定の個別言語が母語として用いられている社会において，それ以外の言
語が社会的に存在感を示しているという状況——英語史でいえば大多数の
話者が英語を母語とする中世イングランド社会において，ラテン語やフラ
ンス語も重要な存在だった❶❾——は古今東西決して珍しくない。このよう
に複数の言語が行われている多言語社会にあっては，諸言語の標準化の問
題はどのように考えればよいのだろうか。

　英語という言語に立脚して言語の標準化を見る場合には「英語はある時

❶❽　日本語史・渋谷　日本語社会においては，中古以降明治半ばまで，話しことば
と書きことばが乖離する流れがあった。しかも，話しことばの内部は地域および
社会階層によって多様であり，書きことばのなかにも漢文体・漢文訓読体・記録
体・仮名文・和漢混淆文・抄物文などの多様な文体がある（『岩波講座日本語
10　文体』（1977）の分類による。一部省略）。このうち書きことばの文体はいず
れも作品や文章のジャンルなどと結びついている変種であり，それぞれが独自の
社会的な機能を担っている。さらに，和漢混淆文などは，同じ文体名で呼ばれる
文体であっても作品によって和漢の混淆の度合いが異なり，また，同じ作品のな
かでも，内容によって和的要素と漢的要素が使い分けられることもあるようであ
る。上のモデルにそれぞれの変種が持つこのような社会的情報をどのように盛り
込むか，対照言語史研究の課題になりそうに思われる。

❶❾　ドイツ語史・高田　ドイツ語史におけるラテン語の位置づけについては英語史
と基本的に変わらないが，フランス語の位置づけについては異なる。ドイツ語史
においては，トルバドゥール(吟遊詩人。騎士階級の宮廷詩人兼作曲家)のプロヴァ
ンス語由来でドイツの宮廷にフランス風の女性崇拝の歌が流行したことで，12
世紀後半からの1世紀ほどの間にフランス語は高い位置を占めた。そのあと17
世紀前半に宮廷貴族がアラモードのフランス語語彙を過剰なまで使用し，18世
紀後半にはフリードリヒ大王のフランス語かぶれ（ドイツ語軽視）に至った。19
世紀後半にドイツ帝国ができたあと，フランス語を中心とする外来の語彙を公的
分野（郵政，鉄道など）でドイツ語化することが実行された。

代に標準語の地位をラテン語やフランス語に取って代わられたが，後に地位を取り返した」といった記述になるだろう。一方，大多数の人々が英語を母語とするイングランド社会に立脚して言語の標準化を見る場合には「イングランドの標準語はある時代に英語からラテン語やフランス語に切り替わったが，後に再び英語に戻った」といった記述になろう。言語の標準化を論じるにあたって，注目する言語それ自体の標準化を話題にするのか，あるいはその言語が大多数の話者の母語でありながらも多言語状況にある社会における諸言語の標準化を話題にするのかという差異は，無視できない問題となるはずである。言語の社会的標準化の問題なのか，社会の言語的標準化の問題なのかの違いといってもよい。これは，言語と社会の関係という古い社会言語学的な論題への，別の角度からのアプローチともいえる（第1章2.12の議論も参照）。

参考文献

Blake, Norman（1996）*A History of the English Language*. Basingstoke: Macmillan.

Crowley, Tony（2008）"Class, Ethnicity, and the Formation of 'Standard English'" In Haruko Momma and Michael Matto（eds.）, *A Companion to the History of the English Language*, 303–312. Malden, MA: Wiley-Blackwell.

Crystal, David（2003）*English As a Global Language*（2nd edn）. Cambridge: Cambridge University Press.

Curzan, Anne（2014）*Fixing English: Prescriptivism and Language History*. Cambridge: Cambridge University Press.

Ferguson, Charles A.（1962）"The Language Factor in National Development" In *Anthropological Linguistics* 4, 23–27.

Ferguson, Charles A.（1988）"Standardization as a Form of Language Spread" In Peter Lowenberg（ed.）, *Language Spread and Language Policy: Issues, Implications, and Case Studies*, 119–132. Georgetown University Round Table on Languages and Linguistics, 1987. Washington, D.C.: Georgetown University Press.

Greenberg, Joseph H.（1986）"Were There Egyptian Koines?" In Joshua A. Fishman, Michael Clyne, B. Krishnamurti and Mohamed H. Mkilifi Abdulaziz（eds.）, *The Fergusonian Impact* 1, 271–290. Berlin and New York: Academic Press, 1986.

Haugen, Einar（1966）"Dialect, Language, Nation" In *American Anthropologist* 68, 922–935.

Hudson, Richard A.（1996）*Sociolinguistics*（2nd edn）. Cambridge: Cambridge University

Press.

Mesthrie, Rajend and Rakesh M. Bhatt（2008）*World Englishes: The Study of New Linguistic Varieties*. Cambridge: Cambridge University Press.

Milroy, Jim（2000）"Historical Description and the Ideology of the Standard Language" In Laura Wright（ed.）, *The Development of Standard English, 1300–1800*, 11–28. Cambridge: Cambridge University Press.

Milroy, Lesley and James Milroy（1991）*Authority in Language: Investigating Language Prescription and Standardisation*（2nd edn）. London and New York: Routledge.

Schaefer, Ursula（2017）"Standardization" In Laurel J. Brinton and Alexander Bergs（eds.）, *The History of English* 3, 205–223. Berlin/Boston: De Gruyter.

Swann, Joan, Ana Deumert, Theresa Lillis, and Rajend Mesthrie（eds.）（2004）*A Dictionary of Sociolinguistics*. Tuscaloosa: University of Alabama Press.

Trudgill, Peter（2003）*A Glossary of Sociolinguistics*. Oxford: Oxford University Press.

von Mengden, Ferdinand（2012）"Periods: Old English" In Alexander Bergs and Laurel J. Brinton（eds.）, *English Historical Linguistics: An International Handbook*（2 vols.）, 19–32. Berlin: Mouton de Gruyter.

Wright, Laura（ed.）（2000）*The Development of Standard English, 1300–1800*. Cambridge: Cambridge University Press.

トラッドギル, P.（1975）『言語と社会』土田滋訳, 岩波書店.

第7章

英語標準化の諸相── 20世紀以降を中心に

寺澤 盾

1. はじめに
1.1 伝統的な英語史の時代区分
　英語の歴史はゲルマンの小民族であったアングル人，サクソン人，ジュート人などがヨーロッパ大陸からブリテン島に定住を開始した5世紀半ばに始まるが，社会文化史と言語的な特徴に基づき以下のように区分されることが多い❶。

　　古英語（Old English, 700〜1100年）
　　中英語（Middle English, 1100〜1500年）

---

❶ 　日本語史・田中 　社会文化史と言語的特徴をもとに時代区分が行われるのは，日本語史も同じであるが，日本語史の時代区分にはいくつかの考え方があり，一定していない。ここで示される英語史の五つの時代区分は，日本語史を六つに区分する場合の，上代語（7〜8世紀），中古語（9〜12世紀初め），中世語（12世紀初め〜16世紀），近世語（17〜19世紀半ば），近代語（19世紀半ば〜20世紀半ば），現代語（20世紀半ば〜21世紀初期）に，区分の時期が近いようにも見える。時代の数と時期だけでなく，何に着眼して時代区分を行うかを観察して，英語史と日本語史を対照して見ることは，興味深い課題だろう。
　筆者寺澤による解説 　言語の時代区分はどのような基準に重きを置いて行うかによって変わりうるので，ある程度恣意性は避けられない。たとえば，*The Cambridge History of the English Language* シリーズでは "The Beginnings to 1066", "1066-1476", "1476-1776", "1776-1997" というように社会文化史上の重要な年代（1476年はロンドンに印刷所開設，1776年は米国の独立宣言）によって区分されている（後期近代英語と現代英語は一つにまとめられている）。

近代英語（Modern English, 1500〜1900 年）

初期近代英語（Early Modern English, 1500〜1700 年）

後期近代英語（Late Modern English, 1700〜1900 年）

現代英語（Present-day English, 1900 年〜）

　古英語の始まりが 700 年となっているのは，古英語で書かれた最も古い文献がその頃から見られるからである❷❸。英語は本来ゲルマン語族に属し現代ドイツ語のように語形変化が豊かな言語であったが，1066 年のノルマン征服によって様相は一変することになる。このイギリス史上最も重大な事件の一つは，イングランド王エドワード王の母と血縁関係にあったフランスのノルマンディー公爵ウィリアムがエドワード死去を受けて王位に就いたハロルド 2 世に異議を唱え，ヘースティングズの戦いでハロルドを破りイングランド王ウィリアム 1 世として即位したことである。これによりフランス語が宮廷・議会・法廷などで用いられることになり，英語はしばらく表舞台から姿を消すことになる❹❺。英語には大量のフランス語が借用され，また古英語の多様な屈折語尾が一様化（水平化）されていき，中英語という新たなフェーズに入っていく。〔注：語尾の水平化はフランス語の影響というよりも 9 世紀半ば以降の北欧のヴァイキングとの言語接触によるところが大きい。同じゲルマン語系である英語と北欧語は多くの語で形態が似ており，おそらく語の中核部分（語幹）だけでもある程度意思疎通ができた

❷ ドイツ語史・高田 ドイツ語史は，750 年に始まるとするのが一般的であるので，英独両語の始まりの時期は近い。751 年に，ピピン 3 世がローマ教皇の支持を得てフランク族の王国の国王となり，カロリング朝が始まるタイミングである。今日に伝承されている最初のドイツ語は，ラテン語をドイツ語で語句注解した『アブロガンス』（Abrogans）に見られ，750 年頃に成立した。これは，ラテン語写本を読み進めるときに学習をはかどらせるために写本内の空きスペースに書き込まれたドイツ語による説明（ラテン語の語句に対応する語句）が単語集として集められたものである。

筆者寺澤による解説 古英語の始まりを 449 年（大陸からアングル人，サクソン人などがブリテン島に侵入を開始した年）とする考え方もある。

❸ 日本語史・田中 系統が不明な日本語は，その歴史の始点が定めにくい。日本列島で書かれたことが確実な文字資料は，5 世紀のものが最古であるが，漢文（中国語）で書かれていた。7 世紀になると漢文の中に日本語特有の語彙や語法が交じり，日本語の姿が確認できるようになるので（第 5 章参照），ここから日本語史が記述できるようになる。

ため，語尾の部分を簡略化させた可能性がある。〕中英語期の半ば以降徐々に
英語は復権していくが，16世紀になるとイギリスにもルネサンスの波が
押し寄せ，ギリシア・ローマの古典研究が隆盛を極めていく。ここにおい
て近代英語期が始まる。文芸復興運動の洗礼を受けた英語には大量の古典
語が借用されたが，16世紀以降はイギリスが海外に覇権を拡大していく
なかで植民地からその地域の文化・物産とともに言語も英語に移入される
ことになる（たとえば，rac(c)oon「アライグマ」と polo「ポロ，馬上球戯」は
それぞれアメリカン・インディアンの言語，インドのバルティ語からの借用で
ある）❻❼❽。こうした世界各地の言語からの借用は「グルーバルな借用」
とも呼ばれるが，これによって現代英語の語彙のおおよそ 42％を借用語

❹ 日本語史・田中 外国からの人の移動で，話される言語が置き換わったという
出来事は，日本語の歴史の中にはない。似ている出来事としては，大陸からの渡
来人が漢字・漢文をもたらしたことで，日本語に書きことばが成立したことが挙
げられる。日本語には，書きことばが存在しなかったが，古代国家としてのヤマ
ト王権の統治に書きことばが必要とされた際，まずは漢文という別言語が用いら
れた。その漢文に日本語が交じるようになって，変体漢文という日本独自の漢文
が成立し，日本語の書きことばが成立する（第5章参照）。漢字・漢文を日本語
化したことで，中国語からの借用語（漢語）が，次々にもたらされることになっ
たのは，フランス語がイングランドの政治や文化の中心地で用いられたことで，
フランス語からの大量の借用語が英語に流入したのと，似た構図である。
　筆者寺澤による解説 ノルマン征服以降起きたことは，英語は公用語としての
地位をフランス語やラテン語に譲ったということで，一般民衆のレベルでは引き
続き英語は広く用いられた。したがって，より厳密に言うと公的なレジスターで
フランス語・ラテン語が英語に置き換わったことになる。

❺ 中国語史・彭 中国では歴史上漢民族と異民族との融合がしばしば起こり，異
民族支配も経験した。異民族支配下の一時期，中国語の地位が相対的に下がった
事実はあるが，音声言語にせよ書記言語にせよ，中国語がウィリアム1世時代の
英語のように国レベルで「表舞台から姿を消した」ことはなかった。しかも，支
配層の異民族の言語が漢民族地域において普及したり，（一部の役所看板や公文
記録以外には）一般的に使用されたりするような事実もなかったようである。む
しろ，13世紀の元代や17世紀の清代のような異民族支配の初期頃において，短
期的にはいかに迅速に大量に支配層の言語と中国語のできる通訳を雇い漢民族の
官僚を起用するかという喫緊の課題を抱え，長期的にはいかに皇太子や王子たち
に中国文化を学ばせ中国語に精通させるかが重要な課題となっていた。しかし，
19，20世紀の間の一時期や一部の地域において，マカオにおけるポルトガル語，
上海フランス租界におけるフランス語，旧「満州国」における日本語，そして香
港における英語などのように，外国語がそれぞれの地域において行政や議会運営
の公用語，官庁語として機能していたような事実はあった。

が占め❾，英語は世界で最も借用語が多い言語の一つとなったのである
（Grant 2009）❿。

1.2　標準化という観点からの英語史の区分

　以上，英語史の伝統的な時代区分について概観したが，元シェフィール
ド大学教授ノーマン・ブレイクは英語の標準化という観点から英語の歴史
を七つの時期に分けている（Blake 1996）。巻末に英語史に関する伝統的な
時代区分とブレイクによる時代区分を対照させた表を付したので適宜参照

❻ 日本語史・田中 16 世紀以降の西洋諸国の海外進出は，日本語の歴史にも深く
関与することになる。16 世紀後半から 17 世紀初期の鎖国までに，ポルトガル人・
スペイン人の渡来によるポルトガル語・スペイン語の借用が進み，18 世紀後期
からは洋学（蘭学・英学など）の興隆により，西洋語の翻訳による語彙や語法へ
の影響や，言文一致への目覚めなどを引き起こした。そして，19 世紀後期の開
国以降は，翻訳語が量産され，言文一致が進行した（第 5 章参照）。

❼ フランス語史・西山 フランス語の借用語について，フランス語には古典ギリ
シア語（3776 語），英語（2515 語），イタリア語（1198 語），ドイツ語（546 語），
スペイン語（476 語）などヨーロッパ隣国からの借用語が多い（Walter 2014）。
それらは戦争や交易といった社会環境の変化にともない，フランス語に統合された。
・Walter, H. (2014) *L'aventure des mots français venus d'ailleurs.* Robert Laffont.
　 筆者寺澤による解説 英語の借用元として最も多いのがラテン語，続いてフラ
ンス語，ギリシア語となる。なお，Philip Durkin（2014）は英語に語彙を提供し
ている外国語のランキング（上位 25 言語）を作成しているが，それによると日
本語は第 10 位に入っている（英語における日本語借用語は 500 を超える）。

❽ 中国語史・彭 20 世紀中頃までの 100 年間に，中国人と中国の各地域に移住，
入植した外国人との接触がさまざまな言語変化を引き起こした。マカオにおいて
中国語（広東方言）とポルトガル語との間にクレオールのマカオ語，上海の旧イ
ギリス租界と旧アメリカ租界においてピジン英語，そして中国東北の旧「満州国」
において日本からの入植者，兵士の間でピジン中国語がそれぞれ形成されていた。
ピジン英語とピジン中国語は第二次世界大戦後の中英，日中の言語接触の実態の
消失にともない消滅し，現在，マカオ語も消滅の危機に瀕している。（マカオ語
について第 8 章の注⓯でも言及。ピジン英語について钱乃荣（2003）『上海语言
发展史』（上海人民出版社）を，ピジン中国語について桜井隆（2015）『戦時下の
ピジン中国語』（三元社）を参照）。

❾ 日本語史・田中 現代日本語の借用語は，中国語に由来する漢語と，主として
西洋語に由来する外来語に分けられるが，両者を合算すると，58.4％を占め（野
村雅昭編（2011）『新選国語辞典第 9 版』小学館），現代英語の借用語（42％）
よりも多い。ただし，漢語を含めず外来語だけだと，9.0％にとどまる。英語と
日本語とでは，借用が起こった事情が異なるので，量的な比較だけでなく，借用
の実態や背景も考慮しながら対照する必要がある。

されたい。

1. アルフレッド大王以前の時代（〜850 年）
2. 最初の標準英語が形成された時代（850〜1250 年）
3. 空白の（標準英語が途絶えた）時代（1250〜1400 年）
4. 標準英語が再び確立していく時代（1400〜1660 年）
5. 標準英語が規範化された時代（1660〜1798 年）
6. 非標準英語への関心が高まった時代（1798〜1914 年）
7. 英語が分裂・分岐していく不確かな時代（1914 年〜）

　まず，最初期である「アルフレッド大王以前の時代」はアングル人など
のゲルマン民族がブリテン島に移住を始めたときからアルフレッド大王

❿ 中国語史・彭 中国語が外来語を受容する歴史には，規模の大きいものとして，
漢・魏晋時代のシルクロードによるペルシア語の流入，隋・唐時代の仏教伝来に
よるサンスクリット語の流入，元代におけるモンゴル語の流入，清代における満
州語の流入，清末と中華民国時代の西洋化にともなう欧米諸言語からの音訳外来
語と日本の和製漢語の流入などがある。和製漢語の語彙はほとんど明治以降の日
本の近代化，西洋化の過程で欧米の概念を翻訳する際に創出されたもので，それ
らの漢語語彙の中国への「逆輸入」は中国語の語彙近代化に大きな影響を与えた。
高名凱，劉正埮（1958）『現代漢語外来詞研究』（文字改革出版社）に収録された
当時の中国語の外来語の出自分布を調べると，次のような言語が浮上する。英語
（535 語），日本語（448 語），サンスクリット語（181 語），フランス語（79 語），
ロシア語（60 語），モンゴル語（60 語），満州語（34 語），チベット語（21 語），
ドイツ語（20 語），ウイグル語（16 語），スペイン語（16 語），イタリア語（14 語）。
そして，筆者は英語由来の外来語と日本語由来の外来語について，2021 年現在
でも通用するものを確認し集計したが，その結果は次の通りである。英語からの
外来語は 535 語のうち 110 語が現在も使用され，残存率は 20.6％であるのに対し，
日本語からの外来語は 448 語のうち 444 語が現在も使用され，その残存率は
99.1％である。（ちなみに日本語からの外来語の中で使用されなくなった 4 語は
「曹達，脱党，即決，美濃紙」である。）この集計結果から，日本語からの和製漢
語の外来語がいかに現代中国語の中に定着したか，その一端を窺い知ることがで
きる。
筆者寺澤による解説 日本で造語された漢語語彙の中国への「逆輸入」は興味
深い現象であるが，和製英語が英米へ逆輸入された例として shokku「（石油ショッ
クのような）政治・経済的衝撃」が挙げられる。この語は英語の shock に由来し，
「石油ショック」などの形で日本語に定着したが，1970 年代初めに英語に逆輸入
された。shokku という綴りは語末に母音字を付加するなど日本語風にアレンジ
されている。

（在位 871-99）の在位前の時期を指すが，この期間には移住してきたゲルマンの各部族がイングランド各地で発達させた方言が並存し標準英語は存在しない**⓫**。871 年にアルフレッド大王はイングランド南西部のウェセックス王国の主となるが，その指導下で学問・文芸復興が起こりラテン語文献が古英語に翻訳され年代記・法典が英語で編纂されるようになる**⓬⓭**。この過程で，ウェストサクソン方言（ウェセックス王国で使用されていた古英語方言）がイングランドの広い範囲で書きことばの標準となり，13 世紀半ばまで生き延びることになる。しかし，ノルマン征服以降フランス語・ラテン語が公的な言語となったため，英語を公用語として標準化する機運は失われ，写本を英語で転写する場合写字生は自分の方言の発音に忠実に英語を綴ったのである。13 世紀半ばから 14 世紀は「方言の時代」とも呼ばれ，英語の標準化が途絶える空白期間となった。

　14 世紀後半になると英語復権の動きとともに再び英語標準化の流れが生まれる。当時はイングランド人作家であってもフランス語やラテン語で執筆することも稀でなかったが，ジェフリー・チョーサー（1340?-1400）は『カンタベリー物語』などを英語で執筆した**⓮**。また，イングランドに

⓫ 〔**日本語史・田中**〕日本語の話しことばの始まりは不明であるが，先史時代に，日本列島にやってきた人々は，住み着いたそれぞれの地域で独自の方言を話していたと推測される。

⓬ 〔**ドイツ語史・高田**〕ドイツ語史ではカール大帝が 40 年以上の在位期間（768-814）に，古典文化の復興を目指すフランク王国づくりに腐心した。ヨーロッパ内で普遍的に通用するラテン語によるキリスト教的な古典文化を受容する目的で各地に修道院や学校が設置され，ラテン語文献がドイツ語に翻訳され，神学，ローマ法，人文学，芸術など学問が奨励された。この復興は，「カロリング・ルネサンス」と称される。カール大帝は自らも学術にいそしみ，アーヘンの宮廷内に学校と図書館を置き，そこにイングランド（オックスフォード）の神学者アルコイヌス（アルクイン，735?-804）などの著名な学者を招聘した。

⓭ 〔**日本語史・田中**〕4 世紀に大和地方で成立したヤマト王権で話されていたのは，その地域の方言であったと思われ，『古事記』や『万葉集』はこの地で編纂された。8 世紀末に，隣接する山城地方に政治や文化の中心地は移るが，その後長らく 18 世紀中頃まで，畿内地域の方言が，政治や文化の中心地での話しことばであり続ける。『土佐日記』『源氏物語』などの，口語体書きことばである「和文」は，10 世紀に畿内で成立するが（第 5 章参照），この書きことばの基盤となった畿内方言が，18 世紀中頃まで，日本語の話しことばの事実上の標準であり続ける。政治や文化の中心地で創造される文芸のことばが，標準的なことばになっていくのは，英語も日本語も同じである。

おける宗教改革を先導したジョン・ウィクリフ（1330?-1384）は弟子たちとともにラテン語聖書を英訳することに従事した。さらに，政治経済の中心であったロンドンのことば，とりわけ大法官庁英語（Chancery English）という公文書英語に基づいた書きことばが標準として徐々に確立していき，一方1476年ウィリアム・カクストン（1422?-1491）がロンドンのウェストミンスターに印刷所を設立したことも綴り字の統一化に影響を与えた⑮⑯⑰。

　1660年には亡命中だったチャールズ2世がイギリス王となったが（王政復古と呼ばれる），王は亡命先のフランスから言語の規範化という考え方を持ち込むことになった。17世紀後半から18世紀は啓蒙思想が主流となり「理性の時代」とも言われ，規則的・合理的な「正しい」英語の確立を目指して，辞書や文法書の出版が相次ぐことになる。たとえば，1755年にはサミュエル・ジョンソン（1709-1784）による *A Dictionary of the English Language*（『英語辞典』）が上梓された。さらに，啓蒙と学問の言語と見なされていたラテン語の文法を模倣した規範文法が影響力を増し，1762年

⑭ 日本語史・田中 文芸作品を，自国語で書くか外国語・古典語で書くかの選択であるが，日本語では，和文で書くか漢文で書くか，という選択が問題になることがあった。著名な例として，10世紀はじめに，紀貫之が，『土佐日記』を書く際，その冒頭で「男もすなる日記といふものを女もしてみむとてするなり」と記し，通常は男性の手によって漢文で書かれる「日記」を，女性も書いてみようとするのだと言って，女性に仮託して口語体書きことばで書いたことが挙げられる。これは，「和文」という，新しい口語体書きことばの創出の出来事の一つに数えられるものである。紀貫之が中心になって編纂した『古今和歌集』は，その序文が和文と漢文の両方で書かれている。

⑮ 英語史・堀田 14世紀後半以降，綴り字の標準化・統一化が進行していったことは事実だが，あくまで直前の時代と比較して標準度がぐんと増していったという相対的な見方をしておくのが妥当だろう。第6章2節，6節でも議論したように，初期近代期まで綴り字の揺れは少なからず見られた。

⑯ ドイツ語史・高田 このあたりも，ドイツ語史と平行的である。ドイツ語史では，14世紀中葉から主要な都市で官庁ドイツ語が発展し，また15世紀後半から主要な都市で印刷業者語が生まれ，綴りや語形の統一化に寄与した。

⑰ 中国語史・彭 イギリスにおいて印刷技術が英文の綴り字統一化に影響を与えた現象に似たような例として，中国の唐代の7世紀頃から始まる彫版印刷と宋代の11世紀頃から始まる活版印刷が挙げられる。同一字体の書籍や字書の大量印刷の実現により，標準字体の普及が急速に進み，字体に対する社会的共通認識の度合いが飛躍的に高まるようになった。

にはロバート・ラウス（1710-1787）による文法書 *A Short Introduction to English Grammar*, 1795年にはリンドリー・マリー（1745-1826）によるラウス文法の後継書 *English Grammar* が出版される**⑱**。

　標準英語の規範化の流れは，その後も20世紀まで脈々と続くが，1798年にウィリアム・ワーズワース（1770-1850）とS. T. コールリッジ（1772-1834）による『抒情歌謡集』（*Lyrical Ballads*）が出版された。これは啓蒙主義などへの反発から生まれたもので民衆が日常話す地方方言や非標準変種が見直されるきっかけを作った**⑲**。こうしたロマン主義的なテーゼは，『抒情歌謡集』の序文に窺える。

> したがって，これらの詩で意図された主な目的は，人々の日常生活の出来事の中から題材を選び，それらをできる限り人々が日常用いていることばでもって徹頭徹尾語り述べていくことであった（……）（『抒情歌謡集』第2版，1800）

　ブレイクによる最後の時代区分（「英語が分裂・分岐していく不確かな時代」）は第一次世界大戦の勃発した1914年から現在まで及ぶものであり，英語が世界に拡大していくなかで各地域の英語変種が自らのアイデンティティを主張し，英米語の地位が揺らいでいく時期である。一方，英米における英語に目を向けると非標準方言の地位が高まり，たとえばイギリス英語の標準発音とみなされてきた「容認発音」（Received Pronunciation）に代わり，地方方言や河口域英語（Estuary English）が影響力を増している。〔注：河口域英語は1980年前後からロンドンのテムズ川の河口域で使われるようになったイギリス英語の一種で容認発音とコックニー［ロンドン訛り］の中間的

---

⑱ 〔ドイツ語史・高田〕このあたりも，ドイツ語史と平行的である。18世紀中葉（1748年）にゴットシェートが有力な規範文法を出し，そのあとアーデルングが1770年代に辞書を，1780年代に文法書を出し，これらがオーストリアでも受け入れられることで，ドイツ語標準文章語が確立する。なお，アーデルングの辞書は，ジョンソンから強い影響を受けている。

⑲ 〔ドイツ語史・高田〕ドイツ語史において，18世紀後半に標準文章語が確立すると，（方言というよりは）日常の話しことばに対する関心が高まり，疾風怒濤（1767〜1785年）の文学作品のなかで，挿入句，省略，繰り返し，間投詞を多く含む日常語的な非標準変種が意識的に用いられた。

な特徴を示している。〕さらに，フェミニズムや政治的公正（political correctness）といった社会運動によって，それまでの言語規範（たとえば everyone や person などを指す総称代名詞 he）への見直しが起こっている。

1.3　標準化の三つの側面

　上ではブレイクの提案した英語史の時代区分を概観してきたが，興味深いことに英語史においては「標準英語への収斂」と「異なる英語方言・変種への拡散」のサイクルが繰り返されている**❷❹**。英語の歴史においては何度か標準化の波が見られたが，標準化といっても三つの異なる側面——統一化，規範化，通用化——があると考えられる**❷❸**。〔注：第 6 章でも「標準化サイクル」の各段階には独自の特徴があり，単純な繰り返しではないと指摘されている。〕

　まず，「統一化」というのは，ある一国内・地域において有力な方言・変種を基準として言語を統一していこうという動きであり，英語史においては，アルフレッド大王の時代におけるウェストサクソン方言の標準化，そして 1400 年以降の大法官庁英語に基づく標準化**❷**がその例となる。次に，

---

❷ ［フランス語史・西山］ フランス語の標準化は 16 世紀から始まったが，これは 1539 年にフランソワ 1 世がヴィレール＝コトレの勅令を出し，フランス語を法律や行政の公用語に定めることに始まる。フランス語文法の規則は文法学者のヴォージュラなどにより規定され，1635 年に創立されたアカデミー・フランセーズが単語や用法についての規範を記述し，近代フランス語が確立する。これ以降，現在に到るまで，アカデミー・フランセーズが辞書の刊行を通じてフランス語の規範を提示し続けている。

❹ ［ドイツ語史・高田］ このようなサイクルの繰り返しがドイツ語史には見当たらないところが，英独の本質的な違いのように思われる。

❷ ［英語史・堀田］ Gramley（2012）の用語によると，ここでの「統一化」と「規範化」は "Standard English" に，「通用化」は "General English" におよそ対応するように思われる。また第 6 章では，ここで触れられている「標準化のサイクル」の山と谷の分布に力点を置いて議論した。一方，ここではサイクルの三つの「山」が標準化の三つの異なる側面として提示されており，補完的に理解することができる。
・Gramley, Stephan（2012）*The History of English: An Introduction*. Abingdon: Routledge.

❸ ［ドイツ語史・高田］ この三つのうち，通用化はドイツ語史には見出しづらい。19 世紀以降の展開が（言語の世界化がほぼなかったという点で）英独で大きく違うと言えるであろう。

「規範化」は言語の形式を「正しい」,「あるべき」形に統制していくことを指すが,「正しい」と認定された方言・変種は権威を持つようになる一方,それ以外の方言・変種には「間違った」ものというレッテルが貼られることになる。こうした規範化の側面は,英語の歴史においては,さまざまな辞書や文法書が出版された 1660 年から 1798 年までの時期に色濃く見られる。最後に,「通用化」はコミュニケーションの手段として多くの人の意思疎通が可能になるように言語を共通化・簡略化することを指す。これは以下に詳しく紹介する 20 世紀以降の英語標準化の動きに顕著に見られる特徴である。

2. 20 世紀以降における英語標準化

　ブレイクによる英語史の区分は,1914 年以降の「英語が分裂・分岐していく不確かな時代」で終わっているが,そこでは英語が一つの標準に収斂していくのではなく,むしろ異なる方言・変種へ拡散していく傾向が強調されている。しかし,実は 20 世紀から 21 世紀にかけても英語を標準化しようとするさまざまな新たな動きが見られる。英語における標準化の問題は一般に中英語後期から初期近代英語を中心に議論されることが多いが,本節では 20 世紀以降に起きている新たな英語標準化の動向について考察していきたい。

　まずは,20 世紀以降,英語が置かれている状況について概観したい。第二次世界大戦後,世界では社会・文化・経済におけるグローバル化が進行し,そのなかで英語が国際共通言語(リンガ・フランカ)として広く用いられるようになっている。一方,ポストコロニアルにおける旧植民地の多くでは引き続き英語が使用され,それらの地域で用いられる英語変種はそれぞれ独自の特徴を発達させ分岐していく可能性も孕んでいる。こうした現代英語の置かれた状況——国際共通語となった英語と分岐・分裂していく英語——が 20 世紀以降における英語の標準化を促す要因として働い

㉔ [英語史・堀田] 一般に大法官庁英語において綴り字の統一化が進んだとされるが,実態としてはあくまで緩い統一化にとどまり,いまだ揺れが多く見られたことも事実である。

ている。すなわち，英語が国際共通語として用いられるなかで，英語を非母語話者にも学習しやすくするために簡略化が起こっている。一方，イギリスの旧植民地であった地域などで独自の特徴を発達させている英語変種の話者の間で，円滑なコミュニケーションが可能になるように，英語を共通化・簡略化する動きも見られる。20世紀以降の英語標準化においては，簡略化や共通化といった側面が色濃く現れており，「統一化」，「規範化」よりも「通用化」のほうに重点が置かれていると言える。そうした英語標準化の主な試みとしては，以下のものが挙げられる。

　　　ベーシック・イングリッシュ（Basic English）
　　　スペシャル・イングリッシュ（Special English）
　　　グロービッシュ（Globish : global と English の混成語）
　　　核英語（Nuclear English）
　　　世界標準口語英語（World Standard Spoken English）

　ベーシック・イングリッシュ，スペシャル・イングリッシュ，グロービッシュは，英語を母語としない人々（外国語としての英語話者や英語学習者）を主なターゲットとし，英語を国際共通語として構築しようとする試みである。一方，核英語と世界標準口語英語は多様化し分裂の危機を孕む英語に対処するべく，英語変種間の違いを均し共通化することで，第一言語や第二言語として英語を話す人々の間の円滑なコミュニケーションを目指すものである㉕。

　まずは，ベーシック・イングリッシュについて見てみよう。これは，1930年にイギリスの心理学者・言語学者 C. K. オグデン（1889-1957）が世界共通のコミュニケーション言語や非母語話者の英語学習を補助する手段として提唱したもので，Basic は British, American, Scientific, International, and Commercial の頭文字をとった頭字語である（もちろん，basic の「基礎となる」という意味も掛けている）。第二次世界大戦のあった1940年代には，世界の平和実現のための国家間共通のコミュニケーションの手段として，当時のイギリス首相ウィンストン・チャーチル（1874-1965）や米国大統領フランクリン・ローズヴェルト（1882-1945）がベーシック・イングリッシュを支持した。たとえば，第二次大戦最中の1944年4月20日にチャー

チルはローズヴェルトに次のような書簡を送っている。

　　私が確信しているところでは，ベーシック・イングリッシュはこれから
　　らの人類にとって大きな恵みとなり，また世界情勢におけるアングロ
　　サクソンの影響力を強力にサポートするものとなるだろう。（Kimball
　　1984: 105）

　オグデンが創案したベーシック・イングリッシュは，具体的にどのよう
なものであったのだろうか。当初は，非母語話者でも習得しやすいように
語彙は 850 語に限られていた。そして，850 語のうち約 70％は名詞，18％
は形容詞・副詞，2％は動詞で，残りの 10％は冠詞・代名詞・接続詞・前
置詞などの構造語（structure word）であった。この内訳が示すように，ベー
シック・イングリッシュは名詞重視主義が基本であり，たとえば「愛して
いる」という場合 love は動詞として使えないので I love you. とは言えず，
I have love for you. と言わなければならない（愛の告白としては少々間延び
した感は否めない）。また，文法に関しても語彙数の制限にともなって単純
化が起こっている。たとえば，いわゆる法助動詞については will と may
のみが用いられ，shall, can, must はそれぞれ will, be able to, have to によっ
て代用される。
　ベーシック・イングリッシュは英語非母語話者が学習しやすいように編

❖◇❖

㉕ 〔日本語史・田中〕 非母語話者を意識した言語の規範づくりということでは，日
本語を母語としない人々ともコミュニケーションできる日本語の規範づくりとし
ての，「簡約日本語」と「やさしい日本語」が想起される。「簡約日本語」は，
1980 年代，日本語を学ぶ外国人が増加したことに対応して，野元菊雄（当時，
国立国語研究所長）によって提唱され，文末は「です」「ます」，動詞は連用形を
中心とする文法規則や，第一段階 1000 語，第二段階 2000 語の語彙リストなど
が示されたが，この規範が日本語教育の現場に広まることはなかった。「やさし
い日本語」は，阪神・淡路大震災の際に，緊急情報が在住外国人に伝わらなかっ
た反省から，2000 年代に佐藤和之（当時，弘前大学教授）らによって，災害時
あるいは減災のための日本語として提唱された。その後，日本在住の外国人の増
加を受けて，外国人を包摂した日本語社会における平時の情報伝達に必要な「や
さしい日本語」として，2010 年代に庵功雄（一橋大学教授）らによって，構築
が進められ，現在，自治体や企業の活動を通して広まりつつある。庵編（2020）
『「やさしい日本語」表現事典』（丸善出版）は，文法や語彙を定めるのではなく，
会話編と文章編に分けて，場面別に「やさしい日本語」の運用例を解説している。

まれたものであったが，名詞重視主義が示唆するように，不自然な英語が生み出されるなど，必ずしも成功したとはいえない。ただ語彙数の制限などはスペシャル・イングリッシュやグロービッシュ，また英語教育に受け継がれている❷。〔注：ベーシック・イングリッシュを英語教授に応用した試みとしては，I. A. リチャーズ（1893-1979）が 1940 年に提唱した Graded Direct Method「段階的直接法」がある。〕

　スペシャル・イングリッシュは，アメリカの情報局が行う海外向けの国営ラジオ放送ヴォイス・オヴ・アメリカ（Voice of America）で 1959 年以来使用されている簡略英語である。対象は英語を母語としない人々（中級〜上級英語学習者）であり，放送では英語はゆっくりとした速さ（通常の 3 分の 2 程度）で読み上げられる。ベーシック・イングリッシュと同様，使用語彙数を制限しているが，その制限は 1500 語でありベーシック・イングリッシュよりは緩やかである。また，ベーシック・イングリッシュとは異なり，同一の単語が異なる品詞で用いられるケースも 1 語とカウントされるので，love は動詞でも名詞でも使用できる。その他，語彙に関しては非母語話者には難しいイディオム，アメリカ語法の使用を回避している。一方，文法に関しては基本的に従来の英文法と同じであるが，短い文や能動態を用いることを推奨するなど一定の簡略化が行われている。

　グロービッシュはフランスのビジネスマン（元 IBM 副社長）のジャン＝ポール・ネリエール（1940-）が 1990 年代半ばに提唱したもので，主な対象は英語を母語としないビジネスマンであり，国際的なビジネスの場面においてコミュニケーションを容易にするために簡略化された英語（ネリエールは「カフェイン抜きの［decaffeinated］英語」と呼んでいる）である。ベーシック・イングリッシュやスペシャル・イングリッシュのように使用語彙数に制限をかけ，語彙数は後者と同様に 1500 語である。ただ，スペシャル・イングリッシュはさまざまなニュースを報道するため多岐にわたる語彙を

---

❷ 英語史・堀田　英語教育における応用例として，学習者用英英辞書の定義部で用いられる英単語の範囲を限定する慣行が挙げられる。また，2020 年にオックスフォード大学出版局から出版された最新版となる *Oxford Advanced Learner's Dictionary* 第 10 版においては，大型コーパスを用いて選び出された基本 3000 語や 5000 語が，見出し語のレベル付けに活用されている。

使用するのに対して，グロービッシュはビジネス・観光に特化した語彙が多いと言える。そのため，スペシャル・イングリッシュに含まれているanarchy「無政府状態」, astronaut「宇宙飛行士」, curfew「門限」, genocide「大量殺戮」などのように直接，経済・経営・商業分野に関わらないものはグロービッシュのワード・リストには含まれていない。また，文化的な背景知識がないと理解が難しいジョーク・比喩表現や文学的表現も回避することが推奨されている。文法に関しては基本的に通常の英文法に従っているが，能動文で表現することや1文を15語程度（長くて26語）とすることなど，一部簡略化も行われている。

　次に20世紀以降におけるもう一つの英語標準化の潮流について見ていきたい。ポストコロニアル以降，さまざまな英語変種が世界で話されている状況のなかで，英語の分裂・解体の危惧が一部で叫ばれているが，こうした懸念はすでに19世紀末に著名な音声学者・英語学者ヘンリー・スウィート（1845-1912）によって表明されていた。

> イギリス，アメリカ，オーストラリアの人々は，それぞれの英語における発音変化のためにお互いに理解できないことばを話すことになるだろう。(Sweet 1877: 196)

　さらに，1991年，当時のチェコスロヴァキアのブルノで英語教師に向けて行った講演において，イギリスのチャールズ皇太子（1948-）も同様の懸念を表明している。

> （世界各地に拡がった英語が互いに理解不能になるという）悪夢は，ひょっとすると現実のものとなるかもしれない。もし，共通の核となる確固とした標準英語や標準英語文法が存在するのだという合意がなければ。(*The Guardian*, May 9, 1991)

　こうした危機感を背景に，1980年代初めイギリスの英語学者ランドルフ・クワーク（1920-2017）らは核英語を提案した。核英語は，イギリス，アメリカ，カナダ，オーストラリア，ニュージーランドなど，英語が母語として用いられている地域の英語変種の話者間のスムーズなコミュニケーションを目指して造り出された英語である。核英語では，ベーシック・イ

ングリッシュのように語彙数を制限することはしないが，一部の英語変種に特有の語彙を避ける。たとえば，イギリス英語では「2週間」を意味する語として fortnight（e.g. Wimbledon fortnight「テニスの全英オープン選手権大会が行われる2週間」）をしばしば耳にするが，より汎用性のある two weeks を使うことが推奨される。また，parents をより簡単な語句（mother and father）でパラフレイズすることも行われる。

　核英語では，文法面における簡略化も提案されている。英語の付加疑問文では，He knows you, *doesn't he*?「彼はあなたのことをご存知ですよね」，I haven't seen you before, *have I*?「以前にお会いしたことはありませんでしたね」のように，付加疑問に先行する文が肯定か否定か，また動詞が一般動詞か be 動詞・助動詞かによっていろいろ形が変化する。さらに，ought to を含む文では，We ought to go there, *oughtn't we*?「そこに行かなければなりませんね」のように oughtn't we? という付加疑問が付くことが多いが，shouldn't we? も可能であり，母語話者の間にも揺れが見られる。そこで，核英語では付加疑問を isn't that right? や is that so? に簡素化することが提案されている。〔注：ウェールズ英語やインド英語では主節の人称・時制に関わらず付加疑問として isn't it? が用いられる。〕

　英語に若干の改訂・変更を施すものの，クワークなど核英語を推進する人々は，以下の引用に見られるように，核英語は「自然な」英語でなければならず，非英語的表現を含むべきでないと考えている。こうした考えの背後には英語は母語話者のものであるという強い自負が垣間見られる。

　　核英語は自然な英語の特性からなるものでなければならない（……）
　　（Quirk 1981: 156）

　　核英語は英語であり，母語としての英語に見られない形態は排除されることになるであろう。（Stein 1978: 66）

　さて，ユニヴァーシティ・カレッジ・ロンドンでランドルフ・クワークに師事したデイヴィッド・クリスタル（1941-）も，拡散・分岐していく英語への危機感から，1990年代後半に英語の標準化を提案している。世界各国の人々が相互理解を必要とする場面で用いられる英語としてクリス

タルが提唱したものは，世界標準口語英語と呼ばれる**㉗**。世界標準口語英語では使用語彙数の制限はしないが，核英語と同様一部の英語変種に特有の語彙の使用を避けることを提案している。これに関連して，クリスタルは自らも参加した国際会議でのエピソードを紹介している。その会議には，イギリス，アメリカ，オーストラリアからの参加者に加え，英語を第二言語や外国語として話す人々も出席していたが，ある参加者が意見を述べたときアメリカからの参加者が "That（remark）came from out in left field." と発言し，会場は沈黙に包まれたという。その発言の意味は「そうした意見は予想もしませんでした」というものであったが，野球に関する慣用表現（left field「主流から離れたところ，思いがけないところ」）はアメリカ人の参加者以外にはその意味がわからなかったのである。

　ところで，クワークの核英語は非英語的表現を含まない，あくまでネイティブ・スピーカー中心のものであったが，クリスタルは英語を母語としない話者（とりわけ英語を公用語［第二言語］として使用する人）の英語の特徴も世界標準口語英語に取り込まれていくだろうと述べている。

　　（英語の母語・第二言語）話者の割合が変化するにつれて第二言語としての英語の特徴が世界標準口語英語に取り込まれていかない理由はない。こうしたことがとりわけ起こりうるのは，いくつかの（あるいはすべての）第二言語としての英語変種に共通する特徴——たとえば（各

㉗　中国語史・彭　世界的分布を持つ英語とは対照的に，母語話者人口が10億を超える中国語は主に中国大陸，マカオ，香港，台湾，マレーシアとシンガポールなどのアジア地域に分布している。現在これらの地域の中国語にはそれぞれ独特な言い回しやコードスイッチング現象が存在する。文字形態には簡体字と繁体字の2種類が存在し，中国大陸，マレーシア，シンガポールでは簡体字が使われ，台湾，香港，マカオでは繁体字が使われる。歴史，文化や社会の状況が異なるそれぞれの地域の間に表現，発音や字形において収束と拡散が同時に進行している。香港・マカオと大陸は収束に向かう動きを見せるが，台湾と東南アジアは拡散に向かう傾向が見られる。そして，世界の各主要都市に点在する中華街・チャイナタウン界隈の中国語コミュニティでも簡体字と繁体字が入り乱れ，その背後には大陸系の「普通話」と台湾系の「国語」との勢力争いが見え隠れする。近年台湾における「通用拼音」（国語ローマ字表記，大陸の「汉语拼音」と大半共通している）の使用や，複数の国や地域にまたがる中国語間の相互理解を促す対照研究や対訳辞書・語彙集の刊行など，標準化に向けた模索が始まっている。

音節の長さを一定にする）音節拍リズムや広く観察される th の発音上
の困難さ（から th を /t/, /d/ と発音する）──が見られる場合である。
（Crystal 2003: 188）

　さらに，クリスタルは英語を第二言語や外国語として話す人々の間に広
く見られる文法的特徴──複数語尾をつけない複数形（three person），複数
形語尾をつけた不可算名詞（furnitures, kitchenwares），習慣を表す be（he *be*
running）──が世界標準口語英語に取り込まれていく可能性も示唆してい
る（Crystal 2006: 432）。

　クリスタルによれば，世界標準口語英語は母語としての英語や第二言語
としての英語に取って代わるものではなく，両者はダイグロシア（diglossia）
として共存することになるだろう。たとえば，イギリス英語の話者は自分
が話す母語としての英語をアイデンティティの印として自分のコミュニ
ティ（家庭や友人間）で用い，他の英語変種の話者や英語を第二言語・外
国語として話す人に対しては相互理解のために世界標準口語英語を使うと
いう 2 言語変種併用の状況が将来生じることが予想される（Crystal 2006:
434）。

3. まとめ

　19 世紀以前の英語の標準化は，もっぱら英語が母語として話されてい
るイギリス・アメリカ国内・地域レベルの問題であり，どの方言を統一標
準として定めるか，また英語を「正しい」方向に規範化することに関心が
あった。この時代の標準化においては統一化，規範化の側面が顕著であり，
その対象は主に書きことばであったと言える。

　これに対して，英語が母語としてだけでなく第二言語（公用語）・外国
語として世界各地で用いられるようになった 20 世紀以降では，国境を越
えた世界レベルでの英語の標準化の動きが生じている。こうした新たな英
語標準化には異なる二つの流れが見られる。一つは外国語として英語を学
ぶ人々や非母語話者にとってもわかりやすい英語を目指すものである。英
語を母語としない者にとっては，世界の言語のなかでも最も豊富な語彙数
を持つといわれる英語の語彙の学習は大きな障壁になるであろう。そこで，

ベーシック・イングリッシュ，スペシャル・イングリッシュ，グロービッシュでは使用語彙数の制限を設けている。それに対して，英語は文法面に関しては（たとえば他のヨーロッパ言語と比べると）比較的簡素と言えるので，ベーシック・イングリッシュ，スペシャル・イングリッシュ，グロービッシュのいずれも文法面では大きな改変は行っていない。

　一方，イギリス，アメリカ，カナダ，オーストラリア，ナイジェリア，インドなど，英語が母語や第二言語として用いられている地域の英語変種の話者間のスムーズな意思疎通を目指している核英語や世界標準口語英語では，母語・第二言語話者にとってはそれほどハードルの高くない語彙面については，使用語彙数を制限するような大胆な簡略化は行っていない。ただし，ある英語変種に特有な表現（e.g. fortnight）を避けるなど異なる変種間の違いを一様化していこうとする試みは見られる。

　以上のように，20世紀以降の英語の標準化はそれ以前の標準化の動きと比べると，総じて「統一化」や「規範化」よりも「通用化」の色合いが強く，口語英語の標準化に焦点があると言えるであろう❷。おそらく今後もしばらくは英語がリンガ・フランカとして用いられる状況が続くと思われるが，異なる文化背景をもった英語話者間の円滑なコミュニケーションのためには，英語の標準化（通用化）ということだけでなく，文化的要因によって異なる会話スタイルがあることを認識・許容していくことも必要になってくるかと思う（たとえば英米語では依頼表現としては "Could you pass me the salt?" のように疑問文を使い間接的に言うほうが丁寧であるが，南アジアの英語では呼称を添えれば "Brother, pass me the salt." のような直接的な命令文でも丁寧であるとされる）。

❷ 英語史・堀田　本章や第6章では触れられていないものの，「通用化」にともなう共通化・簡略化について英語史の観点からさらに議論しようとする場合には，17世紀以降に世界中で生まれた英語ベースのピジン語やクレオール語の話題も関わってくるだろう。また，個別言語史を超えていえば，エスペラントを含めた19世紀後半から次々に作られた人工言語の話題も関係してくる。これらも多くは第一に話しことばの標準化を目指したものであり，その点では本章で論じられた20世紀以降の英語の標準化との類似性が見られる。

	伝統的な時代区分	ブレイクによる時代区分
8 世紀	古英語 （Old English） 700〜1100 年	〜9 世紀半ば **標準語なし**
9 世紀		
10 世紀		9 世紀後半〜1250 年 **最初の英語標準化の動き**
11 世紀		
12 世紀	中英語 （Middle English） 1100〜1500 年	＊アルフレッド大王による学問・文化復興，ウェストサクソン方言が書きことばの標準となる
13 世紀		
14 世紀		1250〜1400 年 **英語の標準化が途絶** ＊ノルマン征服，方言の時代
15 世紀	初期近代英語 （Early Modern English） 1500〜1700 年	1400〜1660 年 **再び英語標準化の動き** ＊大法官庁英語（Chancery English），カクストンによる印刷所設立
16 世紀		
17 世紀		
		1660〜1798 年 **標準語の規範化** ＊辞書，文法書，理性の時代
18 世紀	後期近代英語 （Late Modern English） 1700〜1900 年	
19 世紀		1798〜1914 年 **非標準英語への関心** ＊『抒情歌謡集』出版
20 世紀	現代英語 （Present-day English） 1900 年〜	1914 年〜 **分裂と不確かさの時代** ＊英米以外の英語変種や非標準方言の地位向上
21 世紀		

参考文献

Blake, N. F. (1996) *A History of the English Language.* Basingstoke: Macmillan.

Crystal, David (2003) *English as a Global Language.* 2nd ed. (1st ed., 1997). Cambridge: Cambridge University Press.

Crystal, David (2006) "English Worldwide." In Richard Hogg and David Denison (eds.), *A History of the English Language*, 420–439. Cambridge: Cambridge University Press.

Durkin, Philip (2014) *Borrowed Words: A History of Loanwords in English.* Oxford: Oxford

University Press.

Grant, Anthony（2009）"English Vocabulary." In Martin Haspelmath and Uri Tadmor（eds.）, *World Loanword Database*. Leipzig : Max Planck Institute for Evolutionary Anthropology, 1516 entries. Available online at http://wold.clld.org. Accessed on 21 January 2021.

hellog~ 英語史ブログ <http://user.keio.ac.jp/~rhotta/hellog/>（Accessed 17 February 2019）（#3231「標準語に軸足をおいた Blake の英語史時代区分」, #3233「英語自由化と英語相対化の 19 世紀」）

Kimball, Warren F.（ed.）（1984）*Churchill and Roosevelt : The Complete Correspondence*, Volume 3. Princeton, NJ: Princeton University Press.

McCrum, Robert（2006）"So, What's This Globish Revolution?" *The Observer*, 3 December.

Nerrière, Jean-Paul（2004）*Parlez Globish! Don't Speak English.* Paris: Eyrolles.

Nerrière, Jean-Paul and David Hon（2009）*Globish The World Over.* Paris: International Globish Institute.（ジャン゠ポール・ネリエール, ディビッド・ホン『世界のグロービッシュ— 1500 語で通じる驚異の英語術』グローバル人材開発訳, 東洋経済新報社, 2011）

Ogden, C. K.（1930）*Basic English: A General Introduction with Rules and Grammar.* London: Paul Treber.

Quirk, Randolph（1981）"International Communication and the Concept of Nuclear English." In Larry E. Smith（ed.）, *English for Cross-Cultural Communication*, 151-165. Chippenham: Macmillan.

Richards, I. A.（1943）*Basic English and Its Uses.* New York: Norton.

Stein, Gabriele（1978）"Nuclear English: Reflection on the Structure of Its Vocabulary." *Poetica* 10, 64-76.

Sweet, Henry（1877）A *Handbook of Phonetics*. Oxford: Clarendon Press.

竹野純一郎ほか（2011）「グロービッシュ 1,500 語と VOA スペシャル・イングリッシュ 1,500 語との比較」『中国学園紀要』第 10 号（中国学園大学／中国短期大学）, 77-82.

寺澤盾（2008）『英語の歴史—過去から未来への物語』中央公論新社.

豊田沖人（2002）"Some Speculation on World Standard Spoken English."『情報メディアセンタージャーナル』第 3 号（武蔵工業大学環境情報学部）, 78-80.

西山教行

第 8 章
フランス語の標準語とその変容
——世界に拡がるフランス語

1. はじめに

　本稿はフランス語の標準化について，フランス国外へ普及したフランス語の変容との関連において考察する。フランス語の標準化は 17 世紀頃から進展し，国家による介入を受けて整備されてきた（西山 2018）。大航海時代においてフランスは北米への開拓を進めるとともに，カリブ海やインド洋にも進出し，フランス語はそれらの島嶼にも持ち込まれた。19 世紀後半から拡張する第二次植民地帝国のなかでフランス語はさらなる拡散をとげ，旧植民地の独立後にフランス語は現地の民族語などとの接触によりさまざまな影響を受け，多様化への歩みを示しつつある❶。

　16 世紀からの入植活動の展開によって北米やカリブ海に普及したフランス語や，19 世紀末からの植民地主義によりマグレブやサブサハラアフリカに導入されたフランス語にはそれぞれどのような特徴があり，標準化

---

❶ 日本語史・田中 日本の領土拡張は，第二次世界大戦に向かう時期に起こり，当時の植民地（台湾，韓国，南洋諸島，樺太など）では日本語が話され，その普及のための政策がさまざまにとられた。現地でどのような日本語が話され，現在，どの程度残存しているかの実態についての研究は，2000 年代になって行われるようになった。真田信治（2009）『越境した日本語』（和泉書院），真田信治監修（2011-2012）『海外の日本語シリーズ 全 3 巻』（明治書院），渋谷勝己・簡月真（2013）『旅するニホンゴ』（岩波書店）などは，植民地で変容した日本語の具体的な姿を記述している。

されたフランス語とどのような関係を保持しているのか。本論はこのような観点からケベックならびにカリブ海のフランス語，マグレブならびにサブサハラアフリカのフランス語を取り上げる。

2. ケベックのフランス語

　北米にフランス語が持ち込まれたのは，探検家のジャック・カルティエ（1491-1557）が 1534 年にカナダに到達し，領有権を宣言したことにさかのぼる。その後，1608 年にはサミュエル・ド・シャプラン（1567?-1635）がカナダ東部にケベックを設立し，フランスからの入植者が大西洋を越えて到来すると，1660 年からセントローレンス川流域に移住するようになる。フランスはイギリスとの植民地争奪をめぐる七年戦争（1754～1763 年）で敗北を喫したため，カナダの領土をイギリスに割譲し，それまでに移住してきたカナダ・フランス人 Français-Canadiens はフランス本国と断絶してしまう。これ以降，入植者はフランスとの結びつきを失ったため，カナダでのフランス語はフランスのフランス語と切り離され，独自の変化や発展を遂げることになる。そして入植者はフランス語を話すカナダ人 Canadiens としてイギリス系カナダ人の統治下にあって，抑圧のもとに苦難の時代をたどる。19 世紀になると北米イギリス領は英語を上位言語と定めるなかで，フランス語を承認するようになり，フランス語は経済活動や社会活動における下層階級の言語という社会的表象を余儀なくされる❷。フランス系カナダ人 Canadiens français がカナダで英語と対等の地位を獲得するようになるのは 1960 年代以降となる。ケベック州は 1974 年にフランス語を公用語と定め，1977 年にはフランス語憲章（「フランス語 101 法」）を発布し，フランス語単一言語主義へと向かう。ケベックに住むカナダ人がケベック人 Québécois のアイデンティティを主張し始めるのはこの時代からである❸。

❷ 英語史・堀田　中英語期のイングランドでは，むしろ英語がフランス語のもとで経済活動や社会活動における下層階級の言語だった。ただし，中英語については，ケベックのフランス語が本国フランスとの断絶という側面を持っていた事実に対応するものはなく，その点では対照言語史的に両者を単純に比較することはできないだろう。

このように 17 世紀以降，カナダに住むフランス語話者のアイデンティティは「カナダ・フランス人」「カナダ人」「フランス系カナダ人」「ケベック人」と変遷を重ねてきたが，その中心には常にフランス語の存在があった（Conseil de la langue française 2000）。フランス語話者カナダ人にとってフランス語使用こそが，カトリック信仰と並んでイギリス系カナダ人が多数派を占めるカナダにおいて，またさらにアメリカを隣国とする地政学的配置のなかでアイデンティティを維持する「かなめ」だったのである❹。

　ケベックのフランス語の歴史は英語による抑圧とフランスとの断絶から織りなされている。フランス語はケベック社会において，長年にわたり上位言語としての英語によってその価値をおとしめられてきた。と同時に，参照基準としてのフランスのフランス語からも対等に扱われることがなく，二重の意味で抑圧の対象となっていた。これに対抗するため，ケベック州において 19 世紀末よりフランス系カナダ人は「私は忘れない（Je me souviens.）」をモットーとし，歴史のなかでの苦難と栄光，フランス語によって作り出された民族でありながら，イギリス系に征服されたことの記憶を保持してきた。また 1960 年代からは「静かな革命」の名称のもとに政治経済，教育などの分野に改革を導入し，フランス語話者の社会的地位の改善を計ってきた。

　ケベックのフランス語は北米の土地に生きながらえるためその土地で適応を遂げ，その発音は歴史的経緯と地政学的要因から，擬古語用法と英語という二つからの影響を特徴としている（Huchon 2002）。擬古語用法の実践は，18 世紀にフランス本国との断絶により，フランス語の変化がフランス本国と異なる言語事実となったことから，18 世紀までの語彙や発音

❸ 英語史・堀田　ブリテン諸島では少し早く 20 世紀前半より，アイデンティティと言語をめぐる，比較されるべき動きがアイルランドやウェールズにおいて見られた。英語に対してアイルランド語やウェールズ語がそれぞれの地域で公的な地位を模索し，獲得していった過程である。

❹ 日本語史・田中　移民のアイデンティティにとって，自らの母語，あるいは親や祖先の母語の果たす役割は大きい。日本からも，19 世紀末から 20 世紀半ばは，南米，北米，ハワイなどに移住した人々が多くいた。そうした人々やその子孫が，アイデンティティを保持し，継承し，また形成していくために，それぞれの地域で日本語教育が行われてきた。

などフランス本国では消滅してしまったものがケベックに残存しているためである❺。たとえば現在のフランスでは oi を［wa］と発音するが, ケベックでは［wɛ］の発音を保持している場合がある。また擬古語用法は単語にも残っており, フランスのフランス語での fermer la porte（扉を閉める）は barrer la porte（フランスの古語で「扉を（かんぬきで）閉める」の意味）と発話されることもある。またケベックは英語に囲まれたフランス語の「島」であることから英語との接触が多く, そのため英語からの借用語も少なくない。gang といった英語は女性名詞に分類され, 冠詞 la はつけられるものの, そのまま使われ, フランス語への適応すら行われていない。もっとも gang が「（若者などの）グループ」を意味するように, 意味の変化した単語もある。その一方では適応した語彙もあり, débarasser（「〜を片付ける」）の意味で, clairer（英語の clair からの派生語）が使用されている。さらにはフランスのフランス語が新たな意味を帯びることもあり, char はフランスでは「戦車」の意味で使用されるが, ケベックでは「自動車」の意味で用いられる。

　ケベックのフランス語の特色として名詞の女性化を忘れてはならない。ケベックでは 1970 年代より女性の社会進出が加速化し, 各種の職域で女性が活躍するようになり, これまで男性名詞として表示されてきた名詞の女性化や中性化が進んだ（矢頭 2016）。これは avocat（男性の弁護士）と avocate（女性の弁護士）のように, よく使われる男性名詞を女性名詞に変化させる事例もあれば, 女性形の冠詞をつけて女性を示す用例（une ministre 女性大臣）もある。近年フランスでも男女の性差を言語に反映させ, ジェンダー平等をフランス語の書記法に実現する試みとして包括的書記法 écriture inclusive が導入されつつあり, 議論を巻き起こしているが, ケベックではこれに類似した試みをすでに 1970 年代から模索し, 言語使用を通じた男女の平等を進めている❻❼❽。

◇◇

❺ ［英語史・寺澤］英語においてもイギリスの標準英語では用いられなくなった言語的特徴が移民先のアメリカの英語で生き残っていることがある（こうした移民先の言語の保守的な傾向は colonial lag と呼ばれる）。たとえば, 「秋」を表すのにイギリスでは本来の fall に代わり現在では autumn が用いられる傾向があるが, 前者はアメリカ英語に残存している。

ケベックのフランス語は標準的フランス語からの逸脱と考えるべきなの
だろうか。北米にフランス語が導入されて400年あまりが経過し，フラン
ス語はカナダの風土に適応してきた。ケベックのフランス語が歴史的経緯
のなかで下位言語としておとしめられ，社会的・政治的な抑圧を経験して
きたことや，フランスの標準的なフランス語から逸脱しているとの表象も
事実だろう。しかし現在では，このような差異はケベックのフランス語を
標準フランス語から逸脱した一変種と位置づけるためのものではない。む
しろケベックのフランス語はフランスのフランス語から乖離してしまった
言語ではなく，北米という新たな土地で発展したいくつかのフランス語の
なかでの標準語とケベックでは考えられている。つまりケベックのフラン
ス語話者にとって，フランスのフランス語が参照すべき唯一の標準ではな
く，ケベックで使用されているフランス語こそがケベックでのフランス語
の標準として受け入れられているのである❾。これはフランス語に複数の
標準語を認める議論をも意味するもので，ケベックのフランス語を，ひい
てはケベックそのものをフランスの下位に定めない視点にもなる❿。ケ

❻ 英語史・堀田 このケベックでの言語運動は，本国の規範から逸脱しているか
　らこそ比較的早い時期に可能となったとも考えられるだろうか。
❼ 英語史・寺澤 ジェンダー平等を志向した運動が，フランスに先立ちケベック
　のフランス語で見られるのは，差別のない（politically correct）言語運動を強く
　押し進めている隣国のアメリカの影響が働いているのだろうか。
　筆者西山による解説 アメリカ合衆国労働省は1975年に職業を指示する名詞
　の全面改定を行い，性別や年齢を明示しない男女に共通する用語の採用を進めた。
　カナダ連邦はこの動きを受けて，英仏の公用語に同じような措置を導入したが，
　英語の法則をフランス語に適用することには難航した。1976年より，ケベック
　州の言語政策を担当するケベック州フランス語局がフランス語名詞の女性化に着
　手し，1979年に答申を出し，その後さまざまな修正を経て現在に到っている。
❽ ドイツ語史・高田 ドイツ語圏においても1970年代から，職業名を中心に女
　性形の形造が行われた。男女両方を表す表現として，男性優位の命名にかわる代
　案として出された提案にはいくつものタイプがある：1. Bürgerinnen und
　Bürger：女性形の複数形と男性形の複数形を並記して男女両方を表す。2.
　BürgerInnen：女性形の複数形で男女両方を表す。その際，女性形の複数形を表
　している -innen を -Innen のように目立たせて書く。3. Bürger/inn/en：スラッ
　シュを用いて男女両方を表す。4. Bürger*innen：女性形の複数形で男女両方を
　表す。その際，女性形の複数形を表している innen の前に「ジェンダーのアステ
　リスク（Gendersternchen）」＊を挟む。この4番が，近年よく使われるようになっ
　てきている。

ベックのフランス語をケベックにおけるフランス語の標準と考えることは，ケベックのフランス語内部に上位変種や下位変種などさまざまな変種を認めることを意味するもので，実際ケベックフランス語の下位変種には「ジュアル」joual と呼ばれる俗語があり，ケベックのフランス語の多様性を示している（Poirier 1998）。この議論はカナダのケベックだけにとどまるものではなく，フランス語圏全体に波及しうるもので，複数の標準語という価値観のもとでフランス語の多様性は推進される❶。

3. カリブ海におけるクレオール語の創出とフランス語

　フランス語の標準化を論じる上で，クレオール語の形成を無視することはできない。というのも，この二つの言語は密接な関係にあり，クレオール語はフランス語と連続体を形成していると考えられるためである。

　これまでクレオール語とは，商業取引などのために特定の目的で作られたコミュニケーションの手段であるピジン語が母語化した，アフリカの諸言語との混成言語であると語られてきた（Byram & Hu 2013）❷。ところが

❾ （中国語史・彭）メインランド以外に新たなスタンダードが確立し，二つの標準形が成立するという点では，ケベックのフランス語と台湾の中国語に通じるところがある。1949 年にかつての大陸標準語だった「国語」は中華民国政府（官民を含む約 100 万人口）とともに台湾に移った。その後台湾の「国語」と大陸の標準語「普通話」との間に音韻，語彙や文法において乖離が進んだ。中華民国の「国語」は 1971 年の国連脱退にともない国連の公用語から外され，世界での使用範囲が狭まった。しかし，台湾島内においてその標準語としての地位がずっと維持されていた。1980 年代から 2000 年代にかけて，中国の改革開放政策により，大陸と台湾との通商，通航，通信の禁止が徐々に解かれることにより，国語は，台湾の歌謡曲，小説，ドラマや観光客などとともに大陸に流れ，大陸の年配の人々にとっては懐かしい中国語，若者にとってはフレッシュな中国語として親しまれるようになった。

❿ （日本語史・野村）ここで示されている状況は，一つの言語の内部における主導権争いのようである。江戸期以降の日本語の「中心が二つある（上方と江戸・東京）」状況（第 4 章参照）とは，様子が異なるようだ。

⓫ （英語史・堀田）本稿のこれ以降でも，また他稿でも繰り返される議論だが，ある言語が複数の標準語を持つということ（pluricentric language），あるいはそのような言語観は，対照言語史の問題として取り上げるに相応しい。英語においては，近年，英米変種はもとより，オーストラリア，ニュージーランド，インド，ジャマイカなどで次々とそれぞれの変種の独立性を象徴する辞書が出版されており，「複数の標準語」というとらえ方は珍しくなくなってきている。

主に英語圏で唱えられているこのような学説の一方で，フランス語圏の研究者は異なる解釈を示している（ショダンソン 2000, Chaudenson 2003）。クレオールとはそもそも「植民地生まれのヨーロッパ人」を指す語で，そこから発展して植民地生まれの産物，そして植民地で生まれた言語を指すようになった。そして長い間，ヨーロッパの言語とアフリカの言語との混成言語であると考えられ，アフリカの言語構造の上にヨーロッパの言語を単語レベルで借用した言語であるとも語られてきた。しかしフランス人社会言語学者のショダンソンはこれと異なる解釈を社会史ならびに社会言語学の観点より提出しており，これはフランス語の標準語の議論にも関わる。

　ショダンソンはフランス語系クレオール語の形成が奴隷制プランテーション社会と不可分の関係にあり，フランスからの入植者が持ち込んだフランス語の地域変種の再構造化の結果であると訴える。フランス語系クレオールが発生した地域は主にカリブ海とインド洋に位置するフランスの植民地（レユニオン島など）であり，フランスの植民地であっても奴隷制プランテーションの展開しなかった北アメリカや，19世紀以降に植民地化の進められたアフリカやニューカレドニアなどにも奴隷制プランテーションは展開せず，クレオール語は発生しなかった。クレオール語の発生した土地には17世紀以降にフランス北部と西部から低い社会階層に属する人々が，それもほとんど男性が入植してきた。彼らは標準フランス語ではなく，それぞれの地域に特有の語法や発音を交えた大衆的なフランス語を話しており，このフランス語がクレオール語の形成に決定的な役割を担った⓭。この同じ時代にフランス人は北アメリカにも移住を進めており，この同時代のフランス語の一方がクレオール語に変化し，もう片方がフランス語のままにとどまっていることを考えると，奴隷制プランテーションが

⓬ （ドイツ語史・高田）1916年に，ピジン英語とスワヒリ語をヒントにして，南西部アフリカにおけるコミュニケーションのために，「植民地ドイツ語」（Kolonial-Deutsch）という計画言語が提案されたことがある。これらは約500語からなるピジン的なドイツ語であった。ただし，実行はされなかった。

⓭ （日本語史・田中）日本の旧植民地に残存する日本語にも，日本語の標準語ではなく特定地域の方言の特徴が色濃いところがある。たとえば，朝鮮半島には西日本方言，南洋諸島には琉球方言，樺太には北海道方言の特徴が強く，いずれも，その地域の出身者が多く移住したためだと考えられる。

クレオール語の創出に重要な役割を果たしたことが理解できる**⓮**。

　西アフリカからカリブ海の島々に連れてこられた奴隷は，それぞれアフリカの異なる地域から来たために，お互いのコミュニケーションを可能にする言語を所持していなかった。これはアフリカ人を西アフリカからカリブ海まで航海により移動させるにあたり，アフリカ人が結束して反乱を起こし，船舶を奪取しないようにするための不可欠な措置だった。奴隷となるアフリカ人の言語的混質性はプランテーション社会のなかでクレオール語の形成にも重要な役割を果たす。

　アフリカ人は奴隷としてカリブの植民地社会に連行され，ヨーロッパ人は小農園でアフリカ人との共同生活を余儀なくされた。入植初期の日常生活は窮乏を極めており，生活環境は奴隷とヨーロッパ人支配者の間ではほとんど変わらなかった。また入植者のおおかたが男性であったことから，白人とアフリカ人女性の通婚もかなり多く，奴隷の年齢も若かったため，アフリカ文化とのつながりを十分に深めるに至っておらず，ヨーロッパの文化になじみやすかった。このような社会的条件から小農園で働くアフリカ人奴隷は小農園での労働を通じた自然習得により「近似的なフランス語」を獲得し，この言語を使って主人とコミュニケーションを図った。奴隷の習得したと考えられるフランス語はもちろんフランス人入植者の話していたフランス語と全く同一のものではなく，そこには何らかの変化が認められるものだったろう。しかしそれがあくまでもフランス語の一形態である

⓮　英語史・堀田　奴隷制プランテーションとクレオール語創出の関係について，英語史においても比較される興味深い議論がある。カリブ海地域では軒並み英語ベースのクレオール語が発生した一方で，北米本土では黒人英語（＝African American Vernacular English）を含めた英語諸変種においてクレオール的な要素は比較的薄い。これは，カリブ海地域ではプランテーション期（plantation stage）が長かったのに対して，北米本土では入植者農場期（homestead stage）が長かったことと相関するという。Mufwene の唱えた "founder principle" によると，創設者（founders）とは，植民史の入植者農場期においては，ヨーロッパ語の標準変種を話す白人たちであり，プランテーション期においては，白人からヨーロッパ語を学んだ非標準変種を話す監督係の黒人たちである。founder principle によれば，前者の段階が長ければ長いほどクレオール化は抑制され，逆に後者の段階が長ければ長いほどクレオール化が促進されるという。
・Mufwene, Salikolo S.（2001）*The Ecology of Language Evolution*. Cambridge: Cambridge University Press.

と考えられるのは，そのフランス語を通じて入植者は奴隷とコミュニケーションをとっていたからである。別の見方をすれば，奴隷は主人からの体罰を避けるためにも主人のフランス語を理解し，フランス語らしきものを習得する必要があった。

　そしてアフリカ人奴隷は特徴的なフランス語を習得していった。しかしこの段階でクレオール語はまだ出現していない。

　次に大規模農園から構成されたプランテーション社会が出現した。そこでは新たな奴隷が到来し，第一世代の奴隷は新参の奴隷に対する指導や監督に当たるようになる。ここでもまた奴隷の言語はそれぞれ異なっていたため，新参の奴隷はそこでは第一世代の奴隷が習得した「フランス語になんとなく似たことば」を学び，使うことになる。これが唯一のコミュニケーションの道具だったからである。第一世代の奴隷がフランス語らしきことばを第二世代の奴隷に向けて語り，第二世代の奴隷は第一世代の奴隷の使用する言語をコミュニケーションの道具として受容し，それを習得するなかで，第二世代の奴隷において再構造化が行われ，アフリカの諸言語の様相が介入したり，また言語習得のプロセスにおいて出身地の言語習得が影響を与えた可能性がある。とはいえ，ショダンソンによれば，アフリカの諸言語の痕跡はクレオール語のなかにほとんど含まれていない。

　ショダンソンはフランス語系クレオール語の形成をこのような社会史的文脈ならびに社会言語学的視点から考察し，フランス語とクレオール語を連続体としてとらえる。規範化された標準フランス語は連続体の極に位置し，それは地域変種や社会階層に対応した変種を経由して，奴隷によってプランテーション社会のなかで再構造化が行われ，さらにその土地に馴化した語彙を受け入れ，次第にクレオール語へと変化していった。このようなクレオール語の形成説はこの言語をヨーロッパ語との混成言語であるとする従来の説に対立するもので，アフリカ人やアフリカの言語の貢献をきわめて小さくとらえる。その点で，アフリカ人から見ると，この学説はあまりにもヨーロッパ中心的なイデオロギーであると批判されるかもしれない。またこの学説はあくまでもフランス語系クレオールに関わるもので，世界に偏在するクレオール諸語の形成を解明しつくすものではない❶❺。

4. マグレブのフランス語

　チュニジア，アルジェリア，モロッコからなるマグレブ三国は有力なフランス語圏の一つで，フランス語は過去の歴史により持ちこまれ，さまざまな現地語と接触するなかで存続している。マグレブとフランスやフランス語の関係は一様ではなく，なかでもアルジェリアでは愛憎半ばする関係がフランス語にも影響を与えている。

　フランス語はフランスがアルジェリアを 1830 年に軍事攻略したときから，1962 年の独立に至るまで事実上の公用語だった。アルジェリアは 1870 年に軍政から民政へと移管し，本国より移住者が大量に到来するようになると，フランス語は現地社会との本格的な接触を始める。アルジェリアは多民族社会であり，先住民のベルベル人を始め多数派のアラブ人や，ユダヤ人，さらには地中海沿岸諸国の外国人が共住しており，アラビア語アルジェリア方言，ベルベル語，ユダヤアルジェリア語などが話されており，そこにフランス語が支配者の上位言語として登場することとなった。

　チュニジアについては，1881 年にフランスの保護領となり，フランス語が支配言語として持ちこまれ，1956 年の独立までフランス語による支配が進められた。チュニジアのベルベル語話者は圧倒的に少数で，人口の大半はアラビア語チュニジア方言話者だった。ベルベル語話者が最も多いのは 1912 年から 56 年までフランスの保護領に定められたモロッコであり，現在では，人口の半数がベルベル語話者であると言われている。

　これらマグレブ 3 か国に共通するフランス語の課題は次の点にある。植民地時代にはいずれの国でもフランス語が事実上の公用語の地位を占めていたにもかかわらず，フランス語は植民地人にあまり普及していなかった。

⓯ （中国語史・彭）アフリカにおけるフランス語系クレオールとは経緯や規模が異なるが，16 世紀以降の西洋諸国の海外進出の産物として，中国にもクレオールが出現した。それはマカオ半島に生まれたマカオ語（Patua または Macanese）である。マカオ語は 1553 年にポルトガル人が上陸して以来 400 年の間に，中国語（広東方言）をベースとし，ポルトガル語や海洋交易ルートにある諸言語（マレー語，シンハラ語，スペイン語，英語，日本語など）の語彙が混ざる形で形成された。20 世紀後半になると，ネイティブの高齢化にともない使用人口が減少し，2010 年にはユネスコにより消滅の危機に瀕した言語の中で「Critically Endangered（きわめて深刻な）」言語として認定された。

独立以降にフランス語が公用語に準ずる地位から追われ，公用語から「（優先的な）外国語」へと地位を下げ，学校教育が一般に広く普及するにともないフランス語の著しい普及が行われたのである**❶**。

　フランス語の普及は現地語などとの接触や話者の言語習得に対応し，変化するが，ここではおよそ4種類のフランス語の変種を指摘したい（Queffélec 2000）。まず非フランス語話者のフランス語の変種が挙げられる。この名称は矛盾しているように思われるかもしれない。マグレブではモノリンガルのアラビア語方言話者やベルベル語話者が発話のなかにフランス語を挟み込むこともしばしばある。このような人々は学校教育を受けた経験がないか，あるいはごく短期間の修学にとどまり，フランス語学習の経験はない。それにもかかわらず，彼らの発話にフランス語は介入する。この言語混淆の原因は多様で，フランス語を単なる借用語として使用すること，フランス語に対応する単語が現地語に存在しないことにあり，またアラビア語やベルベル語などと比べてフランス語の「近代的な」威信を示すためなどと考えられている。このようにフランス語の混在するアラビア語方言などを話す人々は，話者の言語環境にフランス語が存在することから日常生活のなかでの接触を通じて自然にフランス語を習得したものと考えられる。このような事例はとりわけアルジェリアに多く認められる。

　次に挙げられるフランス語の変種は，修学経験が多少ある人々，あるいはあまりないものの，観光業や飲食業などに従事し，フランス語話者との接触によって，フランス語を断片的に習得していった人々の使用するものである。彼らは修学経験を持ちながらもそれがきわめて短期間であったためフランス語の能力を十分に獲得していない。職業生活に参入しうるフランス語の機能的能力の養成には，少なくとも初等教育の6年間および中等

---

❶ 英語史・堀田　1066年のノルマン征服以降，中英語期のイングランドでは，フランス語が事実上の公用語の地位を占めていたにもかかわらず，フランス語はイングランド人の間ではあまり普及していなかった。中英語期の後半，とりわけ14世紀以降に英語が「復権」して以来，フランス語は公用語に準ずる地位から追われ公用語から「（優先的な）外国語」へと地位を下げたが，この点でも酷似している。時代も社会言語学的背景も異なるので安易に比較できないが，フランス語を話す支配階級が，フランス語の普及に積極的な関心を払わなかったという点は共通しているように思われる。

教育前期課程3年間，合計9年間のフランス語による教育を必要とする。ところがこれ以下の修学期間にとどまった人々は，フランス語の発話にあたってもアラビア語方言など第一言語を発話することが多く，フランス語を話す場合も，たどたどしい口調や反復，言い換えなど言語不安を示している。また基層言語の影響も強く，アラビア語方言の直訳借用などもしばしば見られる。

　第3のフランス語変種とは，中層語に位置づけられるもので，その使用者はフランス語を学びフランス語による比較的長い修学経験を持つ人々で，ジャーナリスト，教員，公務員，学生など，日常生活や職業生活のなかでフランス語を多用している人々を指す。ここでのフランス語とはもはや法令の定める「特別な外国語」ではなく，マグレブの社会生活に最適化され，自分たちのものとなったフランス語である。マグレブでは独立にあたり，植民地主義の痕跡を消し去るために，フランス語の地位を下げ，フランス語を排除すると同時に，それまでフランス語で行われていた社会生活をアラビア語に代替する「アラブ化」を推進した。「アラブ化」とはそれまでフランス語で行われていた言語生活をアラビア語に戻すことを意味するのではない。そもそもフランス語による植民地支配のなかで初めて実体化した社会生活もあり，アラビア語による言語実践が存在していなかった領域もあるため，アラビア語により言語実践を新たに創出しなければならなかった。ところがアラビア語はコーランに起源を持つ「神聖な」言語で，世俗世界での使用にはさまざまな支障がある。そのために「近代的な」フランス語を使わざるをえない局面も現れる。

　このような二律背反の状況にあって，アルジェリア人作家カテブ・ヤシーン（1929-1989）は「私にとってフランス語は戦利品であったし，またそうあり続ける」と明言している（Mediene 2006）。カテブの発言には，フランス語は植民地拡大によって国外から持ち込まれた産物ではあるものの，独立戦争を通じて獲得した「戦利品」であり，自分たちの財産の一部を構成しているとの認識が読み取れる。フランス語という戦利品は独立戦争によって獲得したものであるが，それはまた敵との戦いに用いられる武器ともなるもので，戦利品の活用によりその価値はいや増す。そのような意味で，カテブはフランス語の活用をいとわず，「私はフランス語によってフ

ランス人に向けて，自分がフランス人でないと書くのだ」とも発言している。フランス語使用の複雑な意識はアルジェリア人フランス語作家のなかで屈折した言説を生み出している**⓱**。

　またフランス語がもはやマグレブ社会の一部を構成していることは，マグレブのフランス語がいまや必ずしもフランスの規範に縛られないことを含意するものでもある。したがって，フランス語のなかに現地語の表現や直訳借用が混入しても，それによってマグレブのフランス語がおとしめられるものではない。

　これら3種類のフランス語の変種には発音や構文，語彙などの点でいくつかの特徴がある。たとえばマグレブの男性は子音の [r] を強調する傾向があり，[ε] と [e]，[a] と [ɑ]，[œ] と [ø] を区別しない傾向がある。またアルジェリアでは接続法や条件法が使用されず，未来や非現実の未来を表現するにあたっても直説法が使用される傾向にあり，pélerinage（巡礼）の代わりに，アラビア語の hadj が用いられている。また，なかには現地語ではなく，taxi-driver（タクシー運転手）のように英語からの借用語も認められる（Huchon 2002: 272）。複数言語が入り交じる発話はコードスイッチングとしても展開するもので，アラビア語での発話が文の途中であってもフランス語に置き換えられることも珍しくない。

　第4のフランス語変種には上層語としてのフランス語（＝フランスの標準フランス語）が挙げられる。これは標準化されたアカデミックなフランス語を指すもので，フランス語による大学教育を大学院レベルまで経験した一部のエリートが使用する言語である。このようなフランス語は公文書や専門文書に認められることに加えて，メディアの署名記事にも見られる。このフランス語変種は知的エリートが実践すると同時に，経済活動で支配的地位にある人々も使用し，またこのような言語実践により社会的差別化を図っているともいえる。

　独立以降にマグレブ諸国はフランス語の法的地位を引き下げ，近年では学校教育のアラブ化を進め，フランス語教育に充てられる時間数の削減を

⓱　英語史・堀田　英語圏で関連する有名な作家は，ケニアのグギ・ワ・ジオンゴである。ジェイムズ・グギの名前で英語による小説を書き始めて有名作家となったが，屈折した意識から英語での執筆をやめ，民族語での執筆に転向した。

進めてきた。ところがマグレブにおいて主要な経済市場は現在でもフランス語の能力を必要としている。そのため学校教育の拡充にもかかわらず，学校教育がフランス語能力の育成に十分な資源を割くことがないため，若者の労働市場への編入が進まない。2010年12月からチュニジアで始まったジャスミン革命の背景としては，若者の高い失業率が社会体制への不満を生み出したと語られることが多いが，そこには教育のアラブ化のために学校教育が職業生活に必要なフランス語能力の養成を実施することがなかったために，若者が労働市場に編入できないとの現実もある。さらには学歴に対応した労働市場が十分に構築されていないことも若者の不満を生み出している（Marzouki 2015）。その結果，社会の支配層は高度なフランス語能力を保持するフランス語話者によって占められ続け，アラビア語能力はフランス語と同じように評価されていない。フランスの標準フランス語がマグレブにおいて依然として高い価値を保持するのは，社会構造と標準フランス語が密接に連動しているためで，そこでは多様なフランス語に価値を認める言説が生まれにくい。

5. サブサハラアフリカのフランス語

　サブサハラアフリカにおけるフランス語もまたフランスの植民地主義の歴史と切り離せない。セネガルをはじめとする西アフリカおよび中央アフリカのいくつかの国は19世紀後半からフランスの植民地となり，仏領西アフリカ（1895〜1958年），仏領赤道アフリカ（1910〜58年）として編成され，1960年の独立にあたり各国はフランス語を公用語として使用している。仏領西アフリカは独立後に，セネガル，モーリタニア，スーダン共和国（現在のマリ），ギニア，オートボルタ（現在のブルキナファソ），ニジェール，ダホメ（現在のベナン），コートジボワールとして，また仏領熱帯アフリカはコンゴ共和国，ガボン，中央アフリカ共和国，チャドとして再編された。これらに加えて，アフリカ大湖地域のルワンダ，ブルンジ，コンゴ民主共和国はベルギーの植民地であったためフランス語が使用され，現在でも司法や行政，メディアなどでフランス語は公用語の役割を果たしている。これらのフランス語圏諸国でフランス語は多くの現地語と共存しており，ベナンやブルキナファソ，コンゴ共和国，コンゴ民主共和国，コートジボワー

ル，ガボン，ギニア，マリ，ニジェール，セネガル，トーゴのようにフランス語だけを公用語としている国もあれば，フランス語と並んで現地語なども公用語としている国もある。中央アフリカ共和国はサンゴ語を，ジブチとチャドはアラビア語をそれぞれフランス語とともに公用語に定めている。またカメルーンはイギリスとフランスの植民地支配から独立した国のため英語とフランス語を公用語としている。ルワンダは現地語のキニャルワンダ語とフランス語のみならず英語もまた公用語にしており，隣国のブルンジはキルンディ語を唯一の国語と定め，英語とフランス語を公用語としている。フランス語を公用語と定める社会はいずれも複数の民族語が存在する多言語社会で，そのなかの一つが共通語の役割を果たすことができる場合もあれば，現地語を共通語とすることができないため，フランス語を国内の共通語とせざるをえない場合もある❶❽❶❾。

　サブサハラアフリカにおけるフランス語話者の比率は多様で，ガボンのようにフランス語話者が国民の64％にまでのぼる国もあるが，ギニアのように25％にとどまっている国もあり，一般化することは困難である（Organisation internationale de la Francophonie 2019）。フランス語の普及度はその国全体に通用する共通語が存在するか，フランス語による学校教育がどの程度進展しているか，国民がフランス語にどのようなイメージを抱いて

❶❽ 日本史・田中 日本が植民地化した地域でも，現地語に共通言語がないために，日本語がその役割を担った場合があった。たとえば，ミクロネシアでチャモロ語を母語とする人とネモロ語を母語とする人とは，お互いの言語がわからないため，日本語を共通言語にしたという。共通言語としての日本語は，日本軍が退去したあとも何十年も使われ続けたという（ダニエル ロング・新井正人（2012）『マリアナ諸島に残存する日本語』明治書院）。

❶❾ 英語史・堀田 ナイジェリアにおける英語の位置づけも類例である。同国では，主要な言語としてハウサ語，フラ語，ヨルバ語，イグボ語が話されている。政治的に特に重要な言語はハウサ語で，国内のリンガ・フランカの一つとなっているが，母語話者と第二言語話者を合わせても総人口（1億4000万を超える）の1/4に届かない。英語とナイジェリア・ピジン英語もそれぞれ1000万人，3000万人ほどの話者を有し，リンガ・フランカとして国内でよく通用する。いずれにせよ単独で人口の1/4ほどのシェアを占める言語は存在しないが，政治や教育の場で公式に用いられる言語は英語である。話者数では1000万人ほどにもかかわらず，英語は国内で高い地位を確保している。これは歴史的遺産によるところもあるが，民族的・政治的に中立的な言語であるという事実が大きな意味を持っているからである。

いるか，フランス語が社会でどのような役割を担っているのかなど，さまざまな変数に左右される。

　フランス語についての表象は，フランスやフランス語圏の言語といったものから始まり，近代性，植民者，学校，知識人，文学などに結びついており，「外部世界」の言語という表象が強い。フランス語がフランスという外部世界や，また独立から60年が経過したにもかかわらず，フランスという旧宗主国の言語にとどまり，植民地主義の記憶を払拭しない限り，フランス語普及は進展しない。しかしフランス語が隣国などのフランス語圏諸国とのコミュニケーションや職業生活に必要な道具であるとの表象が支配的になるならば，フランス語は普及するであろう❷。さらにガボンやコートジボワールのように国内に多くの民族語を抱えるものの，フランス語以外に共通語が存在せず，首都などの大都市へ地方や他国からの人口が大量に流入している国では，フランス語が都市の共通語とならざるをえない。また若者の多くは修学経験がより長いことから，共通語としてのフランス語能力を保持し，さらにフランス語を第一言語とする若者もいる。これは若者の両親が異なる民族の出身で，フランス語が家庭での共通語となっているためである。とはいえ，ここでのフランス語とは，フランスで使用されている標準的なフランス語ではなく，その土地に適応したフランス語である。

　サブサハラアフリカでフランス語は現地語と接触し，それはマグレブにもまして，多様なフランス語を生み出している。多様化の段階をマグレブのように基層語，中層語，上層語のように分類することも可能だが，少し視点を変えて，言語の適応と馴化という観点からサブサハラアフリカのフ

❷ 〔英語史・堀田〕一方，アフリカの言語事情の未来は，カルヴェのいう「乗りもの言語」（あるいは「超民族語」）にかかっていると主張している論者もいる。宮本・松田（2018: 706-707）は，アフリカが複雑な言語問題に自発的に対処していくためには，旧宗主国の西欧諸言語ではなく，植民地時代以前から独自に発展していた乗りもの言語に立脚するのが妥当だろうと。これはアフリカのみならず世界の多様化する言語問題に対する一つの提案ではあるが，理想的にすぎるという見方はありうる。
・カルヴェ，ルイ＝ジャン（1996）『超民族語』林正寛訳，白水社〈文庫クセジュ〉.
・宮本正興・松田素二（編）（2018）『新書アフリカ史　改訂版』講談社〈講談社現代新書〉.

ランス語の変容を考えたい。

　社会言語学者のカルヴェはアフリカのフランス語を論ずるにあたり，「適応」（acclimatement）と「馴化」（acclimatation）の概念を援用する（Calvet 2010）。これらは生態学に属する概念で，「適応」は動植物がそれまで生息していたところと異なる環境へと移動したとき，新たな環境で生存することを指すが，「馴化」は「適応」よりもいっそう完全なもので，新たな環境での生存に必要な変化を遂げるものを指す。たとえば，ゴムの木はアジアやアフリカでは大木であるが，ヨーロッパでは観葉植物である。これが馴化のケースで，その土地の環境に対応して生育する。言語についても同様の現象が発生する。フランスの植民地支配の結果，フランス語が根付いた国ではフランス語に馴化が認められる。単語の意味が変化したり，現地で単語が新たに作られることもある。たとえばセネガルでは「マッチ」をbrin（フランスでは「細長い茎」「切れ端」の意味）と呼ぶように，単語の意味を変えたり，「ガソリンスタンド」を essencerie（essence は「ガソリン」の意味で，語尾の erie は「〜のための店や場所」）と呼ぶように，新たな単語を作ることもある（Calvet 2010: 131-132）。現地語からの借用もしばしば行われ，セネガルやマリではマンデング語の dibi（屋台で売っている焼いた「肉の塊や切れ端」）が「焼き肉」の意味で，またコートジボワールやブルキナファソではジュラ語の gbaka（「籠」の意味）が借用語としてフランス語の発話のなかで「18 人乗りのミニバス」の意味で使用されている（Équipe IFA 1988）。

　その土地の言語文化的特徴を取り入れた形態がさらに展開して，フランス語と大きく異なる形態に至る場合もある。コートジボワールでは「標準フランス語」「コートジボワール・フランス語」「コートジボワール・フランス語俗語」が連続体を構成し，その極に，「ヌーシ（Nouchi）」と呼ばれる一種の混成言語が存在している（Atsé N'Cho 2018）。「ヌーシ」とは nou（マリンケ語で「鼻」の意味）と chi（マリンケ語で「毛」の意味）を組み合わせ「口ひげ」を意味する単語で，そこから「力の強い男」「何事も，誰もおそれない男」を指し，アビジャンの貧困地区で反社会的行動を行う青少年や彼らの言語活動を指すようになった（Organisation internationale de la Francophonie 2019）。「ヌーシ」は比較的近年に創出されたフランス語を基

盤とした混成言語であり，世代間で継承された言語ではなく，母語話者も
存在しない。フランス語が土地に適応し，馴化するなかで生まれた言語と
いえよう。

　またサブサハラアフリカには当面のところ，マグレブのアラブ化に準ず
る現地語の優先的使用とフランス語の排除の動きは見られない。確かにブ
ルキナファソのように教育にさまざまな国語（民族語）を導入し，教育の
対象としている動きもあるが，それはフランス語教育と平行するもので，
フランス語を代替するものではない。

　その一方で，フランス語が公用語として国民に十分に普及していないの
は，フランス語を使用する労働市場が生産年齢人口に対応して成長してい
ないためと考えられる。サブサハラアフリカが今後さらなる経済成長を遂
げるなかで，フランス語能力が職業能力にとって不可欠になれば，フラン
ス語話者の増加は見込めるだろう。サブサハラアフリカのフランス語の動
向は経済成長に結びついている。

6. おわりに

　本稿ではケベック，カリブ海，マグレブ，サブサハラアフリカにおける
フランス語の変容と多様化を標準フランス語との関連より考察し，国際社
会のなかでのフランス語の動向を検討してきた。17 世紀より入植の行わ
れた地域ではフランス語が何らかの形で変容しているが，フランス語を維
持している場合でも標準フランス語とは異なる形態へ変化し，新たな標準
化が進められている㉑。フランス語が大きく変容したケースをクレオール
語のなかに確認したが，クレオール社会ではフランス語も依然として使用

㉑ 日本語史・田中　植民地政策と言語の標準化という観点で言語史を見るとき，
本章で触れられていない論点として，日本語史では，植民地政策が本国の標準語
制定論に力を与えたということがある。日本が版図拡大を進めていた 1917 年に
出された，大槻文彦『口語法別記』の「はしがき」には，「台湾朝鮮が，御国の
内に入つて，其土人を御国の人に化するようにするにわ，御国の口語を教え込む
のが第一である。それに就いても，口語に，一定の規則が立つて居らねばならぬ。
口語法わ，実に，今の世に，必用なものである」とある。話しことばの標準語制
定の必要性を，国内だけでなく国外も含めた，国民国家形成の目的から主張して
いるのである（安田敏朗（2006）『「国語」の近代史』中公新書など参照）。

されており，クレオール語とフランス語は連続体を構築している。

この一方で，19 世紀以降の植民地主義によりフランス語の導入を経験したマグレブやサブサハラアフリカにおいてフランス語は適応やさまざまな馴化を遂げている。そこでは標準的なフランス語が変容することなく存続し，その価値は経済活動に結びついている。標準的なフランス語は学校教育の普及や労働市場の拡充によって価値を持ち続けるだろう。

フランス語の標準化はフランス国内ではほぼ完了しているとはいえ，国際社会に拡がるフランス語に対してフランスの規範は必ずしも効力を持たず，多様化は加速する。多様化のなかでの標準化の課題は今後もなお注目する必要があるだろう。

参考文献

Atsé N'Cho, J.-B. (2018) « Appropriation du français en contexte plurilingue africain : le nouchi dans la dynamique sociolinguistique de la Côte d'Ivoire ». *HS Web of Conferences 46, 13002, Congrès Mondial de Linguistique Française – CMLF 2018* https://doi.org/10.1051/shsconf/20184613002

Byram M. & Hu A. (ed.) (2013) *Routledge encyclopedia of language teaching and learning*, 2nd ed. London: Routledge.

Calvet, L.-J. (2010) *Histoire du francais en Afrique, une langue en coproprieté*. Paris : Ecritures.

Chaudenson, R. (2003) *La créolisation : théorie, applications, implications*. Paris : L'Harmattan.

Conseil de la langue française (2000) *Le français au Québec : 400 ans d'histoire et de vie*. Montréal : Fides.

Équipe IFA (1988) *Inventaire des particularités lexicales du français en Afrique noire*. Paris : EDICEF.

Huchon, M. (2002) *Histoire de la langue française*. Paris : Libraire générale française.

Marzouki, S. (2015) « L'enseignement supérieur face à la mondialisation : le cas de la Tunisie » 『日仏教育学会年報』第 22 号，87-99.

Mediene, B. (2006) *Kateb Yacine, le cœur entre les dents*. Paris : Robert Laffont.

Organisation internationale de la Francophonie (2019) *La langue française dans le monde (2015-2018)*. Paris : Gallimard.

Poirier, Cl. (éd.) (1998) *Dictionnaire historique du français québécois*. Québec : Les Presses de l'Université Laval.

Queffélec, A. (2000) « Le français au Maghreb », In Antoine, G. et Cerquiglini, B. (éds),

Histoire de la langue française 1945-2000. Paris : CNRS éditions.

ショダンソン，ロベール（2000）『クレオール語』糟谷啓介，田中克彦訳，白水社（Chaudenson R.（1995）*Les créoles*. Paris : Presses Universitaires de France）

西山教行（2018）「標準語をめぐるフランス語の過去と現在」『日本語学』5 月号，82-94.

矢頭典枝（2016）「ジェンダーの視点からみるケベック・フランス語の言語政策―「通性的な書き方」の定着を目指して」『ふらんぼー』42 号，40-61.

第9章

近世におけるドイツ語文章語
――言語の統一性と柔軟さ

高田博行・佐藤　恵

1．ルターの言語：「私はザクセンの官庁に従い語る」

1.1　広域的通用性

　ヤーコプ・グリム（Jacob Grimm）はドイツ語の歴史を3区分し，「古高ドイツ語」（7世紀～11世紀），「中高ドイツ語」（12世紀～15世紀），「新高ドイツ語」（16世紀以降）を設定した。そのうえでグリムは，マルティン・ルター（Martin Luther）のドイツ語を，「新高ドイツ語という一時代を築く中核であり土台」（Grimm 1822，佐藤恵訳，千石・高田編訳 2017: 148）と見なした。今日のドイツ語史研究はルターのドイツ語の重要性を認めるものの，ルターを新高ドイツ語の創始者と評価することはない。今日では普通，中高ドイツ語と新高ドイツ語の間に「初期新高ドイツ語」という名称で移行期が設定されて（古高ドイツ語：750～1050年，中高ドイツ語：1050～1350年，初期新高ドイツ語：1350～1650年，新高ドイツ語：1650年～❶），この移行期のまっただ中にルターは置かれる。では，ドイツ語史のこの大きな移行期

---

❶　英語史・堀田　時代区分（の変遷）に関わる一般的な話題として示唆に富む。英語史の研究史においても，古英語期から中英語期への（社会）言語学的変化が著しいことから，ヘンリー・スウィートによって「過渡期古英語」（Transition Old English）の区分が設けられたことがある。現在ではそれが区分名称として正式に用いられることは少ないが，実情としては多くの研究者が過渡期として扱っている。

第9章　近世におけるドイツ語文章語――言語の統一性と柔軟さ　　*169*

において，ルターはどのような役割を演じたのであろうか。

　ルターは，聖書をドイツ語に翻訳することで聖書を民衆に解放した。聖書のドイツ語翻訳により信徒はみな，ヘブライ語，ギリシア語，ラテン語の知識がなくても神のことばが理解でき，自らが自らの司祭となることが可能となった❷❸。〔注：ルター以前にも聖書のドイツ語翻訳はあったが，それらはラテン語で書かれたテクストを理解するための補助としてであり，ドイツ語の文章もラテン語原文に拘束され，自然なドイツ語とは言えなかった（Maas 2014: 254）。〕ルターは，1522年9月に新約聖書のドイツ語訳（「9月聖書」）を，翌1523年には「モーセ五書」（旧約聖書の一部）のドイツ語訳を，そして1534年には旧約聖書と新約聖書を合わせたドイツ語による完訳聖書を出版した。ルター聖書は，1522年からルターの没する1546年までの間におよそ50万部出回り（Riecke 2016: 126），ルター聖書は活版印刷という新しいメディアに乗って圧倒的な普及をみた。

　ルターが聖書をドイツ語に翻訳した目的は，神のことばを多くの人に適確に伝え理解させることであった。多くの読み手に理解されるには，広域にわたる通用性が言語に求められる。ルターは，「三十マイル離れるとお互いに言うことが通じない」（『卓上語録』No. 6146, Luther 1919: 512）こと

❷ 〔中国語史・彭〕時代と背景は異なるが，宗教と言語標準化との関わり，聖典の翻訳と書記言語の成立という点において，ルターの聖書翻訳に通じる現象として，中国の後漢（25〜225年）頃に始まる仏典翻訳が挙げられる。仏典の翻訳では「言直理旨，不加潤飾」（教理を直接表現し，修辞的潤色を加えない）（6世紀梁代慧皎『高僧傳・巻一』）という原則が守られ，教義が民衆に理解されやすいように，日常的な口語表現が積極的に採用されていた。仏典の翻訳は唐代（618〜907年）まで数百年間続いたが，その中で形成された文体が後の書記言語の「白話体」の源流となる。（第10章7節の表を参照。）

❸ 〔日本語史・田中〕日本語史においても，宗教と言語改革の関わりは強く，仏教やキリスト教の教義を社会各層に普及する活動が，新しい文体や語彙を作り出してきた。書きことばにおいては，中国語訳された仏典（漢訳仏典）の受容は，8世紀までに漢文訓読文を確立させる原動力となった。話しことばにおいては，仏教の教義を，法会の場などで僧侶が民衆に説き導くことが行われ，話すために準備された原稿や，そこで話されたことばの記録などが残され，たとえば，『法華百座聞書抄』『打聞集』（12世紀初期）など，「唱導文芸」と呼ばれるものは，和漢混淆文の成立に大きな影響を与えた。ただし，日本語史における言語改革においては，ドイツ語史におけるルターのような，特定の宗教家の貢献が取り立てて語られることはない。

を体験からよく知っていた。ルターの生まれた町アイスレーベンはちょうど低地ドイツ語圏と東中部ドイツ語圏の境目に位置した（1500年頃の境界は，図1にあるものよりさらに少し北を走っていた）。若いルターは，この二つの方言圏の間を絶え間なく移動し，東中部ドイツ語の聴衆にも低地ドイツ語の聴衆にも説教を行った。また，上部ドイツ語も心得ていた。（Ernst 2012: 160-161）

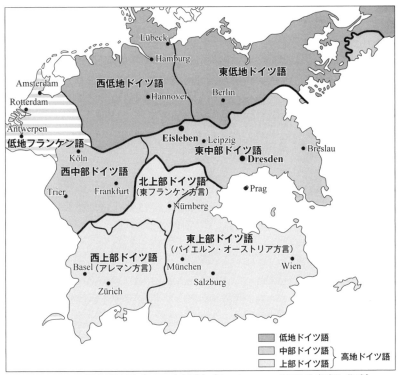

図1　ドイツ語方言地図（1945年以前）（Sonderegger 1979を参考に作成）

　ルターが歴史に登場したとき，書かれるドイツ語として統一性のある有力な文章語が二つ存在した。どちらも高地ドイツ語である。〔注：低地ドイツ語と高地ドイツ語の区別に関しては第2章の「ドイツ語史の概略」を参照。低地ドイツでは，ハンザ同盟の盟主であるリューベックの文章語が言語的模範であったが，15世紀にハンザ同盟が最盛期を過ぎると，低地ドイツ語文章語は

衰退の途についた。16世紀に入ると，低地ドイツの領邦と都市は公文書の言語として高地ドイツ語を採用した。このようにして低地ドイツにおいては，高地ドイツ語文章語がさまざまなコミュニケーション領域において威信言語として機能した。〕聖書のドイツ語が広域にわたり通用することを考えた場合，ルターにはこの二つのいずれを選択するのかという課題があったわけである。一つは，東中部ドイツのザクセン選帝侯領の官庁語である。ザクセンは，エルベ川を越える東方植民により12世紀以降に新たに開拓された地域である。入植の付随現象として，この地域のドイツ語には平準化（平均化）が見られた。ヴィッテンベルク，マイセン，ライプツィヒ，ドレスデンなど，この地域の新しい都市は東西交易と鉱業で潤い，ザクセン選帝侯領は政治的・経済的なプレゼンスを飛躍的に高めていった。二つめは，東上部ドイツの神聖ローマ帝国の官庁語である。この東上部ドイツは，ハプスブルク家が治めた伝統ある地域である。神聖ローマ帝国官庁語は，東フランケン・バイエルン・オーストリア地域で14世紀末頃以降に広く普及した通用語であり，当時「共通ドイツ語」（Gemeines Deutsch）と呼ばれた。

　この二つのうちルターは，東中部ドイツのザクセン選帝侯領の官庁語を選択した。聖書翻訳を始めて10年後にあたる1532年に，ルターは「ザクセン官庁に従う」と明言している。〔注：次の引用文中に「ザクセン官庁に従って語る」とあるが，これは「述べる」「言い表す」という意味で理解するべきである：Stolt 2012: 83〕

　　私には，私自身の固有のドイツ語があるわけではない。上部ドイツ人も低地ドイツ人も私の言うことがわかるように，私は共通的なドイツ語を用いる。私は，ドイツの王侯がみな範として倣っているザクセン官庁に従って語る。すべての帝国都市と諸侯の宮廷が，私たちの選帝侯のザクセン官庁に従って書いている。それは，最も広く受け入れられたドイツ語である。マキシミリアン皇帝とザクセン選帝侯フリードリヒは，かくして帝国内のさまざまなドイツ語を一つの確かなドイツ語にしたのである。（『卓上語録』No. 2758b, Luther 1913: 639-640）

　この引用文でルターが指すザクセン選帝侯は，フリードリヒ3世（在位1486-1525）である。ヴィッテンベルク大学を創設したフリードリヒ3世

（賢公）は，初代神学教授としてルターを招聘し，宗教改革を支持しルターを保護した。引用文の最後でルターは，皇帝マキシミリアン1世（帝位1508-1519）とザクセン選帝侯フリードリヒ3世とが「さまざまなドイツ語を一つの確かなドイツ語にした」と述べている。これは，東上部ドイツの神聖ローマ帝国の官庁語と東中部ドイツのザクセン選帝侯領の官庁語とが（結果的に）連携する形でドイツ語文章語の均一化を促進したとルターが認識していたことを意味する。このルターの認識は今日のドイツ語史研究の知見とも合致し，「東中部ドイツ語と東上部ドイツ語との書法上の連携」（Besch & Wolf 2009: 57）と称されることもある。16世紀初めの時点で，この二つの官庁語は書法（音韻，綴り）と語形変化の面で一致点が多かったわけである。

　新高ドイツ語は二つの種類の母音変化を経て，中高ドイツ語の音韻体系から大きく変化していった。一つは，12世紀末以降に上部ドイツで始まった二重母音化である。長母音の î [iː]，û [uː]，iu [yː] が二重母音化して ei [aɪ]，au [aɔ]，eu [ɔʏ] に変化した（min niewes hus → mein neues Haus〈私の新しい家〉）。東中部のザクセン官庁語でも，東上部ドイツ語の皇帝官庁語から影響を受けて，この二重母音化した語形が表記されていた（Betzinger 2000: 1670, Wiesinger 2003: 2449）。もう一つは，13世紀に中部ドイツ語で現れた単母音化である。ie [ɪə]，uo [ʊɔ]，üe [ʏə] という二重母音が単母音化して，ie [iː]，u [uː]，ü [yː] に変化した（たとえば liebe guote brüeder → liebe gute brüder〈親愛なる良き兄弟たち〉）。この単母音化を，東上部の皇帝官庁語は東中部のザクセン官庁語から受け入れた（Schmid 2017: 93-94）。語形変化の面では，ザクセン官庁は皇帝官庁からたとえば sein〈～である〉の過去分詞形として gewest に替えて gewesen を受け入れた（Besch 2000: 1722）。ただし，弱音の e は東上部ドイツの官庁語では広範囲にわたって消失していたが，東中部のドイツ語では温存されていたなど，両者には相違点も多くあった。

　東中部ドイツ語は，北（低地ドイツ語圏）と南（上部ドイツ語圏）の間の位置にあるため，南北を仲介する潜在力がそもそもあった❹。ルターが「ザクセン官庁に従う」と明言したことで，ドイツ語文章語の書法と語形変化の重心は，伝統ある上部ドイツ語地域からこの中間地点の新しい東中部ド

イツ地域へ移動した（Besch 2012: 33）❺。

　ルターのドイツ語は年が経過するごとに，書法（音韻，綴り）と語形変化の一貫性を強めていった。ルター聖書のドイツ語には，ルターの弟子で聖書の校正役を務めたレーラー（Georg Rörer）の助言に基づき，特に 1539 年と 1541 年の間に体系的な変更が加えられた（Arndt 1981: 203, Arndt & Brandt 1983: 124）。たとえば，『マタイ伝』第 2 章の第 1 節〜第 3 節を 1522 年版と 1546 年版と比較して示すと，次のような変更が確認される（1522 年版 → 1546 年版，［　］内は現代ドイツ語。Luther 1929: 18-19）。

> 書法（音韻）：geporn → geborn ［geboren］，yhm → im ［im］，tzur → zur ［zur］，weysen → Weisen ［Weisen］，vnnd → vnd ［und］，Judisch → Jüdisch ［jüdisch］，konig → könig ［König］，horte → hörete ［hörte］
> 語形変化：land（中性与格）→ lande ［Lande］，konigs → königes ［König(e)s］，horte → hörete ［hörte］，das gantz → das gantze ［das ganze］

---

❹ 英語史・堀田　先述のようにルターが「上部ドイツ人も低地ドイツ人も私の言うことがわかるように，私は共通的なドイツ語を用いる」と述べ，東中部ドイツの方言を選んだことは，単純に方言地理的にみても理解しやすい。ここで指摘されているとおり，中間的な位置取りにある中部方言は，低地にとっても上部にとっても折衷的と思われるからだ。もちろん標準的なことばの選定は，単純に方言地理的な要因だけではなく，むしろ社会言語学的諸要因が複雑に関わるものだろうが，考慮すべき一つの要因であることは確かだろう。英語史においても後期中英語期に緩やかな書きことば標準が現れてくる際に，北部でも南部でもなく中部の方言がベースとなった。そこにはさまざまな要因があるが，同時代人の John of Trevisa（1326-1402）は，ラテン語から英訳した歴史書 Polychronicon において，中部方言は地理的に南北両方言の中間に位置しているために都合がよいという旨を述べている。諸方言の花咲いていたイングランドにおいて，中部方言こそがリンガ・フランカとして機能しえたと考えていたのである。

❺ 中国語史・彭　仏教が中国に伝来した 3〜7 世紀頃には中国語の中央語としての「通語」が形成され，しかも秦の文字統一の後，異なる文字体系を持つ方言の書きことばが存在しなくなったため，仏典の翻訳には，個別の方言語彙が混ざることや方言音で読むことはあっても，翻訳の使用言語として地域変種の選択問題は存在しなかったと言えよう。しかし，仏教の普及は民間から始まり，その説法は大衆を対象に行われるので，仏典の翻訳過程で一般民衆にわかりやすいように，文体レベルで口語体を多く採用することや，語彙レベルで儒教や道教などの伝統思想の手垢がついた表現を回避するため，「般若（prajñā）」（智慧），「菩提薩埵（bodhisattva）」（神）などのような音訳語を採用することが心がけられていたようである。

1546年版では，yや不要な子音重複などが避けられ，uウムラウトとo
ウムラウトが表記されて書法（音韻，綴り）が近代化され，語形変化の面
では弱音のeが復旧されている。

1.2　官庁語の一般的特徴

　ドイツ語圏において中世の初期から盛期にかけて官庁で使用された言語
は，ラテン語であった。その後，生活の複雑化にともない公文書による記
録の必要性が高まり，広く社会で理解されるようにドイツ語による公文書
が作成されるに至った（Betzinger 2000: 1666-1667, Schmidt-Wiegand 1998: 81）。
都市の官庁では13世紀中葉以降に，神聖ローマ帝国の官庁では14世紀前
半に，法律・行政関連の公文書がドイツ語へ移行した（Betzinger 2000: 1667,
Kästner & Schirok 2000: 1376）**❻❼**。

　公文書の作成に際しては,所定の慣習的形式に従う必要があった（Wegera
1998: 151）。帝国と各都市はラテン語を範としてドイツ語による一貫した
形式的書式（文書の発行者と受領者の称号，定型的表現による導入，法的行為
の叙述，定型的命令文の使用，定型的な結語など）と書法（綴り）を発展させ，

---

❻　英語史・堀田　英語史では，東中部方言を基盤としつつ，Chancery English と
　呼ばれる官庁英語がロンドンで採用されたのは1430年頃であり，ドイツ語の状
　況よりも若干遅い。議会や法律分野ではその後もまだフランス語が幅を利かせて
　いた。したがって，公的な部門での現地語化の進度については，独英語史間で単
　純には比較できない。

❼　日本語史・田中　日本語における，「官庁語」にあたる用語は「お役所ことば」
　となるだろうが，これは現代の役所が用いる堅苦しい言い回しや難解な用語を揶
　揄した言い方であり，昭和期にできた用語と見られる。江戸時代までは，朝廷や
　幕府の行政の基盤となる法令は原則として漢文で書かれたが，法令に限らず，学
　術・文芸・宗教など漢文は広範囲で使われていたため，役所のことばが特別だと
　いう意識はなかったと考えられる。法令に用いられてきた漢文は，古代の律令は
　純粋漢文であったのが，鎌倉時代の御成敗式目以降江戸時代の武家諸法度までは
　変体漢文であったなど，時代の進行とともに日本語化が進む傾向はあった。明治
　時代以降の法令文は，漢文訓読文に由来する文語体で書かれていたが，太平洋戦
　争後，「日本国憲法」を皮切りに現代口語体に変わり，刑法・民法など多くの法
　令も次第に口語体に書き換えられていくが，それが完成するのは平成時代になっ
　てからである。法令文以外の公的な文章の口語体化は大正時代までにほぼ完了し
　ているので，昭和期になって，役所のことばが一般と異なっているところが目立
　つようになり，「お役所ことば」の概念ができたと考えられる。

書記たちはその書式と書法の慣習に従った（Wolf 2000: 1529）❽。

　公文書は，事柄を正確に表現する必要があった。gäntzlich und gar〈正真正銘の〉，heimlich und öffenlich〈公式であれ非公式であれ〉といった 2 成分の定型句は官庁文体とされるが，これは上位概念を具体化したり概念を対比したりすることで概念を鮮明にする欲求から出ている（Schmidt-Wiegand 1998: 84）。また，従属文に対する偏愛も官庁文体とされる。統語的複合性の高い総合文（従属文がいくつも連ねられた複合的で長々とした文）の構造は，理由・時間・場所・条件などの論理関係を言語的に正確に表現するために必要であった（Schmid 2017: 236）。また wegen〈〜ゆえに〉，kraft〈〜の力によって（〜に基づき）〉，laut〈〜の文面によると（〜によれば）〉，trotz〈〜にもかかわらず〉，während〈〜の間に〉などの理由・時間・付帯状況などを表す新しい前置詞が官庁語に由来するのも同じ理由による（Behaghel 1928: 51–52）。このようにして，一貫した書式（称号や定型的表現など）と書法（綴り），そして論理的正確さ・複合性を志向する形式的な特徴が，官庁文体として認識された（Meier 2012: 7）。東中部ドイツの都市ドレスデンの市政記録簿に書かれた文書（1486 年 11 月 3 日付けの借金返済に関する証文）を見ると，最後の日付を除く内容全体が 119 語からなる 1 文で書かれていて，主節は「〜を提供し，〜を語りそして誓い，さらには是認した」という四つの動詞からなり，従属節が七つある。また，1 文のな

<hr>

❽ 英語史・堀田　官庁語であるからには書式と書法への準拠が求められることは現代の我々にとっては当然のように思われるが，その準拠の程度については当時の独英語間で温度差があるのではないか。Chancery English においても書式や書法の標準化は確かに進められたが，正書法に関していえば，あくまで緩い標準化にとどまり，いまだ揺れは当たり前のように観察された。たとえば，Fisher et al.（1984: 392）によれば，Chancery English において “through” に対応する綴り字は through, thurgh, þurgh, thorugh, thourgh, throu, thorogh, throgh, thorwe, thorwgh, thorw, thorow, þorow, þorowe の 14 種類があった。また，従来の英語史研究では Chancery English がその後の英語の書きことば標準語に大きな影響を与えたという見解が一般的だったが，Horobin など近年の研究では，それは過大評価ではないかという議論もなされるようになってきている。
・Fisher, John H., Malcolm Richardson, and Jane L. Fisher, comps.（1984）*An Anthology of Chancery English*. Knoxville: University of Tennessee Press.
・Horobin, Simon（2015）"Dialects and Standards in Late Middle English." *Studies in Medieval English Language and Literature* 30, 17–28.

かで前置詞 wegen〈～ゆえに〉が2回用いられている（高田 2022）。

2. ルターの文体：「ラテン語の字面に尋ねてはいけない」

2.1 平明なドイツ語

　ルターが官庁語に従ったのは，書法（綴り）と語形変化という言語形式のみに関してであった。官庁語特有の形式的書式（称号や定型的表現など）を踏襲したわけでも，堅苦しさを伴う論理的正確さ・複合性を志向したわけでもない。ルターはそれとは正反対に，平明さ，わかりやすさという「文体原理」で聖書をドイツ語に翻訳し，多くの読者に神のことばを理解させようとした。〔注：ここでは Sowinski（1999: 77）に依拠して，書き手・話し手が自らの目的に適合した文体を形作る際の指針を「文体原理」と呼ぶことにする。文体原理にはたとえば，明確さ，わかりやすさ，正確さ，自然さ，簡潔さ，活発さなどがある。〕

　ルターは，翻訳する際の文体原理を『翻訳に関する公開状』（Sendbrief vom Dolmetschen, 1530）のなかで自ら説明している。使徒パウロによる『ローマ人への手紙』にある Arbitramur hominem iustificari ex fide absque operibus.（第3章第28節）「私たちは，人が義とされるのは律法の行いによるのではなく信仰によると考える」を，ルターは「のみ」というドイツ語を入れて「信仰のみによる」と訳した。

> 彼ら〔＝教皇主義者たち〕は，この〔「のみ」という〕語が文面の表す意味に合っていて，明確で力のあるドイツ語に訳したい場合は適切であることがわかっていない。私は，ドイツ語に訳すに際してドイツ語で言い表すことを考えたのであって，ラテン語ないしギリシア語で言い表そうと思ったわけではない。このように「のみ」を入れることこそが，ドイツ語の流儀に適っている。ドイツ語では，二つの事柄があって一方を肯定し他方を否定するときには，「～でなくて」ということばのあとに「のみ」が用いられる。（『翻訳に関する公開状』1530, Luther 1909: 637）

　ルターは，自らの翻訳したドイツ語のほうがテクストの趣旨に適って意味がかみ合うだけでなく，ドイツ語の特性にも合致している旨を説明して

いる。このようにドイツ語らしさを翻訳の際の重要な指針として示したあと、ルターは次のように続けて言う。

> ドイツ語でどう語るべきかを、ロバ〔＝教皇主義者〕たちのようにラテン語の字面に尋ねてはならない。家庭の母親に、路地の子供たちに、市場の普通の男に、どう言い表せばよいのかをたずねて、彼らの口を見て彼らがどう言い表すかを知り、それに従い翻訳するべきである。そうすることで、実際にわかりやすくドイツ語らしいことばになる。
> （『翻訳に関する公開状』、1530、Luther 1909: 637）

　したがって、ルターの文体原理は、母親、子供、普通の男の語り方を範として、平明なドイツ語で広く理解させることである。「ラテン語の字面に尋ねてはならない」ということばは、ドイツ語史上画期的な発言と言える❾。ドイツ語が初めてアルファベットで書かれたのは、古高ドイツ語（750〜1050年）時代の修道院においてで、ドイツ語は写本のラテン語の語句注解や逐語訳として狭い空きスペースに遠慮がちに書かれた❿。その後もドイツ語は長い間ラテン語の従者に甘んじたが、ここでルターがラテン語からの独立宣言を行ったことになる。そして、この1世紀半後には、ドイツ語書籍の割合がラテン語書籍を超える（Schmid 2017: 48-49, Maas 2014: 188-189）⓫。

2.2　文法書と学校

　ルター聖書は驚嘆すべき普及をみて、プロテスタント地域では教科書ともされた。子供たちは、民衆の信仰養育のためにルターが出版した『小教

---

❾ 〔英語史・堀田〕ルターによる象徴的な「独立宣言」は、英語史に類例を見つけることはできないように思われる。時代的にもほど近いものとして、Richard Mulcaster（1530?-1611）の "I love Rome, but London better, I favor Italie, but England more, I honor the Latin, but I worship the English." ということばが思い浮かぶが、ルターほどの力強さはない。

❿ 〔日本語史・田中〕注解が狭い空きスペースに書かれるところから、新しい書きことばが生まれることは、日本語における漢字片仮名交じり文・和漢混淆文と同様である。9世紀に訓点が付けられた『西大寺本金光明最勝王経』には、原漢文にはない短い注釈文が、漢字と片仮名を交えて書き込まれ、これが漢字片仮名交じり文や和漢混淆文の始まりとなった。

理問答』（Der Kleine Katechismus, 1529）を使って読み書きを教えられ，この教理問答を暗記した（Arndt 1981: 198）。ルターが没して30余年後の1578年には，クラーユス（Johannes Clajus）がルター訳聖書（1545年版）のドイツ語を言語規範とする『ドイツ語文法』（Grammatica Germanicae Lingvae）を著した⓬。

　Haugen（1987）は，言語の発展に対する人為的な関与のあり方をモデル化し，次の4段階を区別した。(1)規範とする言語変種を決める「選定」（selection）の段階，(2)選定された言語変種の言語形態を文法書や辞書に登録する「成文化」（codification）の段階，(3)成文化が済んだ言語規範がとりわけ教育を通じて広められる「実施」（implementation）の段階，そして(4)専門術語が整備されるとともに，近代のさまざまな目的に対応した言語表現を可能にするような文体が拡充される「精緻化」（elaboration）の段階である〔注：Haugen（1966）では，「選択」，「成文化」，「精巧化」，「受容」の4段階となっている。第6章4節を参照〕。このモデルを援用すると，ルターによって東中部ドイツ語が（書法と語形変化の）規範として選定され，その規範がクラーユスの文法書によって成文化され，学校における「実施」を通じて普及していくプロセスを16世紀の時点で見ていることになる。

⓫ 日本語史・田中 13世紀に生きた天台座主慈円が記した歴史書『愚管抄』には，伝統的な書きことばではなく，当代の庶民にも理解できる話しことばに基づいて書くことの意義を主張して，実践しているところがあり，ルターの活動と比べられるかもしれない。当時の仏教者・学者であれば漢文で書くのが一般的な歴史書を，仮名を多く交える文章で書く事情を，「是コソ此ヤマトコトバノ本体ニテハアレ。此詞ドモノ心ヲバ人皆是ヲシレリ。アヤシノ夫トノ〻人マデモ，此コトノハヤウナルコトグサニテ，多事ヲバ心エラル〻也」（現代語訳：これらのことば（オノマトペの類を指す）こそ大和ことばの基本であり，これらのことばの意味は誰でも知っている。賤しい人でもこうしたことばを用いた話題であれば，どんなことも理解できるものだ。日本古典文学大系 p.127）と記している。誰にも通じることばで書くことの重要性を，『愚管抄』は繰り返し述べている。ただし，慈円の主張や実践は，後世の日本語表現に直接の影響は与えなかった。

⓬ 中国語史・彭 屈折語のドイツ語において規範の文法書の刊行が言語標準化の重要な指標となる現象とは対照的に，孤立語の中国語においては，字書，韻書による規範づくりが標準化の重要な指標となる。ことばの文法機能の探究と解説は，漢代（紀元前201〜後220年）や唐代（618〜907年）などの訓詁資料の中に散在するが，文法問題は，いつの時代においても中国語標準化の議論の焦点にはなりえなかった。

3. 「正しさ」の追究（17世紀）

3.1　バロックの装飾性

　17世紀に入ると，意外な展開を見る。17世紀はドイツ文学史上「バロック文学」の時代と称され，装飾性の高さが大きな特徴の一つとされる。オーピッツ（Martin Opitz）は，バロック文学の理論的基盤となった『ドイツ詩学の書』（1624）のなかで，詩人は「Hochteutsch（高きドイツ語）と呼ばれるものにできる限り従うよう努めるべきである」（Opitz 1624: Bl. E1ʳ）とした。〔注：「ドイツ語」という意味の deutsch がこの時代 teutsch と綴られることが少なくなかった。〕Hochteutsch という語は，ここでは地理概念としての「高地ドイツ語」（上部ドイツ語と中部ドイツ語の総称）ではなく，高められ洗練されたドイツ語を意味している（Polenz 1994: 146）。「高きドイツ語」には，ただ広い通用性だけでなく，学芸にかなった高尚さが求められた。ルターが民衆にわかりやすいドイツ語を心がけたのに対し，オーピッツ以降この世紀には，学識のない「普通の民衆」から距離を置くドイツ語文章語の形成が目指され，そのようなドイツ語の所有が重要なステータス・シンボルとなった（Haas 1980: 52）。オーピッツ自身が「純正な言語の正しき教師である官庁」（Opitz 1624: F4ᵛ）と述べているように，官庁的な文体は17世紀に頂点を迎えた。

3.2　ルターのドイツ語の相対化

　「正しい」ドイツ語をめぐって，1640年代に国語協会（「実りを結ぶ会」）の会員間で活発な議論があった。この議論のなかでルターのドイツ語は相対化された。グアインツ（Christian Gueintz）は『ドイツ語文法の概略』（1641）のなかで，「ドイツ語はルターによって純正に語られ，帝国議会議決文において最もよく注意が払われていると今まで考えられてきた。（……）さてしかし，古くさくなったものを必要で意味がある時以外に誰が用いようとするものだろうか。」（Gueintz 1641: 4–5）と，1世紀前という時代性のゆえにルターのドイツ語の「純正さ」を否定した。会長のルートヴィヒ侯（Ludwig von Anhalt-Köthen）も1644年の書簡で，「ルターのドイツ語聖書には多くの誤植とドイツ語文法に反するものが見い出される」（Krause 1855: 269）とした。ハルスデルファー（Georg Philipp Harsdörffer）は1646年の書

簡の中で、「ルターはドイツのキケロであっても，ワロではなかった」
（Krause 1855: 350），つまり「雄弁家であったが，ことばの教師ではなかった」
（Krause 1855: 350）と評価した。これは重要な指摘である。ワロとは，紀元
前1世紀のローマの文法家 Marcus Terentius Varro のことである。では，「ド
イツのワロ」はいったいどこにいるのだろうか。

3.3　地域に縛られない「根本的正しさ」

　グアインツにとって，自らの出身地である「マイセン語」の書記慣用が
「正しい」ドイツ語である。マイセンというのは東中部ドイツにある都市
の名で，この都市名が換喩的に東中部ドイツを指している。東中部ドイツ
の文章語は，ルターによって「ザクセンの官庁」という地域名＋機関名で
呼ばれ，引き続いては「ルターのドイツ語」という人物名で呼ばれ，この
ルターのドイツ語が時代性を帯びると，今度は「マイセン語」という地域
（都市）名で呼び変えられたことになる。

　もうひとり別の文法家ショッテル（Justus Georg Schottel ［Schottelius］）は，
グアインツと対立した。ショッテルは，低地ドイツの出身である。低地ド
イツ語は，ハンザ同盟の没落とともに「17世紀初めには文章語としての
意味を失った」（Hartweg & Wegera 2005: 41）。そのため低地ドイツの出身者は，
生得の言語ではない高地ドイツ語を学習して文章が書けるようにならねば
ならなかった。ショッテルは，特定地域のドイツ語を正しいドイツ語とは
考えず，「Hochteutsch とは，そもそも一方言ではなく，学識人たちに見ら
れるようなドイツ語である」（Schottel 1663: 174）とした。これにより
Hochteutsch は，「高地ドイツ語」という言語地理的概念から放たれて，各
地域の上に位置する「標準ドイツ語」という質的概念へと更新された。こ
の「標準ドイツ語」の担い手は機関名でも地域名でもまた人物名でもなく，
学識者という社会的概念で言われている。

　高地ドイツ語に関して生まれながらの直観を自ら持たないショッテルは，
標準ドイツ語の「根本的正しさ」（Grundrichtigkeit）を言語学的な規準で客
観的に決定するという発想を得た。事例ごとに，さまざまな地域の競合形
のなかから「正しい」ドイツ語を選択・決定するのである⓭⓮⓯。規準は
明快である。ショッテルは，語の各音節を「語幹」，「派生の主要語尾」，「副

次語尾」のいずれかに分析し，それぞれのカテゴリーはどれも1音節をなすとした（Schottel 1663: 100）。この構造主義的な語分析は，基本的に「基本形態素」，「派生形態素」，「屈折形態素」に対応する。1音節語は，語全体が一つの「語幹」である。多音節語の場合，たとえば Kinder（子供たち）では Kind が「語幹」，er が複数を表す「副次語尾」（屈折形態素）であり，Dankbarkeit（ありがたさ）では Dank が「語幹」，bar と keit が各々「派生の主要語尾」である。

正書法においては，同一の語構成要素（形態素）は同一の綴りで書かれ

❸ [日本語史・田中] さまざまな地域の言語に基づく競合形を調査し，それらのなかから標準形を決めていくという作業は，国語調査委員会編（1917）『口語法別記』で，大槻文彦の手によって行われている。1902年に政府の中に設置された国語調査委員会は，方言を調査して標準語を選定することを主要事業に掲げ，各府県に口語法の調査票を送付して回答を得，その結果を集成した『口語法調査報告書』（1907）をまとめたが，大槻はこの報告を参照しつつ，品詞別・活用形別に標準形を定めていく。大槻のこの著書以前に，多くの語法において実質的な標準形は定まり，国定国語教科書などですでに普及が進んでいたとは言え，全国を対象とする方言調査の結果を，標準形とする根拠として示しているところは注目される。

❹ [英語史・堀田] 英語史において，さまざまな地域の競合形のなかから「正しい」形を選択・決定するプロセスとして想起されるのは，後期中英語から初期近代英語にかけての綴り字に関するものである。古英語のウェストサクソン標準形において <y> の綴り字で表されていた母音 /y/ は，中英語においてはイングランドの北東部，西部，南東部の方言で各々/i/，/y/，/e/ に対応し，綴り字としても方言ごとに各々<i>，<u>，<e> と綴られた。たとえば古英語の <bysig>（現代英語の busy の祖形）は，中英語では方言に応じて <bisy>，<busy>，<besy> などと綴られた。さまざまな方言の話者が集まる大都会ロンドンにおいては，いずれの発音・綴り字も行われていたと考えられる。後期中英語より綴り字の標準化が進んでくると，これらのいずれが標準形とされるかが問題となった。しかし，この英語史の事例については，選択・決定はドイツ語史におけるショッテルの取ったような意図的・合理的な基準に基づくものではなく，あくまで慣用や時のふるいといった自然の基準に委ねられたといってよい。時間を経て最終的に選ばれたのは，綴り字としては西部方言に由来する <busy> だったが，発音としては北東部方言に由来する /bɪzi/ だった。意図的・合理的な選択・決定であれば，このようなちぐはぐは生じなかっただろう。

❺ [フランス語史・西山] フランス語には地域の競合形から正しい語形を決定するといった発想はない。とはいえ，地方に特有の用法（語彙，語法，発音，文法など）は存在する。これはとりわけフランスの海外県などに見られるだけではなく，スイスやベルギーといったフランス語圏諸国でも使用されている。たとえばフランスでは数詞の70を soixante-dix（文字通りには60＋10）と表現するが，スイスやベルギーでは septante という固有の単語が存在する。

るべきことが指定された。たとえば「男」の単数形と複数形の綴りとして，グアインツは東中部ドイツの書記習慣に従って Man‐Männer とするが，ショッテルは Mann‐Männer のように語幹末の子音字の同形性を一貫させる。語形変化については，各カテゴリーは1音節をなすという基準から，たとえば Mann の単数与格は主格に1音節をなす与格の屈折形態素 e が付いた Manne が正しく，単数属格は Mann に s ではなく，1音節をなす（弱音の e が入った）es が付いた Mannes が正しいとショッテルは判定する。これは，弱音の e を温存させる点で東中部ドイツ語と一致し，単数与格に e を付けず属格を Manns とする東上部ドイツ語は正しくないことになる。同様に，所有冠詞 mein〈私の〉の女性主格形は，女性であることを表す屈折形態素 e（弱音の e）が付いた meine が正しいと判定される（東上部ドイツ語では，e の付かない mein）。ただし動詞の命令形については，ショッテルは命令形を動詞の話形変化の出発点と考え1音節からなると見なし，（東中部ドイツ語のように komme ではなく）弱音の e を付けない komm〈来なさい〉という語形を正しいとした。Bürger〈市民〉や Himmel〈天〉のような -er, -el で終わる名詞の複数形として，ショッテルは複数を示す屈折形態素 e（弱音の e）が付いた語形 Bürgere, Himmele という語形を指定した。この点でショッテルは，結果的に西上部ドイツ語の語形を正しいドイツ語としたことになる。

　このように特定の言語地域にとらわれることなく正しさを判定する考え方は，その後の多くの文法家たちに支持された。来るべき標準的なドイツ語文章語は，東中部ドイツ語が強固な基盤となったのではあるが，事例によっては通用範囲の広さや言語的整合性などの理由でさまざまな地域の書法と語形が選択され，これによって平均化のプロセスが進展して標準ドイツ語文章語が確立していく**⓰**。

⓰〔英語史・堀田〕 形態的な分析性・透明性を重視するショッテルの基準はきわめて人工的なものだが，現代の世界英語の諸変種が自然に向かっている方向と似ていなくもない。印欧諸語の形態論がおよそ総合（synthesis）から分析（analysis）へ偏流（drift）してきた事実に鑑みて，興味深い考察となるだろう。

4. 文体の精緻化（18世紀）

4.1 ドイツ語文章語の確立

「マイセン語」という名で呼ばれた東中部ドイツ語型のドイツ語文章語は，17世紀の経過のなかで低地ドイツとスイスのドイツ語圏で広く普及した（Besch 2012: 37-39）。最後に残ったのが，東上部ドイツであった。このカトリック地域には，ルターにつながる「マイセン語」を受け入れるのに大きな抵抗感があった。

18世紀は啓蒙主義の時代である。ドイツの初期啓蒙主義を代表する文学理論家でライプツィヒ大学文学講座教授であったゴットシェート（Johann Christoph Gottsched）は，東中部ドイツ語を規範とする『ドイツ語文法の基礎づけ』（1748年）を著した。この文法書は影響力が大きく，東上部ドイツにおいても受容されていった。その経過において，東中部ドイツ語に見られる弱音の e を認めるかどうかという問題が，カトリックとプロテスタントという宗派の違いに関わる論争点へと発展した❶。ゴットシェートを支持するヘマー（Jakob Hemmer）は，『プファルツに有益となるドイツ語に関する論考』（1769年）のなかで，単数属格に -es，単数与格に -e，複数に -e といった具合に弱音の e を指定した変化表（der Feind – des Feindes – dem Feinde – den Feind; die Feinde – der Feinde – den Feinden – die Feinde）を示したあと，当時の「同郷人たち」の反応を次のように論評した。

> このような〔弱音の e を入れた〕語形変化を示すと，私は同郷人たちが私に仕掛けてくる激しい戦いのなかに巻き込まれる。（……）彼らが言うには，この語形変化は気取った，女々しい，そして多くのカトリック教徒が言うところではルター的な語り方である。（……）なぜかを聞いてみると，彼らがそう言うのは自分たちの耳がこの話し方に慣れていないからだという。それはたしかにそうだと認めよう。しかしだからと言って，その話し方は悪いもので非難すべきものとなるのであろうか。（Hemmer 1769: 129-130）

---

❶ 〔英語史・堀田〕宗派問題と絡んだ音韻・形態レベルの論争は英語史では類例を挙げることができない（聖書翻訳に際しての語彙選択などでの相違はありえたが）。

このように東中部ドイツ文章語を受け入れるかどうかの問題は，宗派化した側面がある。しかしその一方で，東上部ドイツ語圏の大きな一角を占めるオーストリアでは，マリア・テレジア（オーストリア大公在位 1740-1780）の政治判断により，東中部ドイツ型の文章語を導入することになった。この国語改革は，すべての子供の就学を義務化する学制改革と表裏一体をなすものであった⓭。テレジアが設立した官僚養成学校テレジアーヌムの教科書として，ゴットシェートの『ドイツ語文法の基礎づけ』が刊行の早くも 1 年後（1749 年）に導入された（Faulstich 2008: 118）。1754 年には，テレジアから委託を受けたポポヴィッチ（Johann Siegmund Valentin Popowitsch）が学校用の文法書『ドイツ語文法の初歩』を出したが，ここで指定された規範は東中部ドイツ語の規範と一致するものであった（Faulstich 2008: 126）。1774 年に「帝国民学校令」が公布され一般義務教育が始まり，1774/75 年に東中部ドイツ語型の文章語の正書法，文法，作文を教える一連のドイツ語教科書がウィーンで出版された。東上部ドイツのもう一つの一角を成すバイエルンも，この方針に続いた。そして 1793/94 年には，ゴットシェートと同じく東中部ドイツ語型の文章語を規範とするアーデルング（Johann Christoph Adelung, 1732-1806）の正書法と文法書が，オーストリアにおいて取り入れられた（Wiesinger 1995: 343）。

　モーツァルト（Wolfgang Amadeus Mozart, 1756-1791）は，東上部ドイツ語圏のザルツブルク生まれである。ちょうど，オーストリアに東中部ドイツ語文章語が浸透していく時代を生きたことになる。モーツァルトは，家族や友人宛の手紙においても，ほとんど東中部ドイツ型の文章語を用いている。それは，父のレオポルト・モーツァルト（Johann Leopold Mozart,

---

⓭ 日本語史・田中 　学制改革が言語の標準化を決定づけたところは，明治政府の学制整備による国語教科書編纂と共通する。明治政府の学制は 1872 年に発せられて以来，校種，教科，教授内容，教科書などについて，何度も改定が繰り返されるが，「小学校令」（1900）で，「国語」科が成立し，その施行規則で，「尋常小学校ニ於テハ初ハ発音ヲ正シ仮名ノ読ミ方，書キ方，綴リ方ヲ知ラシメ，漸ク進ミテハ日常須知ノ文字及近易ナル普通文ニ及ボシ又言語ヲ練習セシムベシ」とされたことにより，標準化された言語の教育が，全国の小学校で一律に行われることになった。この施行規則に基づく，最初の国定国語教科書は 1904 年から使われ始める。

1719–1787）の影響が大きいと考えられる。父レオポルトは「正しい」ド
イツ語を書くことを強く意識した人物で，『ヴァイオリン教程』（1756）の
印刷に関して出版者と手紙のやりとりをしたなかで，まさにゴットシェー
トの『ドイツ語文法の基礎づけ』に何度も言及して，ゴットシェートの指
定する東中部ドイツ語型の規範に従って自身の原稿を修正している（佐藤
2020: 198–200）。

4.2　自然な文体

　啓蒙主義の 18 世紀においては，「修辞学的装飾やわざとらしさ」（Eggers
1977: 65）のないことが文体の理想とされた。ゲラート（Christian Fürchtegott
Gellert）は『書簡論』（1751）において，形式的で回りくどい官庁語的な書
簡の型に反旗を翻し，書簡は「会話において優勢であるような語り方に近
づかねばならない」（Gellert 1751: 111）とした。

> 書簡指南書の指示に従うと，特定の箇所で称号を繰り返さねばならな
> い。そのためどうしても，表現する気が失せ落ち着かない気分になっ
> てくる。日常で普通用いる Sie〈あなたは，あなたを〉，Ihnen〈あな
> たに〉，Ihre〈あなたの〉で言い表すことは許されず，その代わりに
> Dieselben〈殿下が，殿下を〉，Dero〈殿下の〉，Deroselben〈殿下の〉，
> Höchstdenenselben〈殿下様に〉で言い表さねばならない。これらすべ
> てが文法を損なうわけではないにしても，耳ざわりである。
> Hochgebohren〈高貴な生まれのお方〉ということばを何度も繰り返し
> たくない場合は，長い総合文を作って，自然な言い方では別々に言う
> はずの文をいくつも結合させて無理やりに一つの総合文に〔して尊敬
> を表現〕せねばならない。（Gellert 1751: 89–90）

　18 世紀後半には，オーストリアとバイエルンも含むドイツ語圏全土に
標準的なドイツ語文章語が普及し，これによって外的な言語形態は確定し
た。このあと，詩人たちはこの外的に統一された文章語から「内的な自由
を勝ち取り，冷静な規範の強制から解き放たれ」（Eggers 1977: 93; Betten
1987: 75–76 も参照）ていく。レッシング，ヘルダー，疾風怒濤の文学者た
ちは，挿入句，省略，繰り返し，間投詞を多く含むような日常語の文体を

手にした。今や，どのような読み手に何を伝えたいかに応じて，同じ書き手が文体を使い分けることができた（Tschirch 1975: 219）。さまざまな文体が整備され文章語は柔軟性を得て，Haugen（1987）の第4段階であるところの「精緻化」をしていく。

　ドイツ語史上の大きな移行期におけるルターの役割は，何であったのだろうか。ルターは，書法（綴り）と語形変化という面で東中部ドイツの官庁語に倣った。このことが大きな方向づけとなって，18世紀に標準文章語の言語形式が確立していく。ルターは他方で，文体原理として平明さを採った。このことが素地ともなって，18世紀に自然な文体が復権した。書法と語形変化という外面でいくらドイツ語圏における統一性が強固になったとしても，詩人・作家がその統一的な言語形式を用いて多様な文体を実践しないかぎり，ドイツ語は「精緻」にはなりえなかった。したがって，その形式的統一性と文体的柔軟さを初期新高ドイツ語時代に確実に用意したのがルターであったと言うことができよう**⓳⓴**。

⓳ 英語史・堀田 文体における平明と華美の繰り返しは，英語文体史においても見られる。15世紀にはラテン借用語を駆使する華麗語法が発達し，続く16世紀にも「インク壺語」と呼ばれるほどのラテン語かぶれした語彙が好まれた。これにともない，エリザベス朝の文体はラテン作家を範とした技巧的なものとなった。この技巧は John Lyly（1554-1606）によって最高潮に達する。Lyly は，*Euphues: the Anatomy of Wit*（1578）および *Euphues and His England*（1580）において，後に標題にちなんで呼ばれることになった euphuism（誇飾体）という華麗な文体を用い，初期の Shakespeare など当時の文芸に大きな影響を与えた。この euphuism は17世紀まで見られたが，17世紀には Sir Thomas Browne（1605-82），John Donne（1572-1631），Jeremy Taylor（1613-67），John Milton（1608-74）などの堂々たる散文が現れ，世紀半ばからの革命期以降には John Dryden（1631-1700）に代表される気取りのない平明な文体が優勢となった。平明路線は18世紀へも受け継がれ，Joseph Addison（1672-1719），Sir Richard Steele（1672-1729），Lord Chesterfield（1694-1773），また Daniel Defoe（1660-1731），Jonathan Swift（1667-1745）が続いた。だが，この平明路線は，世紀半ば，Samuel Johnson（1709-84）の荘重で威厳のある独特な文体により中断した。このようなさまざまな文体の鍛錬が書きことばの「精緻化」に貢献したという洞察は，多くの近代語に当てはまるのではないだろうか。

文献

原典

Clajus, Johannes（1578）*Grammatica Germanicae Lingvae.* Leipzig: Rambau.

Gellert, Christian Fürchtegott（1751）*Briefe, nebst einer Praktischen Abhandlung von dem guten Geschmacke in Briefen.* Leipzig: Wendler.

Gottsched, Johann Christoph（1748）*Grundlegung einer Deutschen Sprachkunst.* Leipzig: Breitkopf.

Grimm, Jacob（1822）*Deutsche Grammatik,* 1. Teil, 2. Ausgabe. Göttingen: Dieterich. (「『ド イツ語文法』第 1 巻第 2 版 序文」, 佐藤恵訳, 『グリム兄弟言語論集——言葉の泉』, 千石喬・高田博行編訳（2017）ひつじ書房, 141-157)

Gueintz, Chrsitian（1641）*Deutscher Sprachlehre Entwurf.* Köthen.（Reprint: Hildesheim & New York: Olms 1978）.

Hemmer, Jakob（1769）*Abhandlung über die deutsche Sprache zum Nutzen der Pfalz.* Mannheim.

Krause, Gottlieb（1855）*Der Fruchtbringenden Gesellschaft ältester Ertzschrein.* Leipzig. （Reprint: Hildesheim/New York: Olms 1973.）

Luther, Martin（1909）*D. Martin Luthers Werke, Kritische Gesamtausgabe,* 30. Band, zweite Abteilung. Weimar: Böhlau.

Luther, Martin（1913）*D. Martin Luthers Werke, Kritische Gesamtausgabe, Tischreden, 2. Band. Tischreden aus den dreißiger Jahren.* Weimar: Böhlau.

Luther, Martin（1919）*D. Martin Luthers Werke, Kritische Gesamtausgabe, Tischreden, 5. Band. Tischreden aus den Jahren 1540-1544.* Weimar: Böhlau.

Luther, Martin（1929）*D. Martin Lurhers Werke, Kritische Gesamtausgabe. Die Deutsche Bibel 1522-1546（Luthers Drucktexte),* 6. Band, *Das Neue Testament, erste Hälfte （Evangelien und Apostelgeschichte).* Weimar: Böhlau.

Mozart, Leopold（1756）*Versuch einer gründlichen Violinschule.* Augsburg: Lotter.

Opitz, Martin（1624）*Buch von der Deutschen Poeterey.* Breslau: Müller.

Popowitsch, Johann Siegmund Valentin（1754）*Die nothwendigsten Anfangsgründe der Teutschen Sprachkunst.* Wien: Zwey Brüder Grundt.

❷⓪ 〔日本語史・田中〕 ルターが, 平明さを重視した文体で, ドイツ語に新しい方向 付けをし, その後多くの文学者が多様な文体を実践して, ドイツ語に精緻さをも たらしていくというドイツ語史の流れを, 日本語史にあてはめると, 時代は異な るが, 次のような事例が想起される。二葉亭四迷によって, 話しことばに基盤を 置く新しい文体としての言文一致体が創始されると（第 5 章参照）, 当時の若き 文学者たち（国木田独歩, 夏目漱石, 田山花袋, 島崎藤村など）は, やがて, 人 間の内面叙述に適した文体, 風景描写に適した文体, 一人称あるいは三人称視点 の文体, 主語と述語の呼応を明示する文体など, 言文一致体による多様な文体を 試みるようになった。そのことが, 日本語の書きことばを, 平明でありながら精 緻なものに発展させていった。

Schottel, Justus Georg (1663) *Ausführliche Arbeit Von der Teutschen HaubtSprache.* Braunschweig: Zilliger.

2 次文献

Arndt, Erwin (1981) Sprachgeographische und sprachsoziologische Voraussetzungen für Luthers Übersetzungsleistung. In *Zeitschrift für Germanistik*, Vol. 2, No. 2, 197–205.

Arndt, Erwin & Gisela Brandt (1983) *Luther und die deutsche Sprache: wie redet der Deudsche man jnn solchem fall?* Leipzig: Bibliographisches Institut.

Behaghel, Otto (1928) *Deutsche Syntax. Eine geschichtliche Darstellung. 3. Band, Die Satzgebilde.* Heidelberg: Winter.

Besch, Werner (2000) Die Rolle Luthers für die deutsche Sprachgeschichte. In Besch, Betten, Reichmann, & Sonderegger (Hrsg.), 2. Teilband, 1713–1745.

Besch, Werner (2012) *Grimmelshausens'Simplizissimus' – Das zweite Leben eines Klassikers.* Paderborn et al.: Schöningh.

Besch, Werner, Anne Betten, Oskar Reichmann, & Stefan Sonderegger (Hrsg.) (1998/2000/2003/2004) *Sprachgeschichte. Ein Handbuch zur Geschichte der deutschen Sprache und ihrer Erforschung. 2.* Aufl. 1., 2., 3., & 4. Teilband. Berlin & New York: Gruyter.

Besch, Werner & Norbert Richard Wolf (2009) *Geschichte der deutsche Sprache. Längsschnitte – Zeitstufen – Linguistische Studien.* Berlin: Schmidt.

Betten, Anne (1987) *Grundzüge der Prosasyntax. Stilprägende Entwicklungen vom Althochdeutschen zum Neuhochdeutschen.* Tübingen: Niemeyer.

Betzinger, Rudolf (2000) Die Kanzleisprachen. In Besch, Betten, Reichmann, & Sonderegger (Hrsg.), 2. Teilband, 1665–1673.

Eggers, Hans (1977): *Deutsche Sprachgeschichte IV. Das Neuhochdeutsche.* Reinbek bei Hamburg: Rowohlt.

Ernst, Peter (2012) *Deutsche Sprachgeschichte. 2.* Aufl. Wien: Facultas.

Faulstich, Katja (2008) *Konzepte des Hochdeutschen. Der Sprachnormierungsdiskurs im 18. Jahrhundert.* Berlin & New York: de Gruyter.

Greule, Albrecht, Jörg Meier, & Arne Ziegler (Hrsg.) (2012) *Kanzleisprachenforschung. Ein internationales Handbuch.* Berlin & Boston: de Gruyter.

Haas, Elke (1980) *Rhetorik und Hochsprache. Über die Wirksamkeit der Rhetorik bei der Entstehung der deutschen Hochsprache im 17. und 18. Jahrhundert.* Frankfurt am Main et al.: Lang.

Hartweg, Frédéric & Klaus-Peter Wegera (2005) *Frühneuhochdeutsch. Eine Einführung in die deutsche Sprache des Spätmittelalters und der frühen Neuzeit. 2.* Aufl. Tübingen: Niemeyer.

Haugen, Einar (1987) *Blessing of Babel. Bilingualism and Language Planning. Problems and Pleasures.* Berlin, New York, and Amsterdam: de Gruyter.

Kästner, Hannes J. & Bernd Schirok (2000) Die Textsorten des Mittelhochdeutschen. In

Besch, Betten, Reichmann, & Sonderegger（Hrsg.）, 2. Teilband, 1365-1384.

Maas, Utz（2014）*Was ist Deutsch? Die Entwicklungen der sprachlichen Verhältnisse in Deutschland.* 2. Aufl. Paderborn: Fink.

Meier, Jörg（2012）Die Bedeutung der Kanzleien für die Entwicklung der deutschen Sprache. In Greule, Meier, & Ziegler（Hrsg.）, 3-13.

Polenz, Peter von（1994）*Deutsche Sprachgeschichte vom Spätmittelalter bis zur Gegenwart. Band. 2. 17. und 18. Jahrhundert.* Berlin and New York: de Gruyter.

Riecke, Jörg（2016）*Geschichte der deutschen Sprache. Eine Einführung.* Stuttgart: Reclam.

Schmid, Hans Ulrich（2017）*Einführung in die deutsche Sprachgeschichte.* Stuttgart: Metzler.

Schmidt-Wiegand, Ruth（1998）Deutsche Sprachgeschichte und Rechtsgeschichte bis zum Ende des Mittelalters. In Besch, Betten, Reichmann, & Sonderegger（Hrsg.）, 1. Teilband, 72-87.

Sonderegger, Stefan（1979）*Grundzüge deutscher Sprachgeschichte. Diachronie des Sprachsystems.* 1. Band. Berlin & New York: de Gruyter.

Sowinski, Bernhard（1999）*Stilistik. Stiltheorien und Stilanalysen.* 2. Aufl. Stuttgart: Metzler.

Stolt, Birgit（2012）Luther und die deutsche Kanzleisprache. In Greule, Meier, & Ziegler（Hrsg.）, 83-99.

Tschirch, Fritz（1975）*Geschichte der deutschen Sprache.* II. Berlin: Schmidt.

Wegera, Klaus-Peter（1998）Deutsche Sprachgeschichte und Geschichte des Alltags. In Besch, Betten, Reichmann, & Sonderegger, 1. Teilband, 139-159.

Wiesinger, Peter（1995）Die sprachlichen Verhältnisse und der Weg zur allgemeinen deutschen Schriftsprache in Österreich im 18. und 19. Jahrhundert. In Andreas Gardt, Klaus J. Mattheier, & Oskar Reichmann（Hrsg.）*Sprachgeschichte des Neuhochdeutschen. Gegenstände, Methoden, Theorien.* Tübingen: Niemeyer, 319-367.

Wiesinger, Peter（2003）Systementwicklungen des Deutschen im Bereich des Vokalismus. In Besch, Betten, Reichmann, & Sonderegger（Hrsg.）, 3. Teilband, 2440-2461.

Wolf, Nobert Richard（2000）Phonetik und Phonologie, Graphetik und Graphemik des Frühneuhochdeutschen. In Besch, Betten, Reichmann, & Sonderegger（Hrsg.）, 2. Teilband, 1527-1542.

佐藤 恵（2020）「モーツァルト家の人びとが手紙に書き綴ったことば―私的空間の文章語における近しさの色合いをめぐって」, 井出万秀・川島隆編『ドイツ語と向き合う』ひつじ書房, 191-216.

高田博行（2022）「ドイツ語史における官庁語の功罪―形式性, 統一性, そして複合性」, 大宮勘一郎・田中愼編『ノモスとしての言語』ひつじ書房.

第10章
中国語標準化の実態と政策の史話
——システム最適化の時代要請

彭 国躍

1. はじめに

　言語は人間の思想，感情を含む情報の整理，伝達と貯蔵を行う記号システムである。それには，声でコミュニケーションを行う音声言語（話しことば）と，文字で音声言語を記録し時空制限を超えた情報伝達を行う書記言語（書きことば）という二つのサブシステムが存在する。言語システムは，時代の変化や社会の変容により，部分的または全体的に老朽化が進んだり，二つのサブシステムの間に乖離が生じたりすることがしばしば発生する。そのような時にシステムの合理化，規格統一，機能拡充やモデルチェンジなどのような最適化が必要になってくる。われわれは，ことばの標準化を，政府，団体や個人がある規範に向けて言語の構造や運用に対して人為的，組織的に関与する最適化作業の一環としてとらえることができる。

　中国語の標準化の始まりは，書きことばの成立と切っても切れない関係にある。中国において，書きことばが形成され始めた約3000年前頃から，ことばの各要素に対する人々の規範意識が芽生え，時代の流れの中で行政，教育や学術において標準の形成，制定と普及が繰り返されていた。

　中国語の書きことばは，3000年ぐらいの間に緩やかに変化しながら連綿と続いている。その間に明らかな断層がないため，音韻，語彙，文法などの要素が複雑に絡み合い，その時代区分はなかなか一筋縄ではいかない❶❷。基本的な考え方として，唐代（618～907年）あたり以前の2000

年間のことばを「古代中国語」とし，20世紀以後のことばを「現代中国語」とすることに異論を差し挟む者はいないだろう。そして，古代中国語は10世紀頃の唐末以後の約1000年の間に「文言体」として存続しながらゆっくり衰え，現代中国語は，話しことばに近い「白話体」として漢代（紀元前202〜後220年）から唐代にかけて徐々に確立し，宋代（960〜1279年）から清代（1616〜1912年）にかけて，その使用域を拡大しながら発展してきた，ととらえることができる。古代中国語と現代中国語との間を，「上古，中古，中世，近世，近代」などと細区分することもあるが，それらの区分のどの説を取っても必ずと言っていいほど異論が生じてくる❸。

　中国語の標準化は，歴史の各段階において，語彙，文字，音韻，文体などの異なる側面に展開されていた。本章では，中国語の約2500年間の文

<hr />

❶ [ドイツ語史・高田] 3000年間の間に言語的断層がないというのは，1300年ほどしかないドイツ語史に小さくはない断層が二つはある（古高ドイツ語と中高ドイツ語の間の断層と，中高ドイツ語と新高ドイツ語の間の断層）ことから見ると，驚きである。ただ，疑問点として，言語形態に断層がなくても，社会史的な断層があるようなら，それを言語的断層としてとらえることもできるのではないだろうか。

[筆者彭による解説] 社会史的な断層とは何か。王朝交代や国家体制の変更がそれにあたるのだとすれば，中国の社会史には，長ければ二，三百年に1回，短ければ数年か数十年に1回断層のようなものが入ることになる。ただし，社会史的な断層は必ずしも言語史的な断層を引き起こすことになるとは限らない。中国語史において異民族支配や革命などのような社会的な激変が緩やかな言語変化を一時的に加速させたりするような事実はあったが，それらの変化が，音声言語にせよ書記言語にせよ，中国大陸の漢民族の中国語使用を中断させるような断層は確認されていない。元と清の異民族王朝の言語事情については本章6節を参照されたい。

❷ [日本語史・田中] 日本語史の時代区分は，話しことばを対象に行われることが多く，書きことばについて議論されることはあまりない。中国語史で，書きことばの時代区分が論じられることは興味深い。

❸ [日本語史・田中] 「古代中国語」（10世紀以前）と「現代中国語」（20世紀以後）に2大別し，その間の期間（11〜19世紀）は，古代中国語がゆっくり衰え，現代中国語が徐々に確立していくということだが，両者が並立する期間においては，「文言体」と「白話体」との二つの文体のいずれが選好されるかが，文言体→白話体と徐々に変わってきたということだろうか。日本語史でも，「古代語」と「近代語」に2大別されることはよくあるが，その境界は鎌倉時代と室町時代の間の短い期間に設定されており，古代語が徐々に衰えて近代語が次第に確立するという見方をすることは行われておらず，中国語史のとらえ方と異なっている。

献に記録された標準化関連の記述を整理し，その実態，政策と探究の歴史を展望したいと思う。

2. 東周の標準変種——雅言

中国語において，標準語の概念が初めて文献に登場したのは，東周（前770〜前256年）頃である。その頃，周王室の統治力が弱まり，各諸侯国が勢力を伸ばし，「私学」という民間の教育活動が盛んに行われていた。孔子（前551-前479頃）はその時代の民間教育者のひとりであった。『論語（・述而）』には「子所雅言。詩，書，執禮，皆雅言也」（孔子は雅言❹❺を操っていた。『詩』『書』または礼の作法を教えるときにはいずれも雅言を使っていた）と記されている。前漢（前202〜前8年）の訓詁学者孔安国（生没年不詳）は「雅，正也」（「雅」とは正式，標準の意味であった）と注釈した。「雅」を使ったことばの命名には，特定の方言を超えた一種の標準化という社会的，時代的要請が反映されている。

孔子は魯国（山東省曲阜市）の出身だが，3000人とも言われるその弟子のなかには各諸侯国の出身者が多く含まれている。孔子が授業中に雅言を使って弟子たちとコミュニケーションを図っていたとも考えられるが，後漢（25〜220年）の訓詁学者鄭玄（127-200）は「讀先王典法，必正言其音，然後義全。」（古典を読む場合，雅言により発音を正しくして初めてその意味を正確に理解できる）と説明し，文献の意味理解は正確な発音が前提であることを指摘している。

❹ 英語史・堀田 「雅言」とは「標準語」（standard）よりも直接的に威信（prestige）の高さを示唆する用語として興味深い。対義語は「俗語」かと想像され，こちらの用語は英語史でも vulgarism など文字通りに対応するが，「雅言」に対応する用語は思い当たらない。

❺ 日本語史・田中 「雅言」「雅語」は，日本語史でも使う用語（対義語は「俚言」あるいは「俗語」）だが，伝統的な文学作品（和歌・和文を中心に漢文・漢文訓読文の作品も含む）に用いられる言語を指す。江戸時代の国学の中で使われ始めた用語で，国学者が最も価値を置いた古典からの由緒ある言語を指す。

筆者彭による解説 「雅」と「俗」の対義関係は後世（漢代頃以降）に生まれた「雅」の「上品な」という派生義の上に成り立ったものである。金谷治の『論語』和訳（岩波書店 1963: 97）では「雅言」を「上品なことば」と訳さず，「標準語」と訳したのも周代の上古中国語の本義「正式，標準」に基づいたためであろう。

戦国時代（前476〜前221年）の荀子（前298-前238）は『荀子（・榮辱篇）』において，越の人は越の風習に安らぎを求め，楚の人は楚の風習に安らぎを求めるが，「君子安雅」（教養のある人間は「雅」の規範に安らぎを求める）と説いた。『論語』の中で孔子が「魯言」ではなく「雅言」を使用したことを強調した背景には，春秋時代（前770〜前479年）頃の教育現場において標準変種としての雅言を使用することは一種のステータス，教養として尊ばれるという社会的風潮があったと考えられる。孔子の雅言使用は，ことばの標準化と学校教育や教養という社会的規範意識の形成との関係を示す興味深い古典的事例となる。

　戦国末期になると，経書の文意が難解となり始めたためか，意味分類に基づく辞書『爾雅』（作者不詳，戦国末頃成立）が現れた❻。「爾」は「邇」の略字で「近い」という意味を表し，『爾雅』は雅言に近いことばを集めた一種の類義標準語辞典ということになる❼❽。『爾雅』では時間単位「年」を表す類義語について次のように解説している。（李學勤 2000: 188）

❻ （日本語史・田中）本章で取り上げられる『爾雅』『説文解字』『切韻』は，いずれも日本に舶載され，漢文の読解や作成の際に利用されるとともに，これらに影響されて，日本でも類似の型を持った辞書（『新撰字鏡』『和名類聚抄』『類聚名義抄』など）が数多く編纂された。

❼ （英語史・堀田）これは逆引き方言辞典というべきものだが，後述される『輶軒使者絶代語釋別國方言』も合わせて，このようなメタ言語的な観察と記録が歴史のこれほど早い段階で残っているというのは驚きである。英語の歴史において方言への言語学的な関心は近代になって芽生えたものであり，体系的な記述は1619年の Alexander Gil による Logonomia Anglica とされる。

❽ （フランス語史・西山）フランス語の難しさの一つは綴り字にある。ギリシア語やラテン語起源の単語について，その起源を綴り字にとどめようとする傾向が強かったため，古典語を理解しない人々にとっては綴り字の整合性を認めにくかった。またアカデミー・フランセーズの辞書が綴り字法の規範として機能し，1694年の初版以降，版を新たにするたびに綴り字に修正を加え，19世紀初頭には現代フランス語に見られる綴り字法が定着した。その後の綴り字法の普及には19世紀末からの公教育が重要な役割を果たした。

　一方，フランスでの方言への関心は19世紀末の方言学の創始者ルスロ（1846-1924）によるところが大きい。ルスロは，フランス語の綴り字法が統一されているのだから，音声の規範も必要であると考え，これをかつて王家の城館が点在していたロワール川流域で話されているフランス語に求めた。この表象はルスロの弟子で音声学者のグラモンによって強化され，現在でもロワール川流域の町トゥールのフランス語が「最も美しい」と語られている。

載，歳也。夏曰歳，商曰祀，周曰年，唐虞曰載。歳名。
（訳：「載」は「歳」である。夏王朝では「歳」と言い，商王朝では「祀」
と言い，周王朝では「年」と言い，夏以前の堯舜時代では「載」と言う。
いずれも時間単位の年を意味する表現である。）

この解説により，『爾雅』では夏王朝（約前21世紀～前17世紀頃）に起
源を持つとされる表現「歳」が標準形と見なされ，起源が異なるとされる
複数の表現「載，祀，年」が「歳」の類義語として収録されたことがわか
る❾。雅言の実態には不明な点が残るが，『論語』の記述により，東周前
期の春秋時代頃にはすでに言語規範意識が形成され，標準変種が使われた
ことがわかり，『爾雅』の出現により東周後期の戦国時代には規範語彙の
整理と「法典化（codification）」が始まったことは明らかである❿⓫⓬⓭。〔注：
「雅言」の時代に近い対照例として紀元前4世紀頃の古代ギリシアの共通語「コ
イネー」が挙げられよう。〕

---

❾ ［ドイツ語史・高田］ 中国語史の場合，どの語が標準的かということは即，どの
文字が標準的かということになる点が，きわめてユニークである。

❿ ［日本語史・田中］ 中国の辞書に影響を受けて編纂された日本の辞書も，見出し語，
出典からの引用，異なる語形という構成がとられることは多い。たとえば『和名
類聚抄』（10世紀）から例を挙げると，「牽牛 爾雅註云牽牛一名何皷 和名比古保
之又以奴加比保之」とあり，見出し語には，漢語「牽牛」を掲げ，『爾雅』の注釈に
別名「何皷」とあると記した上で，「和名」（和語）では「ひこほし」「いぬかひほし」
と言うことが記されている。このように，『和名類聚抄』では，借用語である漢語が
見出しになり，固有語である和語は非標準語形としての位置に示されているのである。

⓫ ［英語史・寺澤］ 複数の類義表現のなかから規範語彙を定めるような事例は古英
語にも見られる。古英語では，「理解する」を意味するラテン語 cognoscere や
intelligere に対してさまざまな訳語（e.g. gecnawan, oncnawan, tocnawan,
ongytan, undergytan, understandan）が用いられた。後期古英語期になるとアル
フリック（955頃-1020頃；イングランドの修道院長・文法学者）のようにウィ
ンチェスター修道院学校で教育を受けた聖職者たちは，初期古英語期ではほとん
ど用いられなかった oncnawan や understandan（これが現代英語の understand
となる）を意識的に選択している。こうした語彙の標準化の背景には当時フラン
スからイギリスへ波及していたベネディクト会改革という修道院改革運動があっ
たと言われる。

3. 秦の文字統一政策——書同文

漢代の許慎（58–147?）は『説文解字』（100年頃成立）の序文の中で周代（前1050～前256年）における文字の整理と運用実態について次のように記している。（董蓮池 2005: 594）

及宣王太史籀，箸大篆十五篇，與古文或異。至孔子書六經，左丘明述春秋傳，皆以古文，厥意可得而說。

（訳：西周の宣王（前827–前782）頃になると，書記官の籀（生没年不詳）が字形整理を行い大篆の字典15編を著したが，その形態は従来の古文字とはおそらく異なっていた。孔子が六経（『詩』『書』『礼』『楽』『易』『春秋』）を編み，左丘明（生没年不詳）が『春秋伝』を著した春秋時代頃までは古文字が使われ，それらの意味が当時の人々に理解されていたようだった。）

❿ 〔英語史・堀田〕英語史においては，ここで触れられている中国語史における事例に対応するような，意図的に規範語彙の整理がなされた事例はほとんど思い浮かばない（しかし上記注⓫を参照）。しいて近似的に対応する状況を探すならば，1604年のR. コードリーによる最初の英英辞書 *A Table Alphabeticall* に始まり，以降現在まで途切れなく編纂されてきた数多くの英英辞書において，見出し語として採用され続けてきた語彙こそが，事実上の英語の標準語彙であり規範語彙といえるかもしれない。言い換えれば，英語の規範語彙（というものがあるとすればだが）は，各時代の辞書編纂家たちが集合的に確立してきた語彙を指すと考えられる。

⓭ 〔ドイツ語史・高田〕ドイツ語史上最初の規模の大きなドイツ語辞書は，1691年にシュティーラー（Kaspar Stieler）が出した2巻本の辞書『ドイツ語の語幹と造語』（Der teutschen Sprache Stammbaum und Fortwachs）である。ただし，17世紀にはまだ文章語の規範が確立していなかったので規範語彙が採録された辞書とは言えず，ドイツ語の語彙を語幹を基準に整理しそれぞれの語幹の意味をラテン語で説明し，さらにそれぞれの語幹から造られる派生語と複合語を示すものとなっている。規範語彙の採録は，1世紀近くあとになって文章語の規範が確定するのを待たないといけない。アーデルングは1774年から1786年の間『高地ドイツ語方言の完全な文法的・批判的辞典』を出した。これは，約3,800ページ，およそ55,000の見出し語を持つ5巻本の大きな辞典である。タイトルにある「高地ドイツ語方言」というのはドレスデンを中心とする東中部ドイツ語を指していて，当時ほぼ確立していた標準的ドイツ語と言って差し支えない。「文法的」とは，品詞表示・文法的情報が記載されていることを指し，「批判的」とは，単語の意味をニュアンスを含めて「正確に書き留める」姿勢を指す。この辞書に登録された語形，文法情報，意味などは，同時代人に対して，また19世紀の中頃まで規範性をもった。ゲーテがアーデルングの辞書（と文法）に依拠して自らのドイツ語の適格性を判断したことは，よく知られている。

それによれば，周代にはすでに規範文字❶❹❺が作られていたが，その推進と普及はそれほど強制力のあるものではなく，他の古文字も同時に流通していたという。許慎自身は秦以前の古文字を見ていなかったようだが，20世紀の考古学の発掘成果により許慎の推測は一部具体的に確認できるようになり，周には，各諸侯国の間で独自の文字文化が醸成され，バラエティに富んだ古文字が流通し，抽象度の異なる多様な発想に基づく文字作りが展開されていたことが明らかになった❻。（図）

前期	後期	西周	西周	籀文	晋国	中山国	楚国	燕国	斉国	小篆	秦隷
【商代甲骨文字】	【				周代各国の古文字				】	【秦代文字】	

図「馬」の字形
〔注：同じ国でも銘文，竹簡，印章などの媒体の違いにより複数の字形が使われる場合がある。〕

　紀元前221年に秦が戦国の他の六国を滅ぼした後，帝政を敷き，度量衡単位や車軸幅の規格統一，官僚制度や法律体系の統合，思想や言論の統制などを図るとともに，書きことばにおける「書同文」（書体の文字統一）という言語政策を実施した。〔注：この政策は，秦の紀元前219年に刻まれた「琅邪台」石碑には「同書文字」と記され，『史記（・秦始皇本紀）』には「書同文字」，『史記（・李斯伝）』には「同文書」と書かれるが，『後漢書』とその後の史書では「書同文」と称される。〕始皇帝の文字標準化の政策により政令，法規など正式文書の字形は戦国時代の秦の文字を改良した書体「小篆」に統一さ

❹ 〔ドイツ語史・高田〕ここでも，規範的な「語」ではなく，規範的な「文字」という言い方がなされるのは，興味深い。以下でも，「文字標準化」など。

❺ 〔日本語史・田中〕日本語の辞書には，注❶に記した『和名類聚抄』のように，語彙の標準形と非標準形を示す記述を多く含む辞書もあれば，漢字の字体の標準形と非標準形を示す記述を多く含む辞書もある。たとえば，『観智院本 類聚名義抄』（11世紀末-12世紀初）には，「乱亂 上谷下正」（「谷」は「俗」のこと）とあり，「乱」が俗で「亂」が正とされているが，これは，字体の変異における，標準形と非標準形の意識が反映していると考えられる。

❻ 〔英語史・堀田〕この古文字の多様性について，アルファベットにたとえるならば，たとえばローマ字から派生した西欧諸言語の異なる文字セット，あるいは異なる書体を思い浮かべればよいだろうか。

れた。一方，秦の獄吏や税吏などの下級官吏の間で日常竹簡や木簡に毛筆で書く簡潔な書体「隷書」がすでに流通していたので，その使用も認められた。文字統一政策において小篆の象徴的な意義は大きかったが，字形変化の歴史をたどると，実際に日常の書記活動に頻繁に使用された秦の隷書が後の漢の隷書や唐の楷書へと受け継がれ，文字変化の流れを方向付ける役割を果たしていたことが明らかである。

　始皇帝の文字標準化政策は，書きことばによる情報伝達に利便性をもたらし，行政の効率性を高めたことは間違いないが，そればかりではない。秦が経書を焼き尽くし，典籍を廃除したことにより秦以外の旧諸侯国の文字文化の伝承が断ち切られ，「古文由此絶矣」（古文字はそれにより途絶えてしまった）と許慎が惜しむように，秦の文字標準化政策に払われた代償は決して小さいものではなかった。図を眺めると痛感できるように，「焚書坑儒」にもつながる秦の文字統一政策により，中国大陸において文字作りのロマンや豊かな想像力が失われ，中国語の文字が過度な権力干渉によりほかのさまざまな形態へと発展していく可能性が閉ざされてしまった。春秋戦国時代における学術文化の繁栄，個性豊かな思想家「諸子百家」の輩出は，当時のインテリたちが自国のことばや文字を使って自由に著述活動を行っていたことと決して無関係ではない。標準化に排他性はつきものだと言えるかもしれないが，大規模な破壊が伴う強硬な統一政策の推進は，多様性，独創性の消失をもたらすというマイナスの面があることも歴史の鏡が映し出している⑰⑱⑲⑳㉑㉒。

4. 漢の口語共通語──通語

　始皇帝が秦の帝国樹立後上述の「書同文」を含むさまざまな統一事業を実施したが，秦が15年しか続かなかったため，当初計画された政策のなかにはついに日の目を見ずに消えたものもある。話しことばの統一がその

⑰ 英語史・寺澤　英語史においても，18世紀における規範主義は地方方言を包含する英語の多様性を失わせる恐れもあった。それに対するアンチテーゼとして1798年にウィリアム・ワーズワース（1770-1850）とS. T. コールリッジ（1772-1834）は『抒情歌謡集』（Lyrical Ballads）において，民衆が日常用いる方言や非標準英語を重視する姿勢を表明した。

なかの一つのようである。許慎の『説文解字』の序文には次のようなくだりがある。(董蓮池 2005: 594)

　　分為七國，田疇異畝，車涂異軌，律令異法，衣冠異制，言語異聲，文

⑱ 英語史・堀田　英語史においても，標準化の過程で非標準的方言が排除・蔑視されてきた経緯は確かにある。実際，G. パトナムの『英詩の技法』(1589) は，ロンドンの宮廷で話される英語以外の使用は避けるべきであるとしている。さらに 17 世紀後半の王政復古時代には方言使用は嘲笑の的となり，18 世紀には J. スウィフト，J. ドライデン，S. ジョンソンなどの標準化推進派の文人の活動を通じて，方言使用は嫌悪の対象とすらなった。18 世紀後半から 19 世紀にかけては規範主義の名のもとに，方言の地位はますます下落した。そして，1881 年の教育法，1921 年の BBC の設立により標準語教育がさらに推し進められ，方言使用は恥ずべきものという負のイメージが固定化した。しかし，あくまで蔑視・嫌悪というレベルでの「排除」にとどまり，中国語史においていわれる「大規模な破壊」のレベルでの諸「方言」の排除が，英語史上に対応物はないように思われる。もっとも，帝国主義的大言語である英語が，世界の諸「言語」を破壊してきたことは事実である。

　なお，秦の始皇帝の文字標準化は，西欧の言語史におけるシャルルマーニュの小文字体の普及（8 世紀）に比せられるだろうか。ただし，後に述べられるような秦の始皇帝の文字標準化がその後の文字の多様性の伝統を断ち切ったという点については，西欧語の歴史で必ずしも対応物はない。シャルルマーニュの小文字体の普及以降も，中世後期から近現代にかけてさまざまな書体が生み出されてきた。

⑲ フランス語史・西山　フランス語の標準化について，アカデミー・フランセーズが 1694 年から現在に到るまで刊行してきた『アカデミー辞典』の果たしてきた役割は大きい。このアカデミー・フランセーズもその起源をさかのぼると，文芸を愛する有志の集まりであった。ペリソンの『アカデミー・フランセーズの歴史』によれば，1692 年頃からパリに暮らす文人が友人の家に集い，さまざまな談論に興じていた。すると，それを聞きつけた宰相のリシュリューが国家の庇護のもとに団体を作り，定期的な集まりを行うことを提案し，これがアカデミー・フランセーズへと発展した。なお『アカデミー辞典』の編集は現在も行われており，1986 年から部分的に刊行されている第 9 版は R の項目にさしかかっている。編集にあたる 12 名のアカデミー会員にはフランス人のほかにもイギリス，ハイチ，レバノンの出身者もおり，フランス語の国際性を体現している。

　フランス語の標準化のもたらした弊害があるとすれば，それは今日では地域語と呼ばれる，フランス国内に存在するフランス語以外の言語（ブルトン語やアルザス語，バスク語など）の抑圧であろう。これらの地域語はフランス大革命にあたり，反動の言語と見なされ，共和主義を普及し，フランス市民を創出するためのフランス語普及に対立するものとして撲滅の対象となった。その結果，学校に代表される公的空間から地域語は一掃され，共和国の言語である標準化されたフランス語のみが使用されるようになった。

⑳ [ドイツ語史・高田] 19 世紀に入って，学校教育で標準ドイツ語が教えられ，一般庶民も標準語へのアクセスを得た。しかし標準語をマスターすることは容易ではなく，標準語ができないと社会的認知を受けることができず，職業上で成り上がることもできなかった。教養市民の社会方言としての標準語を念頭に置いて，19 世紀中頃の時点で学校教師たちは庶民の方言的な発音を嘆いた。1878 年に帝国議会で，労働者出身のある社会民主党議員が格の用法（与格と対格：mir と mich）を取り違えて言ったことで聴衆に嘲られたと，フリードリヒ・エンゲルスは手紙の中で言及している。

㉑ [日本語史・渋谷] 日本語社会においては，明治以降の標準語の普及政策のもとで行われた方言撲滅運動や，戦後すぐに実施された表記の統一政策などが，強硬な統一政策に該当しよう。このうち前者は，「方言は非公式のことば，さらには悪いことば」といった認識を話者に植え付けることに成功し，後者はマスコミなどの協力もあってかなりの程度に統一されている。しかし，このような統一政策には反発する力が生まれることもまた歴史が証言しているところである。一時はいずれ消滅すると考えられた方言も，現在では標準語と併用され，話者が仲間意識などを確認するための重要な役割を持つことばとして社会の中で機能している。また，新たな方言が生まれると同時に（井上 1983 の新方言），アクセサリー（小林 2004）やコスプレ（田中 2011）にたとえられるような方言の新たな使い方もなされている。表記についても，作家をはじめとして統一政策に反対する大きな力があり，現行の政策の多くには，「目安」「参考とすることが望ましい」などの注記が含まれている。このように，標準化が推進されても必ずしも多様性が消失することにはならないようである。もっとも，必ずしも強硬な政策というわけではないが，標準化による多様性の消失と類似する事象として，世界規模での，大言語の普及にともなう少数言語の消滅ということがある。この問題は深刻で，多くの言語が消滅することが予想されている現在，これらの言語に含まれている「土地の管理，海洋技術，植物栽培，動物飼育など」の科学理論に資するところが大きい知識が失われるのではないかとの危機意識が広がっている（ネトル・ロメイン 2001: 77）。方言＝地域差そのものはなくならなくとも，伝統的な方言が失われつつある日本語についても，これと同様のことが言えるであろう（当該地域に伝承されてきた災害に関係する方言など）。

- 井上史雄（1983）『新しい日本語―《新方言》の分布と変化』明治書院.
- 小林隆（2004）「アクセサリーとしての現代方言」『社会言語科学』7（1），105-107.
- 田中ゆかり（2011）『「方言コスプレ」の時代―ニセ関西弁から龍馬語まで』岩波書店.
- ネトル，D.・ロメイン，S.（2001）『消えゆく言語たち―失われる言葉，失われる世界』島村宣男訳，新曜社.

㉒ [日本語史・野村] 日本語の場合，ここに述べられているほどの大規模な破壊は生じていないとは思うが，1900 年頃から 1960 年頃までの方言撲滅政策によって失われたものは大きい。それは方言話者における言語的アイデンティティの喪失であり，文化消滅に繋がっている。ただ古代中国ほどの規模となると，それが何をもたらしたか，見当も付かない。

字異形。秦始皇帝初兼天下，丞相李斯乃奏同之，罷其不與秦文合者。
（訳：戦国時代に周王朝が（斉，楚，秦，燕，趙，魏，韓の）七つの国々に
分裂し，各国の間で畑の単位が異なり，車道の幅が異なり，法律の条文が
異なり，服装の様式が異なり，ことばの発音が異なり，文字の形態が異なっ
ていた。始皇帝が天下を統一した当初，大臣の李斯がそれらを統一するこ
とを建言し，秦の文字と異なるものを禁ずるよう提案した。）

　この記述によれば，秦王朝で取り上げられた戦国各諸侯国間の相異なる
現象のなかに「言語異聲」（ことばの発音が異なる）ことが含まれていた。
ほかの五つの異なりが秦によって統一された事実を考えると，これは，漢
代の許慎が見ていた秦の文献資料では王朝成立当初話しことばの発音の違
いが問題視され是正の対象とされていたことを思わせるような記述である。
つまり，250年以上の戦国時代を経て，各諸侯国の間では独自の言語文化
が形成され，音声言語の差が広がった結果，ことばの壁が秦の統一国家に
とって一つの障碍と見なされるようになったと解釈することができる。許
慎の記述は，秦の頃には話しことばとしての共通語が求められ，音声言語
の統一も文字統一の延長線上に浮上していたことを示すものと見ることが
できる。
　短命王朝の秦に比べ，直後の前漢時代は長期の統一王朝として200年間
続き，共通語形成に必要な安定的な共通の社会的基盤が築かれていた。漢
代の人々は周代の文献に使われた標準語「雅言」と漢代のことばとの間に
時代差を感じると同時に，交通手段の発達や都市規模の拡大がもたらす人
口流動により，都長安を中心に広がる共通のことばと地方のことばとの間
の差も身近に感じるようになったと考えられる❷❸。
　『風俗通義（・序）』（召応作，2世紀頃）には次のような記載がある。（王

❷❸ 日本語史・田中 日本においてもヤマト王権（3〜7世紀）の全国支配が強まる
につれて，政権のあった大和地方と各地のことばの差異に関心が寄せられるよう
になっていったのではないかと思われる。奈良時代になり，8世紀に成立した『万
葉集』において，全20巻のうち1巻を「東歌」として東日本で詠まれた和歌を
集成しているのは，方言と方言による言語文化への関心を示すものと見ることが
できる。東歌はほかの和歌にはない，独自の音韻や活用を有していたことが確か
められ，それは現在の東日本方言の特徴に通じるところがある。

利器 2010: 11）

　　周，秦常以歳八月遣輶軒之使，求異代方言，還奏籍之，藏於秘室。
　　（訳：周と秦の時代に朝廷は通常八月頃に中央の役人を派遣し各地域の方言
　　を採集させていた。使者たちは方言資料を都に持ち帰り天子に報告し整理
　　した後「秘室」という資料館に保管していた。）

　紀元前206年頃秦の崩壊にともない，秘室所蔵の方言資料が民間に流出
した。前漢（前202〜後8年）後期頃，蜀（四川省成都）から上京し長安で
職を得た学者揚雄（前53-後18）がその一部を友人（厳君平と林閭翁孺）か
ら入手し，亡くなるまでの27年間いつも筆記具を手に取り，絹の巻物ノー
トを抱えて各地域から上京した人々を訪ねてまわり，『輶軒使者絶代語釋
別國方言』（略称『方言』）を編纂していた。彼の死後未完成の原稿が公表
され，中国言語学史上初の方言辞典の誕生となり❷❹，中国の方言研究の先
駆けとなった。揚雄はその中で地域方言とは対照的に，当時広く流通して
いた全国共通のことばを「通語」と称した。〔注：時には「凡語」とも称し，
特定地域の共通のことばについては「某地通語」と称している。〕『方言』の中
で「よい」という意味の語彙項目について，揚雄は次のように解説してい
る。

　　娥，嫷，好也。秦曰娥，宋魏之間謂之嫷，秦晉之間，凡好而輕者謂之
　　娥。自關而東河濟之間謂之媌，或謂之姣。趙魏燕代之間曰姝，或曰妦。
　　自關而西秦晉之故都曰妍。好，其通語也。
　　（訳：「娥，嫷」はよいという意味である。秦（四川省，甘粛省の東部と陝
　　西省）では「娥」と言い，宋（河南省東部と山東省西南部）と魏（河南省
　　開封市）の間では「嫷」と言い，秦と晋（山西省西南部）の間ではよくて
　　軽やかな状態を「娥」と言う。函谷関から東の河済（山東省兗州市）まで
　　の間は「媌」または「姣」と言う。趙（河北省邯鄲市），魏，燕（北京市西

❷❹　ドイツ語史・高田　方言辞典が出されるのは，方言に対峙する標準語が確立し
　　ているからである。そう考えると，中国語史における標準語 – 方言の対峙の早さ
　　が際立つ。ドイツ語の場合，方言という概念を表す語（Mundart）は17世紀に
　　でき，方言辞典の登場は18世紀を待たないといけない。

南部），代（河北省蔚県）の一帯では「姝」或は「妦」と言う。函谷関の西
と秦晋故都（陝西省鳳翔）までの間は「妍」と言う。「好」はそれらの共通
語である。）

揚雄は，「通語」を使って方言の意味を解釈したため，後世の人々が前
漢時代の方言の分布だけでなく，当時の標準変種，共通語の実態を把握す
るのにも重要な手がかりを与えた。そして発声の違いを問題視する秦の
人々とは違い，200 年間続いた前漢後期頃の（少なくとも揚雄のような教育
を受けた士の身分の）人々は方言の差を意識しながら，共通の標準変種を
操っていたと見ることができる。

漢代までの古代中国語では，「文言」（文語体）と「白話」（口語体）が明
確に分離していなかった❷ため，その時の書きことばの表現形態は後の時
代に比べれば相対的に話しことばに近かったと見られる❷。司馬遷（前
145-前 87?）の『史記』や班固（32-92）の『漢書』などの漢代文献では周
代の歴史事件の記述においては雅言の影響を受けたようだが，漢代の出来
事の記述や会話文には，漢代の口語共通語「通語」が使われていた。

後漢（25～220 年）時代の書記言語標準化の一大成果として，許慎の『説
文解字』を挙げることができる。漢代には，秦の「焚書」がもたらした文
字文化伝承の断絶により，漢字に関するさまざまな付会説や誤謬が横行し
ていた。許慎は漢字の部首分類法を創出し，漢字の成り立ち，意味や発音
などについて解説し，『説文解字』は後世に漢字学の聖典と言われるほど
中国文字学の規範を確立させた。『爾雅』や『方言』には発音の解説が付
いていなかったが，『説文解字』では漢字の発音を「〜聲」（〜と発音する），
「讀若〜」（〜のように読む）などのように表示した。ほかの漢字を使って
発音を明記することにより，漢代の人々にとって（後世の人々にとっても

❷ （ドイツ語史・高田）ドイツ語史の場合，文章語と話しことばは文字によるドイ
ツ語表記の始まりの時点から常に乖離していた。
❷ （日本語史・田中）日本語史の場合，初めての書きことば（文章）として 6 世紀
に成立する変体漢文は，中国語の書きことばである漢文から生まれたものであり，
話しことばとは大きく乖離していた。8 世紀に成立する漢字を表音的に用いる万
葉仮名で書かれる文章や，10 世紀に成立する平仮名で書かれる文章は，奈良時
代や平安時代の話しことばと乖離していなかった。

ある程度）当時の「通語」の音韻情報を確認することが可能となった。

5. 隋の音韻規範体系——『切韻』

　後漢（25〜220年）から魏晋南北朝（221〜588年）にかけて，学問的関心の高まりという内的要因と，仏教伝来によるサンスクリット語との接触という外的要因との両方の影響により，音韻問題が言語研究の射程におさまるようになった㉗㉘。その間，漢字の一音節内部の構成要素（「声母（初頭子音）」と「韻母（母音，末尾子音）」）や四種類の声調（「平，上，去，入」）が発見された。そして，特定の漢字音を表すのに，一つの漢字の「声母」ともう一つの漢字の「韻母」の組み合わせによる発音表記法「反切」も発明されるようになった。これらの一連の発見や発明がきっかけで，中世期中国語の音韻研究が盛んになり，漢字音の規範確立に向けた模索が始まった。ここでは『顔氏家訓』（顔之推作，6世紀末頃）と『切韻』（陸法言作，601）に記載されたエピソードを通して，当時の学者たちの音韻への関心や標準音確定の経緯の一端をかいま見ることにする。

　582年のある日，隋（581〜619年）の高官（太子内直監）陸爽の宅に，顔之推，蕭該を筆頭に，劉臻，魏彦淵，盧思道，李若，辛徳源，薛道衡という8人の音韻に詳しい学者が集まり，いまふうに言えば「泊まりがけの音韻研究会」が開かれた㉙。その中で中国語の音韻的特徴，南北の地域差，自然環境の影響や社会的位相などについて幅広く議論が行われ，当時の音韻論諸説への批判も展開され，漢字音の混乱，標準の欠如が嘆かれた。最

㉗ 〔英語史・堀田〕　初期近代英語期の16〜17世紀にも，内外両方の刺激により正音学（orthoepy）への関心が高まった。内的には，英語の標準化に向けてとりわけ発音と綴り字の関係が注目されたということがあった。外的には，ルネサンスの古典語尊重の風潮，および聖書翻訳への関心から，ギリシア語正音論争が巻き起こされるなど，他言語の音への客観的な観察眼が生じ，それが英語にも跳ね返ってきたという事情があった。

㉘ 〔日本語史・田中〕　サンスクリット語との接触による中国語音韻学の発展は日本にも影響を与え，悉曇学が隆盛した。五十音図の成立など日本語の音韻の基本的な把握も，悉曇学の中で進められた（馬渕和夫（1993）『五十音図の話』大修館書店）。

㉙ 〔ドイツ語史・高田〕　ドイツ語史においては，17世紀に「国語協会」が設立され，会員である学識者たちが文通という形で言語規範，言語純化について討議し，その成果物として文法書，正書法書が出された。

後に漢字音の規範作りや体系化について論点がしぼられ，各地の発音を比較し「捃選精切，除消疏緩」（精確に選別し，曖昧さを除去する）という原則を立てた上で，当時の洛陽と金陵（南京）地域の発音を規範とする漢字標準音の制定に意見が集約された**⑩**。〔注：『切韻』の標準音について，これまで①洛陽と金陵の二地域説，②長安を加えた三地域説，③特定の地域がない総合説，などさまざまな説があるが，陸法言の『切韻・序』では「蕭，顔多所決定」（蕭該と顔之推の意見に基づくところが多い）と記し，顔之推の『顔氏家訓・音辞』ではいろいろ比較した結果，最も標準的な発音地域は「獨金陵與洛下耳」（南朝の都だった金陵と北朝の都だった洛陽しかないだろう）と書かれている。二地域説は当事者の顔之推の文章が主な根拠となる。〕

研究会には，主催者陸爽の息子で当時 24 歳ぐらいの青年学者陸法言も同席していた。陸法言が「その場で蠟燭の明かりの下でそれぞれの主張の概略を記録にとっていた」と『切韻（・序）』に記されている。その後，18 年の歳月が流れ，600 年頃隋皇太子廃止にともなう陸爽の皇太子教育の監督責任の連座により，当時 42 歳頃の陸法言まで官僚出世の道を断たれた。その後，彼は塾で生計を立てながら，先学たちに託された使命を果たすべく，研究会の記録内容の整理にとりかかり，同時代のほかの音韻論学者の研究成果（呂静の『韻集』，夏侯該の『韻略』，李季節の『韻譜』など）も踏まえた上で，翌年の隋文帝仁寿元（601）年についに体系的な漢字音韻字典『切韻』を完成させた。その中で 12158 の漢字を 4 種類の声調に区分し，その下に 193 種類の同韻グループを設け，さらに頭子音により 3406 種類の「小韻」を細分し，反切に基づき漢字ごとの標準発音を記録した。

---

⑩ 日本語史・田中 中国で発音に地域差が大きいことと，いずれの地域の発音が標準的なものであるのかが時代や王朝によって異なっていることは，日本に取り入れられた漢語の発音の複層性につながっている。日本語には，まず，5〜6 世紀に仏教伝来の波の中で多くの仏教漢語が取り入れられたが，それは，中国南方方言の発音に基づく「呉音」で読まれる（「修行」の「行」を「ギョウ」と読むものなど）。その後，8 世紀に隋・唐との交流が盛んになると，洛陽あるいは長安を中心とする地域の発音に基づく「漢音」で読まれる（「行人」の「行」を「コウ」と読むものなど）語が，取り入れられるようになり，朝廷は漢音を正式な音として推奨した。さらに，17 世紀以降，禅僧や貿易商あるいは長崎通辞によって伝えられた新しい漢語は，明代以降の中国南方系の発音に基づく「唐音」で読まれるものだった（「行灯」の「行」を「アン」と読むものなど）。

ラムゼイ（1990: 154）は『切韻』における漢字音の標準化，体系化の時空を超えた役割について次のように評している。

> ほかのどんな著作よりも，『切韻』とその反切とは，中国文明の到達したすべての土地で，漢字音を規範化する大きな助けとなった。（……）教育が世界の中のこの地域でより広く普及しつつあったときに，中国・日本・朝鮮・ヴェトナムの学生たちは何世代にもわたり，『切韻』で与えられた読書音を基礎にした発音体系によって中国語を読むことを学んだのである。発音字典としては，『切韻』にはいかなる対抗馬も存在しなかった。その詳細に分類された体系は，中国の中世期を通じ，規範としてほとんど普遍的に受け入れられたのである。

『切韻』の漢字音韻体系は，唐（681〜907年）の『唐韻』（孫愐編751），宋（960〜1279年）の『廣韻』（陳彭年，邱雍ら編1008）などによって増補，修正を加えられながら受け継がれ，東アジアにおける漢字文化の伝播，後世の音韻研究や韻文教育に多大な影響を与えた[31]。

6. 明・清の公用語——官話

明・清時代の標準化の話をする前に，元代の言語事情に触れておく必要がある。13世紀後半頃中国歴史上初めての中国語圏外の民族（モンゴル族）による統一王朝元（1271〜1368年）が成立した。モンゴル帝国は，広大な地域を征服するというハードパワーの点においてはかつてのローマ帝国に匹敵するが，哲学，文学，歴史，法律などの言語・文字文明の成熟度というソフトパワーの面においてはラテン語のローマには遠く及ばない。モンゴル民族はチンギス・ハン（1162?-1227）による王国創設の1206年頃には独自の文字を持たず同じアルタイ語族のウイグル語の文字を借用していた。1260年にフビライ（1215-1294）が即位した後，初めて独自のパスパ新文字が作られた。中国大陸を支配下に収めた後の元はモンゴル語を「国語」，パスパ文字を「国字」と定めた。しかし，元王朝は話しことばと書きこと

---

[31] （日本語史・田中）中国の韻書は，日本にも数多く伝えられ，それらを集成した韻書や，日本独自に著された韻書も多数編纂され，日本での漢詩作成に利用された。

ばの両方において中国語の使用を禁ぜず，漢籍のモンゴル語翻訳事業を重視し，両言語のできる人材を重用していたので，実質上一種のバイリンガル政策を取っていた。『元史（・志第十八・禮樂一）』（宋濂・王禕 1370）は詔令伝達時の使用言語について次のように記している。「讀詔，先以國語宣讀，随以漢語譯之」（詔令を伝える際には，まず国語（モンゴル語）で読み上げ，その後それを中国語に訳して伝える）。そして，『元史（・列傳第六十八・虞集）』は，儒学者虞集が第 8 代皇帝トク・テムル（1304-1332）に漢籍の経書を講じるときのことについて，「用國語，漢文兩進讀」（国語と中国語の二種類のテキストを使っていた）と書いている。元は 1313 年までの前期頃には官僚資格試験の科挙制度を導入しなかったため，多くのインテリたちを儒学から文学や芸術の創作活動に転向させていた。モンゴル王朝の寛容な言語・文化政策が功を奏し，元代は中国文学史上戯曲の最盛期を迎えることができた。口語体で書かれた戯曲台本は，唐・宋の語録類の会話文に比べ，より日常の言語運用実態に近いものとなり，後の明・清時代の白話小説の礎を築いたと見ることができる。

　元は 1272 年に都を「大都」（北京）に定めた。そのため後の 96 年間，北京のことばは，中国の諸言語，諸方言のなかで存在感を放つようになった。元に続く明代（1368〜1644 年）は成立当初都を南京に置いた。南京はかつて 300 年以上続く六朝時代（222〜589 年）の古都でもあり，南京語は『切韻』の標準音として採用されるほど歴史的には高い威信を持っていた。明王朝は成立 53 年めの 1421 年に北京に遷都したが，南京はその後も副都として機能し南中国の文化中心地として栄え続けていた。清王朝（1636〜1912 年）は明を滅ぼした 1644 年に都を後金の興京（遼寧省新賓）から北京に移した。それにより北京は三度にわたり王朝の中心地として繁栄し，その後の 268 年の間に北京語がさらに威信を高めていった。

　14〜19 世紀の明・清時代には，中国において「官話」（Mandarin）という公用語が流通していた。〔注：「官話」という言い方は明代にあたる 1483 年の『朝鮮王實録・成宗實録』にすでに出現していた。张美兰 2011: 2〕その頃の官話は地域や時代による差はあるものの，基本的に南京語と北京語のどちらかがその標準となっていた。清代の 1726 年に刊行された官撰の『音韻闡微』に使われた漢字音の反切表示にはすでに北京語の発音が反映されて

いた（李建国 2000: 187）。中国の伝統的な漢字音教育は朗誦による口授のため，その音韻的特徴が表意文字には反映されず痕跡として残らないが，西洋人が中国語を学ぶ際には，漢字音の確定とローマ字転写の必要性が生じ，その転写作業にあたりまずどの地域の発音を学習漢字の標準音とするかを定める必要がある。その意味において，西洋人の記録や学習ノート，テキストなどは当時の標準官話音の実態を知る上で重要な左証となる。17世紀（明末清初）頃，中国で布教活動を展開していたカトリックの宣教師たち（イタリア人マテオ・リッチ（1552-1610）やスペイン人フランシスコ・ヴァロ（1627-1687）など）は南京語を官話の標準ととらえ，彼らのローマ字表記にも南京語音の特徴が反映されたが，19世紀頃に渡った西洋人（イギリス人外交官，学者トーマス・ウェード（1818-1895）など）は北京語を標準官話ととらえ学ぶようになった。

　日本では江戸時代に通訳官の「明士唐通事」により長崎経由で伝えられた中国語は江蘇，浙江，福建など南中国に広く使用される「南京官話」であったが，明治9（1876）年頃になると，通訳や教育で使用される中国語が南京官話から北京官話に移行し，その派遣教師の出自も南方から北方にシフトしていた。何盛三（1935: 71-72）は，明治時代東京の外国語学校での中国語教育について次のように記している。

　　明治九年春，北京人（旗人）薛乃良が前教師浙江人葉松石に代つて來り教師となるや，其四月新たに應募入學した二十餘名の學生より初めて北京官話の教授を開始し，從來の南京語の學生も大半北京語に移つた。殘りたる少數者の爲めに南京語は北京語科に並立して居たが，明治十四年に至つて之を廢し，專ら北京官話のみを教うることとなつた。

　18世紀以降の清王朝では支配層民族の「言語シフト（language shift）」，つまり満州族の人々が自ら政治的威信を持つ上層言語（満州語）の維持と拡大をあきらめ，文化的威信を持つ基層言語（中国語）の受容と普及を推進するアクティブな「言語同化（language assimilation）」現象が起きていた。1728年頃に清の5代め皇帝雍正が福建，広東の官僚による奏議の官話発音が不正確で意味が理解できないとして諭旨を下し，標準語の官僚養成学校「正音書院」を南方各地に作らせたが，その時に多くの満州族の北京人

教員が派遣された。上記のように，明治9年頃に日本での中国語教育に北京官話が導入された際にも，旗人（満州族人を中心とする中層階級）がそのネイティブ教師として活躍していたことが明らかである。〔注：現在「官話」は中国語の十大方言（官話，晋語，呉語，閩語，客家語，粤語，湘語，贛語，徽語，平話）のなかの一つである。8億人ほどの使用人口を持つ「官話」方言はさらに八つの下位官話方言（北京官話，東北官話，冀魯官話，膠遼官話，中原官話，蘭銀官話，西南官話，江淮官話）に分けられるが，「南京官話」は主に江蘇省，安徽省に分布する「江淮官話」内の下位方言の一つとなる。ちなみに，1950～70年代には「官」ということばは古い時代のイデオロギー色を帯びた用語として使用禁止となり，「官僚」のかわりに「革命幹部」が使われた。言語変種の名称「官話」も「北方方言」に改名されていた。しかし，官話は中国の西南部や東部にも分布しているので，1980年代以降には学術用語として「官話」の使用が復活した。〕

7. 民国の標準文体——文言から白話へ

　中国語の書記言語は，冒頭で触れたように，唐代以降の約1000年の間に「文言」と「白話」という二種類の文体が併用されていた❸。その間「文言」は標準文体で，主に政令，法律，史書，伝記，科挙試験などに使われ，「白話」は非標準文体で，主に民謡，仏典翻訳，禅宗語録，戯曲，小説などに使われていた。〔注：「白話文」の基盤となる音声言語の実体は，唐・宋時代では主に「通語」，明・清時代では主に「官話」であったが，方言音を表す漢字を導入する地域色の強い白話文も存在した。〕

　1840年のアヘン戦争，1894年の日清戦争の後，租界地域における西洋文化，西洋化された明治の日本文化の流入により，中国社会に変革を求める声が上がり，近代化の波が押し寄せた。その頃から欧米諸国や日本への

❸ 日本語史・田中　「文言」と「白話」という二種類の文体が併用されていたのは，日本語史では，「変体漢文」「漢文訓読文」などと「和文」という，漢と和の2系統の文体が併用されていたことと対応する。ただし，「和文」は，平安時代は口語体であったが，鎌倉時代以降は文語体となる点が，中国語史における「白話」とは異なっている。鎌倉時代以降は，「和漢混淆文」の系譜にある文章のなかに，口語体に相当するものが現れるが，中国語史の「白話」のような一貫して続く有力な口語体はなかった（第5章参照）。

若者の留学ブームが起きた。19世紀末頃から，メディアの近代化の一環として『無錫白話報』（1898年刊行）をはじめ各地で白話新聞の発行が相次ぎ，新しいメディアの登場により白話体の普及に拍車がかかった。一方，1905年に科挙制度が廃止され，儒教経典を中心とする文言の学習ニーズが急速に低下した。1912年に清王朝が崩壊し中華民国が成立した後，1910年代から20年代にかけて中国の言語・文字に対する変革の要求が強まった。アメリカ留学帰りの哲学者，文学者の胡適や日本留学帰りの思想家，政治家陳獨秀，文学者銭玄同や魯迅などが雑誌『新青年』を拠点に文化革新，新文学建設，書きことばの文体改革「白話文運動」を起こした❸❸。ほぼ同時期に国語学者労乃宣による「大衆語」の提唱，国語学者黎錦煕，ドイツ留学帰りの哲学者蔡元培などによる「国語運動」，アメリカ留学帰りの言語学者趙元任などによる「国語ローマ字」の提唱などが加勢し，中国社会において正式文体としての白話文使用のリクエストが日増しに高まった。1920年に当時の北洋政府が教育部訓令を発布し，国民学校において科目名の「国文」を「国語」に改め，使用文体として「文言」を廃し「白話」を採用した。その頃から古代中国語に通じる「文言体」と現代中国語に通じる「白話体」との間で，標準文体としての立場が逆転した。それから，白話体は着実に使用域を拡大し，文言体は急速に活躍の場を失い消滅の一途をたどった❸❹。

　以下，古代中国語，文言体，白話体，現代中国語の四者間の表現実態と歴史的な相関関係を，会話文における「おいくつですか」という同一の「年齢質問」発話行為（表中用例の下線部）の事例を通して示したいと思う。（表中例文後の括弧内は質問された者の性別と年齢を示す）。

---

❸❸ 英語史・寺澤　英語史とは関わらないが，「白話文運動」は日本における「言文一致」と何か影響関係はあるのだろうか。

〈古代中国語・文言体〉	〈白話体・現代中国語〉
古代中国語 ①叟年幾何？（男83）前2世紀 ②年幾何矣？（男15）前1世紀 ③羅敷年幾何？（女18）3世紀 ④卿年幾何？（男61）6世紀	**白話体未確立**
文言体 ⑤媼幾歳？（女70）11世紀 ⑥翁年壽幾何？（男70）12世紀 ⑦尓今幾歳？（男46）12世紀 ⑧卿年幾何？（男73）13世紀 ⑨年幾何矣？（男56）14世紀 ⑩今年幾何？（男42）15世紀 ⑪媼年幾何？（女70）16世紀 ⑫年幾何矣？（女16）18世紀 ⑬妙齡幾何矣？（男19）18世紀 ⑭年幾何矣？（女18）19世紀	**白話体** ⑰年多少？（男28）10世紀 ⑱汝年多少？（男79）11世紀 ⑲今年貴庚了？（男30）13世紀 ⑳你多大年紀也？（男25）13世紀 ㉑青春幾何？（女28）14世紀 ㉒青春多少？（女28）16世紀 ㉓老人家高壽了？（男81）17世紀 ㉔幾歳兒了？（女4）17世紀 ㉕多少尊庚了？（男20）18世紀 ㉖今年貴庚多少？（男13）19世紀
⑮知縣年幾何矣？（男40）1908 ⑯母年幾何矣？（女40）1914 **文言体消滅**	**現代中国語** ㉗你今年幾歳了？（男5）1919 ㉘多大年紀了？（女74）1923 ㉙你今年多大歳數？（女45）1943 ㉚多大岁数？（男27）1961 ㉛多大年纪了？（男65）1985 ㉜你老高寿？（男93）1998

行（左の列の見出し：九世紀以前／十から十九世紀／二十世紀）

〔注：用例出典文献一覧〈古代中国語・文言体〉①『韓詩外傳』，②『史記』，③『漢樂府』，④『魏書』，⑤『艾子雑説』，⑥『續墨客揮犀』，⑦『過庭録』，⑧『鶴林玉露』，⑨『金史』，⑩『彭文憲公筆記』，⑪『五雜俎』，⑫『聊斎志異』，⑬『夜潭随録』，⑭『柳弧』，⑮『愛苓小傳』，⑯『杏兒別傳』／〈白話体・現代中国語〉⑰『祖堂集』，⑱『天聖廣燈録』，⑲『醉思郷王粲登樓』，⑳『同樂院燕青博魚』，㉑『三國演義』，㉒『牡丹亭』，㉓『金瓶梅』，㉔『金瓶梅』，㉕『儒林外史』，㉖『鏡花縁』，㉗『王来保』，㉘『種虎之夜』，㉙『小儿黒結婚』，㉚『红旗谱』，㉛『野人』，㉜『高老庄』〕

　われわれは広範囲の歴史文献の会話文から収集された表の用例分布から，次のような傾向を読み取ることができる。

　(1) マクロの視点から歴史の座標を思いきりズーム・アウトし，一つの言語共同体のタイムスパンを2500年ととらえる場合，中国語には時代が1000年ぐらい重なる二種類の書記言語の変種——「古代中国語・文言体」と「白話体・現代中国語」が存在し，それぞれ異なる表現形態が使用され

ていることが明らかになる。〔注：中国語史研究において，両変種には適切な名称が与えられていない。前者をまとめて「古代中国語」と称する人もいるが，そうすると 20 世紀初頭の書きことばを「古代」とするのに違和感を持つ人が現れ，後者をまとめて「現代中国語」と称する説もあるが，今度は 1000 年前の唐代の白話を「現代」とするのに異論を唱える人も出る。両者をまとめてそれぞれ「文言」「白話」と称する場合にも両者の対立のない時代の言語を含めて指すのに不適切だと感じる人が現れる。前者を「文言体」と称することは大方に受け入れられるかもしれないが，「白話体」という用語は 19 世紀以前の口語体書きことばに限定するのが一般的である。上述の理由により，本論では無理して造語せず，混乱を避けて両変種をそれぞれ二つの名称を併記して称する。〕

　（2）ミクロの視点から言語運用の細部をズーム・アップし，同一発話行

---

❸ 〔日本語史・田中〕 中国の「白話文運動」は，日本の「言文一致運動」に，20 年程度遅れて進む。その活動の中心メンバーに日本留学の経験のある魯迅が含まれているように，日本の言文一致運動が影響を与えたところがあったろう。その進み方も，文学活動と教育改革が中心であるところや，短期間のうちに，有力だった文言体・文語体が衰え，白話体・口語体が制覇するに至るところも，よく似ている。日本の言文一致運動は，新しい文体としての口語体を作ることが必要だったが，中国の白話文運動が，従来あった文体を採用することで足りたとすれば，その点は大きく異なっている。

〔筆者彭による解説〕 ❸，❹のコメントについて次のように補足説明をさせていただく。「言文一致」ということばは 1900 年以前に他の和製漢語とともに中国語に流入し，一時期言語問題の議論で使用されることもあったが，中国では日本における「言文一致」運動の実態から離れた文脈，つまり事実上文体論よりも，主に仮名のような表音文字の創制という文脈で使われていた（銭玄同・獨秀 1918: 462，黎錦熙 1934: 91）。日本での文体論としての「言文一致」の考え方は早い時期から中国に伝わり，「白話文運動」の中に吸収されたと言えるかもしれないが，『新青年』に掲載された留日帰りの学者の論文をすべて読み通しても日本の文体論としての「言文一致」を論じるものは見当たらない。一方，「白話文運動」の提案者胡適は 14 世紀以降の西欧諸国の国語（national language）の形成過程を踏まえた上で，イギリス，フランス，ドイツの言語に比べ，イタリア語が最もラテン語に近く，ダンテやボッカッチョ以来のイタリア語とラテン語の関係は中国における「白話」と「文言」の関係に一番類似するため，イタリアのケースが最も中国の国語近代化の参考となる，と明確に主張した（胡適 1917: 10）。そして，蔡元培，銭玄同などがたびたび「文言」をラテン語に喩えて批判する（銭玄同 1918，蔡元培 1919，黎錦熙 1934）ことを踏まえて考えると，外的要因として，ルネサンス以降の西欧諸国の「国語近代化」と明治日本の「国語近代化」が相まって中国の言語近代化に影響を与えたととらえることができる。

為の各種異形（variant）にフォーカスをあてると，「古代中国語・文言体」では，一部対象年齢による異形「年壽幾何？」（⑥），「妙齡幾何？」（⑬）は見られるが，漢代文献の会話文に初出した通語の「年幾何？」が基本形として2000年以上コンスタントに使用されている実態が浮かび上がる❸。一方，「白話体・現代中国語」には，10〜20世紀の1000年の間に，話しことばの時代的変化と社会的変異が反映され細かく記録されていることも明らかである。時代とコンテクストを踏まえて細部を観察すると，「年多少？」（⑰⑱）が10，11世紀頃に使われ，「多大歲數（岁数）？」（㉙㉚）が20世紀以後に使われる現象，「幾歲？」（㉔㉗）が子供に，「青春幾何？」（㉑）と「青春多少？」（㉒）が若い女性に，「高壽（了）？」（㉓），「高寿？」（㉜）が高齢者にそれぞれ使われる現象，それから身分に関わる敬語接頭語「貴」「尊」が使われた異形「貴庚（了）？」（⑲），「多少尊庚（了）？」（㉕），「貴庚多少？」（㉖）が13〜19世紀に現れる現象などが観察される。そして，白話体が文言体の要素（疑問詞の「幾何」「幾（歳）」）を取り入れることはあるが，文言体が白話体の要素（疑問詞の「多少」「多大」）を取り入れることはないという事実も確認できる。さらに，われわれには，白話体の用例を増やせば異形のバリエーションも増えることが予想できるが，文言体にはそのような兆しが見えない。

（3）一つの発話行為事例による管見ではあるが，上記マクロの視点で観察された傾向から両変種が持つ通時的承接関係と共時的併用関係が明らかになり，ミクロの視点で観察された傾向から書記言語としての両変種が持つ「言語活力（linguistic vitality）」の差が浮き彫りになる。書記言語の主な機能は音声言語の記録である。書記システムにおけるこの機能が衰えると，形態上の硬直化現象が起き，音声言語からの乖離が進み，話しことばに現れた時代的変化と社会的変異にフレキシブルに適応できず，書きことばと

❸ ｜日本語史・渋谷｜これらは，音読されることはあったのだろうか。もしあったとすれば，5節にあるような標準音で読まれたのか，各地の方言音で読まれたのか，気になるところである。

｜筆者彭による解説｜漢字が表意文字であるため，音声的な縛りがゆるく，音読される場合，標準音と方言音のどちらでも使用可能となる。この点では白話文も同じである。

しての活力，生命力が低下するようになる。表中の文言体に現れた硬直化の特徴は，白話文運動の旗手胡適（1918: 292）が唱えた「死に体の文言では決して生命力，価値のある文学を作り出すことはできない」という主張を裏付けることになる。20世紀初頭に白話体がスタンダードとして確立し，文言体が歴史舞台から姿を消した原因について考える場合，白話文運動の推進が言語システムの外的要因であったとすれば，両変種が持つ言語活力の差が言語システムの内的要因であったと言うことができる。中華民国時代の標準文体の交代劇について，われわれは，1000年の時間をかけて実現した中国語書記システムのモデルチェンジであったと理解することができる。

8. おわりに

　古今東西を問わず，言語システムの最適化，標準化の努力には成功もあれば未完成や失敗もあり，それぞれが後世に与えた影響も大小さまざまである。本章では，約2500年間の各時代に要請された中国語の標準化について史的展望を試みたが，われわれは，中国語の標準化の実態と政策の歴史をたどることにより，言語標準化の普遍性を探求し，現在や未来の言語政策の制定に役立つ何らかの知見や教訓を学ぶことができるのではないかと思う。

参考文献

王天海（2005）『荀子校釋』上海古籍出版社.
王力（1981）『中国語言学史』山西人民出版社.
王利器（1993）『顔氏家訓集解』中華書局.
王利器（2010）『風俗通義校注』中華書局.
小川環樹（1977）『中國語學研究』創文社.
金谷治（1963）『論語』岩波書店.
何盛三（1935）『北京官話文法』東学社.
華學誠（2006）『揚雄方言校釋匯證』中華書局.
賀巍（2002）『官話方言研究』方志出版社.
季羨林（2007）『儒藏・精華編第104編・論語義疏』北京大學出版社.
胡適（1917）「文學改良雛議」『新青年』（二巻五號）上海求益書社.

胡適（1918）「建設的文學革命論」『新青年』（四卷四號）上海求益書社.

蔡元培（1919）「国文之将来」『蔡元培语言及文学论著』（河北人民出版社 1985 年所収）.

周祖謨（1988）『廣韻校本』中華書局.

徐时仪（2007）『汉语白话史』北京大学出版社.

钱玄同（1918）「注音字母」『新青年』（四卷三號）上海求益書社.

钱玄同・獨秀（1918）「中國今後之文字問題」『新青年』（四卷四號）上海求益書社.

宋濂・王禕（1370）『元史』（『二十四史全訳』漢語大詞典出版社 2004）.

张美兰（2011）『明清域外官话文献语言研究』东北师范大学出版社.

唐作藩（2007）『中国语言文字学大辞典』中国大百科全书出版社.

董莲池（2005）『説文解字考正』作家出版社.

藤堂明保（1987）『中国語学論集』汲古書院.

彭国躍（1995）「『金瓶梅詞話』の「年齢質問」発話行為と敬語表現—社会言語学的
　アプローチ」『言語研究』（第 108 号）日本言語学会.

彭国躍（2005）「中国の言語政策とイデオロギー—「文字革命」の発生と挫折」『言語』
　34-3，大修館書店.

ラムゼイ, S. R.（1990）『中国の諸言語』高田時雄他訳，大修館書店.

李學勤（2000）『十三經注疏整理本・爾雅』北京大學出版社.

李学勤（2012）『字源』天津出版传媒集团.

李建国（2000）『汉语规范史略』语文出版社.

黎錦熙（1934）『國語運動史綱』商務印書館（2011 年再版）.

第11章

漢文とヨーロッパ語のはざまで

田中克彦

まえがき──この論文集に参加する私のたちば

　本書にのぞむ私，田中克彦の役割はどのようなものであるかについて，私の気持ちを述べておこう。

　まず私は，本書のテーマ「標準語」，「標準化」がどのようにして選ばれたのか，その過程を知らない。──と書いたのを読まれた大修館編集者の辻村厚氏は，本書のテーマは「標準化」であって，「標準語」ではないと，私の注意を喚起された。できごとの順序としてはその通りであるが，私の年代の者にとってはまず「標準語」があり，「標準化」などというこまっしゃくれたことばは，今回はじめて知った。本稿では，私の共時感覚に沿って，以下全体を述べることにする──。

　最初に告白しなければならないのは，私には「標準語」ということばには客観的になれない，むしろ感情的な反応をしてしまう習癖があるので，これを学術の用語としてとりあげる準備ができていないことである。これは，執筆者の皆さんとちがって，まず私は90歳に近い世代の日本語人であり，その世代の者は日本語の標準語化過程を紙の上の知識にとどまらず身をもって体験し，その具体的現れとして行われた方言撲滅運動の最後の過程をいささか経験した者であることが第一点，つまり私が経験した標準語化とは，容赦ない方言撲滅過程であるという点である。方言を話す人を，憎むべき──あえて言えば反道徳的──習癖の保持者として罰することが，「標準語」という用語そのものの中に含意されている。ずばり言ってしま

えば「標準語」は普通名詞ではなくて、日本語にだけ特有の、むしろ近代日本語のある歴史過程に位置する時代を指す特有の感情価値をもった固有名詞だという語感がある。

　この感情価値を、もう少し具体的に言えば、その方言が語られている土地、その土地がかもし出す、水、空気、草木、そこの空気を吸って暮らしている人々のすべてが間違っていて、そのすべてを正しいことばと入れかえることによって、はじめて、正しい、安心して暮らせる標準空間が得られるという感覚である。このばあいの「標準」は土着の文化全体に、その存在を許さぬ脅迫と恫喝として作用する。

　次に、本書で扱われているのは、何よりも個別の国家の言語の標準語についてである。近代国家の出現以前には標準語というアイデアは生じにくく、必要でもなかった。その国家は、長い歴史をもち、その言語の多くはたいていは植民地をもち、その植民地において支配言語として君臨してきた。この植民地とは特にフランスのオック語地帯のような——また新しくはロシアにとっての「小ロシア」と呼ばれたウクライナのような——「国内」植民地と呼ぶべき場合にこそ、標準語は劣勢な弱小言語に対して猛威をふるう。また国外植民地のばあいには、植民地化された地域の言語は禁圧されるか、あるいは方言ごとに地域が分断され、それぞれの小さな言語にそれぞれの「標準語」を設けて、その言語を細分化し、無力に陥れる。言われるところの、divide et impera（分断せよ、そして統治せよ）の政策により、劣勢言語はさらに細分化に追い込まれた。これを行ったのがソビエト連邦による言語政策であり、現今の中国の言語政策もまたそのような一面を模倣し、さらに強化しつつ（2021.8.4　朝日新聞参照；後述）継承している。

　以上のように、(1) 私自身の日本語における標準語化体験の見聞による実感的（共時論的）「標準語」感覚を保持しつつ、(2) 大言語に抵抗しようとする、植民地化された地域の劣勢言語における標準語問題を意識しつつ、本書における各章についての私の見解を述べるという方法をとりたいと思う。

　したがって私の「標準語」は、第4章で野村さんがとりあげた、日本語史における標準的な役割を演じ、特別に選ばれた言語変種という意味での

標準語ではなくて，近代国家が「標準語」という具体的な目標を掲げ，この語をもって学校教育，ひいては国民教育を遂行した時代の問題としてとりあげる。

1. 体験の標準語と紙の上の標準語

標準語について論ずるとすれば，私としては欧米の諸学者が論じてきたことを，それらの文献を通じて標準語像を描く——すなわち辞書的記述——よりさきに，まずこの日本で，「日常の語」として用いられてきたこの語すなわち「標準語」が，我々の実生活の中でどのように用いられ，ときに猛威をふるったかを顧みなければならない。

敗戦の直後からしばらくの間，日本学術会議のような官製の組織ではなく，民主主義科学者協会（1946年1月19日発足　米占領軍 CIE〔GHQ の情報教育局〕ヒックスが祝辞をのべる。——鶴見俊輔他編『民間学事典』三省堂 1997）という，民間団体の学術活動が活発であった。ミンカ（民科）と略称されるこの団体に，私が参加しはじめたのは，大学生になる（1953年）のと同時で，当時もっとも目立った活動を行ったのは「地学団体研究会（地団研）」の月の環古墳の発掘活動であったが，私が参加したのは「言語部会」であった。

この言語部会では，オキナワ出身の，そこそこ学術論文の筆者として名の知られた方言学者たちが，こもごも自らのオキナワにおける言語体験——とりわけ 1930〜40 年代の小学校における——を語る会がもよおされた。背景には，当時オキナワが日本から切りはなされて米軍の占領下に置かれていたという事情があったからであろう。その話は主として土語としての「オキナワ語を追い出して文明の日本標準語に入れかえる」「国語教育」をテーマにしたものであり，時には熱を帯びて，標準語による言語弾圧への怒りの表明となった。

最も印象ぶかく聞いたのは，「罰札制度」であった。それは，教室で方言を発して方言札と呼ばれる罰札をかけられた者がクラスの友人を，不意に襲って，不用意な状態で，思わず，かれらの日常のことばが飛び出すのをとらえて，方言札を首にかける。かけられた者は，また同じようにして，そのようなチャンスを作り，そのぎせい者に方言札をゆずる。このように

して，最後のぎせい者を作りだす。罰札制度とは，このように，仲間の中に違反者を作りだす，相互監視体制のことで，これがいかに過酷な体験となったかは，もはや知識の伝授という当時の「国語の授業」の役割をはるかにこえている。日本における標準語化には，このようなプラクティスがあったことを，この論集の参加者には片時も忘れないでおいてほしい。このように「標準語」とは書きことばでなく，聞いただけで誰にでもすぐにそれとわかる土俗性に満ちた話しことばの問題として提起されたのである。

　細部はよく覚えていないが，この罰札を首にかけられた者は，それが成績表に反映される。その成績は，「国語科」ではなく，操行全体の評価となって利用されるとのことだった。つまり，全人格の良し悪しを示す指標として用いられるのであって，この操行成績の悪い者は，教科の成績がどんなにすぐれていても進級はできなかったということを，これらの見かけも内容もりっぱな大学者たちが怒りをこめて語ったのである。

　このありさまは，戦争になる前の平和な時代の話であり，戦時になると異なっていた。男はたいてい兵隊にとられて，いなかったから，教師の大部分は女であり，それもまだ 17, 18 歳の「少女」に近い「代用教員」と呼ばれる人たちだった。ちなみに私のいた小学校は，兵庫県の北端の但馬地方であって，言語的には非近畿式の，鳥取県に隣接する中国方言地帯であった。「標準語」教育とは主として発音の矯正であると私は受けとっていたが，標準語発音のモデルを示せる人は，教師も含めてほとんどいなかった。徴兵によって軍隊教育を受けた者が標準語発音を持ち帰る貴重な実例だった。

　私のアクセントは非近畿式で，私の出身地は兵庫県では未開な文明のとどかぬ後進地帯であったから，東京に移ってから知りあうことになった先進キンキ地帯の出身者（例えば小倉千加子）からは，なぜ「きちんとした関西語をしゃべらないのか」と非難された（『女たちのやさしさ』田中克彦対話集，河出書房新社 2006）。キンキ方言を母語とする人たちで，ひとかどの出世をなした人たちからは，キンキ出身者が標準語で話すことは，故郷への裏切り者と思われたのだろう。しかし私にとっては，これが母語だからしようがない。標準語教育としては，ガ行鼻濁音を出すように訓練する教師もいたが，地元の教師にはそんなことができるはずがない。これは疎

開によって，時に東京から移ってきた子どもたちからはじめて聞く，異様な発音であった。当時はテレビはなく，聞きとりにくいラジオしかなかったから，なおさらのことである。ところが大都市の爆撃がはじまると疎開児童がやってきて，ナマの発音で「標準語」なるものを実演してくれた。都会の子どもたちにとっては悲惨きわまりない疎開だったが，私のような僻地の土着の少年には，日本の言語教育史の上では，空前絶後の恵みであった。東京や神戸の子どもたちが日常どんなことばを用いているかをかれらからつぶさに聞き，学び知ることができたからである。

　後に，私は東京大学で服部四郎から音声学の訓練を受ける機会があった。三重県亀山市出身の氏は，もちろん関西弁圏のひとであったが，ガ行鼻濁音の訓練を受けたという話をすると，「そんなことを小学校〔当時は国民学校〕でやったんですか」と驚きの感情をあらわにされた。音声学者のこの先生は，ガ行鼻濁音の発音訓練が外国語の発音の獲得にもたとえられる，いかに困難なことであるかをよく知っていたのである。また氏は，ガ行鼻濁音は濁音より聴覚的な効率が劣るので，減っていく傾向にあると話された。中央線電車の放送で「次はオギクボです」は日本語の放送ではオニクボと聞こえる。英語のアナウンスではっきりオギクボであることがわかる。現に最近は NHK のアナウンサーでも濁音の発音を平気でやるようになった。今日は 1970 年代とは全く異なって鼻濁音の濁音化がまっしぐらに進行中で，そのありさまには目を見張るものがある。後で私は東北地方の，私の土語よりもはるかに標準語から遠い方言を知って，これらはじめて耳にする方言のエキゾチックなひびきに魅せられたのであった。

　柳田国男が言っているように，標準語教育は人々の会話をすっかり委縮させてしまった。教育熱心な家庭では方言による自然な会話を恥じたからである。標準語教育は家庭内で猛威をふるった。子どもが親のことばづかいをとがめ，笑いの対象にしたことは，幼い子どもが親を政治的に告発したという中国の文化大革命とも比べられる事件であった。この体験は，日本人が自らの文化，自らの言語を恥じる心理的習性を養い，この習性は，日本人の行う学問そのものにも深く刻印された。戦後 20 年 30 年たったころでも，東北出身の会社の受付嬢が方言で応対したことを指摘され，自殺した事件が時々，新聞などで報じられたのである。作家たちもまた，方言

を嘲笑する軍団の先頭に立ったことを忘れないでおこう。その目立った例として 1960 年代からはじまって 80 年頃まで，新聞・雑誌などで大いに健筆をふるってそれを『日本語のために』（新潮社 1974），『文章読本』（中央公論社 1977）にまとめた丸谷才一をあげておこう。この人は『中央公論』に連載した文章を後に単行本にまとめて出版したときには，私の批判した部分を大幅にあらためた。自ら反省したか，編集者の注意にしたがってあらためたのであろう。

　丸谷が嘲笑の対象としたのは，戦後，人々が味わった解放感のなかで現れた「体そう」「きょ大」「網ら」「こん虫」「あ然」など，かなのまぜ書きと新かなづかいなどであり，さらに旧かなづかいへの復帰を説いた。それは，丸谷だけでなく福田恒存なども主張していたが，丸谷はさらに「鼻濁音ぬきの発音で翻訳劇を演ずる新劇役者」とか，「ヒとシを入れ違へてお公家さんの役を演ずる歌舞伎役者とか」などと，文字にとどまらず発音にまで身をのりだした。かれ自身が鶴岡市の出身であったことを考えると，方言狩りをやったのは，その方言から脱出して中央のエリートになった成り上がり者たちであったことがわかる。

　丸谷は個人的趣味をありったけ言い放っただけにとどまらず，その趣味の主張は研究の分野にまで及んだ。たとえば口語訳聖書の訳文についてである。「きょうは生えていて，あすは炉に投げ入れられる野の草でさえ，神はこのように救って下さるのなら，あなたがたに，それ以上よくしてくださらないはずがあろうか」などとは，「イエスの口から断じて出るはずがない」，「たるみにたるんでゐる駄文」だと言ったたぐいである。イエスが実際にどんなことばで話したかは大きな問題だ。イエスさまが路傍の貧民のために，丸谷が満足するような文語のお経ことばを語ったかどうかは，聖書学に問うべきである。

　私は当時，国立国語研究所が出していた『国語年鑑』に，数年にわたり，当時の日本語に関する出版物について展望欄を書いていたので，思い出すかぎりで上のことを述べた。学術的正確さにかけるところがあると思うけれども，いまのところやむをえない。

　私のこのような文芸界への抑制されない批判は，今から見れば不思議なほど，寛容で自由な当時のジャーナリズムによって許されたのである。

2. 標準語から「共通語」へ

　こうした事態を見ていたからであろう，柴田武が，「標準語」にかわって，それまで聞いたことのない「共通語」という新語を導入しはじめた。柴田は，日本にはまだ標準語は成立していない，共通語の段階だと主張したのが，かれの岩波新書『日本の方言』(1958) でひろく知られるようになった。その後柴田さんの意見が国語教師などの共感を得たからであろう，多くの人が「標準語」という用語を用いなくなり，「共通語」にきりかえた。そのほうがモダンでより民主的だと考えたのだろう。そして柴田さんには，たぶんドイツ語の Gemeinsprache（gemein は「共通の」，Sprache は「言語」という意味）が念頭にあったのだろう。そのヒントを与えたのはウィレム・グロータースだったと想像している。というのは柴田さんはグロータースのヨーロッパ語の知識を頼りにして，行き詰まったときにはきまってかれの知識を援用したからだ。柴田さんの「標準語」から「共通語」への切り替えは，当時進行していたサベツ語糾弾運動と手をたずさえて進行し，やがてほとんど耳にすることがなくなった「標準語」は一種のサベツ語だと受けとられたのであろう。このように「標準語」は学術の用語としての使用は一時は消えて，死語になったかに思われた。ところが，今回この論文集にはほとんど前触れもなく，突然「標準語」が現れたので，その驚きを記録しておくために，このようなことを書いているのである。

　しかしオキナワにおける標準化事業を見るとき，共通語なんてノンキなことは言ってはいられないのである。標準語教育とは母語の使用者をきびしく罰する制度を伴った，過酷なもので，これが，方言どうしの交流の中から「自然に」生まれるなどということはとてもあり得ないことであった。少なくとも私は，柴田さんによる共通語の根づかせが進行して以来，「標準語」を耳にしたのは久しぶりである。

　この点で参考になるのはノルウェーの標準語政策である。都市住民はデンマーク色の強いリクスモール Riksmål（「王国のことば」つまり国語。後にボークモール Bokmål（「書籍のことば」）），地方の農民層は固有のいなかことばランスモール Landsmål（「いなかのことば」。後にニュノルスク Nynorsk（「新ノルウェー語」）） を用い，国会では両国語は対等とされ，議事録もこれら両国語で用意された。しかし全国規模の都市化に伴い，ランスモールはい

ちぢるしく退潮の傾向にあるという。

3. 日本語に標準語を求めた明治期

　日本語の諸変種を地方的・階層的特徴によって，さまざまに呼び分ける呼び名はあったが，それらの中からある変種を選んで「標準語」に指定し，あるいは製作することは，明治期にはじまり，この語も明治期に誕生した。この作業の必要を感じたのは，外国語の知識を持つか，あるいは外国語にたずさわる人たちであった。「標準語」を日本で最初に用いたのは，すなわち，この語を standard language の訳語として作ったのは岡倉由三郎の『日本語学一斑』（明治 23，1890）であろうという惣郷正明・飛田良文の見解はだいたい正しいであろう（『明治のことば字典』東京堂出版 1986）。少なくとも，ヘボンの『和英語林集成』（第 3 版 1886）にはまだ登場していない。

　岡倉がここで方言と標準語との関係について「其思想交換の具として優劣あるが為ならず」と述べていることに，当時の世界の言語学界の意向が反映されているものとして，特に注目しておきたい。日本語に標準語を定める必要を感じたのは，国内での事情によるのみならず，もしかしてそれ以上に外国語として学ばれるべき日本語のスタンダードを，外国語との関係において，あるいは外国語にならって定める必要があったからだと思われる。ここで注意しておかねばならないのは「標準語」はまだ発生していなかったことである。もちろんのことだが「共通語」も。明治 5 年（1872）陸軍幼年学校が発足したが，教師はすべてフランス人で，授業言語はフランス語であった。当時を経験した柴五郎（東海散士の弟）は，漢文と「フランス語なら不自由なく読み書き喋れるのに，日本文が駄目なのです。」（石光真人編著『ある明治人の記録』中公新書 1971）と述懐している。明治 5 年における日本語の状況を示す貴重な証言として記憶したい。

　標準語は「共通語」が含意するかもしれない，諸方言の交流の中から自然に形成されて現れるのではなく，特定の地域の，特定の階層の方言が選ばれ，指定されることによって生まれることに注目しよう。

4. 1950 年代のオキナワ語問題

　オキナワ語が自立した言語であるか，あるいは日本語を構成する一方言

であるかという問題も，1950年代の日本で大いに争われた問題である。当時オキナワは米軍の占領下にあったから，これを独立の言語だと言えば，日本への復帰を願う人からは，オキナワ語を日本語から分離することによって米軍の占領をも追認し，それに加担するものだという議論が起きた。当時これらの議論は『思想』『文学』などの雑誌にも掲載された。ここで記憶しておきたいのは1955年刊行の『世界言語概説 下巻』（研究社）で，オキナワ語はシナ語，安南語，アイヌ語などと並ぶ「琉球語」という独立の項目をたてて扱われていることである。

　私が思うに，もしオキナワがソ連邦の支配下に入っていたとしたら，ブリヤート語の例を見るにつけ，占領者はオキナワ語の標準語を作製し，日本語とは全く異なる言語だと，言語学者たちをやとって主張させ，オキナワをも政治的に日本から分離・独立させたであろう。

5. 標準語の制定は，標準として定められた特定方言以外の諸方言の死を求める

　標準語の制定は，国における外国語もしくは異言語による日常生活を禁圧したことになる。これが，国内の異言語空間に適用されると，どのようなことが起きるか。フランスでは，アルザスにおけるドイツ語（方言）を，ドイツ語と認めれば，国内で外国語が話されるのを認めることになるから，「アルザス語」と呼ぶことは，よく知られている例である。ソビエト連邦では1930年に入ると非ロシア語の民族語地域で無数に生じたが，その例を一つだけあげておこう。

　問題はモンゴルの北につづく，バイカル湖周辺に分布するブリヤート・モンゴル語地域についてである。十月革命後，この地域には，モンゴル語との一体化をめざす，言語運動が生じたことが文献からうかがえる。全モンゴル語地帯の分断をおそれた知識人が求めた統一標準語確立運動であった。しかしそれは公式に論じてはならない反ソビエト的態度とされた。もともと，モンゴル語地帯は，それを領有する中国，ロシアと関係なく，モンゴル文語が共通に用いられていた。この文語の普及によって他のモンゴル語地域と言語の共通性を維持するために書かれたのが，たとえばツィビコフの文法教科書（1927）である。すなわち中ソによって分断されたモン

ゴル語地帯の統一言語（共通言語）としての既存の伝統的文語の利用である。

　しかし，大衆が書くことばの生活に参加するためには文語ではなく，口語にもとづく共通言語が必要だとのたちばから，口語に基づく標準語の制定が求められた。その役割を担ったのが，後に自治共和国文部大臣になったバザル・バラーディンであった。かれは，1930 年代のソ連の言語理論，言語政策を一手に握っていた権威ある N. Ya. マルの理論を奉じ，それにもとづいて，ラテン文字による正書法を考案した。当時は国際プロレタリアートの共通語として，エスペラントがたたえられ，その文字であるラテン文字も敬意を払われた結果，ロシア語もキリール文字ではなく，ラテン文字で書かれるべきだと主張されていた。今日のプーチン時代には考えられない，1930 年代という独特な時代の話である。その方言的基礎は，モンゴルとの国境に近い地域で話されていたセレンゲ方言であった。セレンゲ方言と隣接のモンゴル語ハルハ方言との関係は，たとえば語頭の s が，セレンゲ方言では h に対応するのが顕著なちがいである。日本語に例えると，オバサンがオバハンとなる，関西方言とのちがいくらいであった。

　このバラーディンのラテン化モンゴル語は，モンゴル人民共和国でもそのままとり入れられて，ラテン化運動として進められた。そのありさまは郵便切手のデザインにもなって普及された（私の著書『言語の思想—国家と民族のことば』NHK ブックス 1975；岩波現代文庫 2003 参照。この 1932 年発行の切手は，ハイデルベルクの友人，W. シャモニ教授がミュンヘンで手に入れて送ってくれたものである）。しかし，38 年にバザル・バラーディンはパンモンゴリストとして逮捕され，2 か月の後に銃殺された。それとともに，ブリヤート・モンゴル語の方言的基礎は，セレンゲ方言よりさらに北と東に分布するホリ方言に移された。こうしてホリ方言がブリヤートの標準語となることにより，ブリヤート語はモンゴル語から完全に分断されたのである（私の著書『モンゴル—民族と自由』同時代ライブラリー，岩波書店 1992 参照）。

6. 標準語が方言を言語（国語）とすることによって，新しい言語を作る

　ウクライナ語とベラルーシ語は，ロシア語とともに東スラヴ語群をなすだけでなく，さらに進んでロシア語の単なる方言，いな方言にも達しない，

低劣な文明水準にあるドジン（土人）の話す「土語」と見るたちばもある。たとえばアントワーヌ・メイエは積極的にウクライナ語とベラルーシ語の独立に反対した人である。

　ロシアの十月革命によってそれ以前は「小ロシア語」と呼んだウクライナ語とベラルーシ語が，ソビエト同盟構成国のウクライナとベラルーシの，それぞれの国語となったことをメイエは驚きの眼で見て，次のように書いた。

　　　──共通の小ロシア語を確立することは，必要でもなく，また有益でもなかった。（『ヨーロッパの言語』岩波文庫，386ページ）
　　　　小ロシア語〔今で言うウクライナ語〕を共通語〔標準語という意味〕とすることは農民の話語〔これは土語と訳すべき〕にもとづくことばを都市住民に押しつけるもので，つまりは文明を引き下げることである。（同，386ページ）
　　　──白ロシア人は，もっぱら大ロシア語を文語として使用していた。彼らの文語はまだ重要なものになっていない。私は近頃ロシアの同僚から，白ロシア語で書かれた言語学専門書を受けとったが，これには本当にびっくりした。（同，389ページ）
　　　──ソ連邦では，異なることばを使う各民族がそれぞれひとつの文明語を，それも多くの場合，「初歩的」な〔「幼稚な」と訳すべき〕文明語を，それも多くの場合，「初歩的」〔幼稚な〕という語のもっとも控え目な意味において「初歩的」〔幼稚な〕文明語を，もつ傾向にある。（同，390ページ）

　このように，「大ロシア語」の圧倒的な圧力をはねのけて，けなげにたたかう，「小ロシア語」「ベラルーシ語」に対して，メイエ先生は，いささかの容赦もないが，ウクライナ語，ベラルーシ語には，どうしても，だまってはいられない特別な事情というものがあるのだろう。その特別な事情を理解するために，言語学，とりわけ社会言語学の独自の役割というものがあるはずである。今日のウクライナに対するプーチンの態度は，伝統的にロシアにある考え方を示したもので，メイエの再来かと思わせるところがあった。それはすなわちロシア革命直後に示した，メイエの考え方を政治

的に再現したものであることに注意してほしい。

　フランス語の前に，滅亡の危機にさらされたプロヴァンス語について，ミストラルがプロヴァンス語の作品でノーベル賞を受けたとき，ウクライナのコトリャレフスキーが連帯の声をあげ，そのときこの二つの言語は，ともに，それぞれの歴史的な役割に深く気づきあったのである。

　ここにあげた，方言か標準語かという問題は，ハインツ・クロスの用語をもって語れば，Abstandsprache の議論に一致する。Abstand（へだたり）を作るために，手っ取り早く行い得るのが語彙の Ausbau（拡張）である（この語については『ことばと国家』1981 を参照のこと）。「評議会」を言い表す語としてベラルーシ語はロシア語の Совет（サヴェート）をそのまま使うのに対して，ウクライナ語（小ロシア語）は Рада を用いる。これはドイツ語の Rat（あるいはその複数形 Räte「評議会」）と同源の語であって，ロシア語のみならずベラルーシ語からの Abstand を得るためにこのようにされたのであろうと推定されるが，それを明言するためには，この語の語史をたどってみなければならない。

7. 標準語の起源の発端

　メイエはロシア革命のせいで，かつてロシアの貴族層でひろく学ばれ愛好されていたフランス語が学ばれなくなり，それに代わって，120 をこえる文明をもたない未開な民族語が文字を持って独立するさまを苦々しい思いで眺め，「文明語の数は増やすべきでない。少ない方がいい」と述べた（『ヨーロッパの言語』）。「文明語」とは日本語で言う「書きことばをもつ言語」に近いであろうし，さらに言えば「標準語をそなえた」ということが当然のこととして含意されているであろう。その役割は文明（文化ではない）を担える資格のある言語ということである。同様のことは 19 世紀のなかばに，フリードリヒ・エンゲルスが述べている。かれは，英，独，仏語とせいぜいイタリア語，ポーランド語くらいが世界が必要とする言語であって，かれの念頭には，ロシア語が今日のように重要な役割を演ずるとは想像もできなかったのである。「スラヴの方言はまったく粗野なパトワだ」。ボヘミアの独立などは「文明化された西方を東方に，都市を田舎に，商工

業や，精神生活をスラヴ農奴の原始的農耕に隷属させることを目標にした
のだ。」（良知力「四八年革命における歴史なき民によせて」『思想』1976 年 10
月号からの引用）。これはほかでもない，メイエのいわば祖型を示している。

　このような考え方は古典世界がモデルになっている。西洋ではギリシア，
ラテン語，東洋では漢文（古典中国語）があれば十分であるとこの人たち
は考えていた。この永く人類を支配した考え方を破ったのが，ダンテの俗
語論（1304 年）である。この俗語論はラテン語で書かれたが，メイエの言
う非文明語が文字で書かれる最初のきっかけを作ったのである（岩倉具忠
訳註『ダンテ俗語詩論』東海大学出版会 1984）。

　書きことばは優雅であり，神聖なものであり，またそうあるべきもので
ある。──ダンテは，この神聖であるべき文字を用いて「革職人やパン焼
きの下司どもの」ことばを書くことによって，文字の神聖さを汚したとし
て人文学者たちから攻撃を受けた。

　本書の第 9 章で高田さんと佐藤さんは，ドイツにおいてダンテと同じこ
とをやったルターの事績を述べている。それぞれの宗教は聖典は必ず，そ
れをもって語られた言語で学ぶことが大切であると教えてきた。その禁を
破ったのがルターである。イスラムのコーランは，いまもって翻訳で読み
上げられることは禁じられている。（井筒俊彦が勇敢な試みとして，岩波文
庫で俗っぽい調子で訳出したとき，非難を受けたらしく，その後現行のあらた
まった新訳が出されたことは記憶にあたらしい。）日本の仏教では，経典は一
般の民衆には聞いてわからぬ漢訳で読みあげられるのがありがたいと受け
とられている。

　宗教活動のみならず，日常の生活全般を「母語」で記すことによって，
世界に何千もの「非文明語」が，それぞれの書きことばを持つことになっ
た。これが，人類の解放であり，そして人類の言語生活に大混乱をもたら
すことになった発端である。

　ルターの聖書翻訳はヨーロッパの各地に伝えられ，それまで未知であっ
た土語＝俗語の存在を世界に知らしめた。フィンランド語が「国語」にな
り，その存在を確実にしたのはロシア革命の翌年の 1918 年であるが，そ
れは突発的なできごとではなく，ルターの影響のもとに生まれ，1642 年
に刊行されたアグリコラのフィンランド語翻訳聖書が準備した。つまり聖

書の翻訳の必要が新しい（未知であった）言語の形成を求め，それに続いて無数の言語が誕生したのである。フィンランド語もこのようにして，はじめて「書かれる言語」（メイエのことばで言えば「文明語」）になったのである。

　こうして人類が数千もの言語をもっていることを発見した時代のことをワイスゲルバー（Leo Weisgerber）は Die Entdeckung der Muttersprache im europäischen Denken（1948）（ヨーロッパ思想における母語の発見）として描き出したのである。

　この多言語の発見は，ただちに「バベルの塔」の伝説，すなわち，バベル以前の言語が単一だった時代の記憶にたちもどることを求める。この発見，母語の多様は大きな混乱を引き起こした。しかも，おのおのの言語は，数々の土語からなっているので，それらの土語の中に，それぞれ標準を設けて規制せざるを得なくなったのだ。これが標準語の起源の発端である。

　メイエやエンゲルスの，諸言語の中から文明語だけを書くための言語として引き出すというのは，場あたり的で実用な方法だが，これをより根源的に，ヤハヴェの神がアダムに与えた原初のことば——これのみが真正なことば——として人類すべてが「生まれながらにして身につけている文法」を仮定し，すべての言語を，その「生得的文法」に還元すべく，その手続きを発明したのがチョムスキーである。私がかれの方法を「神学的」と呼びつづけるのにはそのようなわけがある。かれはこのような方法で，バベルの混乱以前の「人類の単一言語」に到達したのである。すなわちそれは紙の上に描かれた「人類標準語」にほかならない。バベル以前の単一言語への復帰は多くの西洋の言語学者にとっての夢であった。

8. 言語の独立と分散を阻止する装置としての漢字

　本書に寄せられた彭国躍さんの第 10 章は，標準語制度における漢字特有の役割について述べているので，日本人，とりわけ西洋語の研究者には注意をもって読んでいただきたい。

　漢字は，直接にはオトを表さないから，どんな言語に用いても，オトを経由せず，まっすぐに意味を表す。言語の目的が意味であるとするならば，オトは意味に通ずる道への障害となる。このオトというジャマな経路を除

去してくれるので漢字はありがたい。だから，漢字はどんな言語を表記するにも用いることのできる万能文字である。たとえば「我去学校」（I go to school.）は，漢字の意味さえ知っていれば，オトを経由することなくあらゆる言語に通用する。そのオトはドイツ人であれ，フランス人であれ，それぞれの言語のオトで読めばいい。こうしてオトは言語の本質から除かれる。もしこの漢字がそれぞれ絵でかいてあれば，その絵が意味するところを，それぞれのオトで読めばいいのである。このように特定のオトに固定されない文字は，あらゆる言語に用いることができる。従って特定のオトを示さない文字は，方言を書くには適さない。だから，漢字にとって標準語とは，究極には文字だけが標準であるから文字の配列のしかただけが問題となる。この問題は，意味を表さず，もっぱらオトのみを表すラテン文字などのアルファベート文字とは本質的に異なる原理にもとづいている。だから，アルファベート文字と漢字を等しく「文字」と呼ぶことはできないので，英語では後者を letter ではなく character と呼ぶのである。

　ヨーロッパには，今日のところ 67 の言語が数えられる。ここで私は，次のように仮定してみる。もし，ローマ帝国が古代中国との交流によって漢字を導入し，ヨーロッパ全域で漢字を使っていたとすれば，書きことばは分断されず，ヨーロッパはこんなに多くの言語に分断されていなかったはずである。ノルマン・コンクエストによって，西^{ウエスト}サクソン語がフランス語に置き換えられようとも，漢字さえ使っていれば，そこから生じた変化は文字には反映されないから，ヨーロッパにこれほどの多言語は生まれなかったであろう。極論すれば，一つの書きことばで足りたはずである。

　中国はいまのところ，漢族以外に少数民族語の数は 55 あると確認している。チベット語，ウイグル語，モンゴル語など，漢字以外の古くから伝わる表音文字（アルファベート式文字）を使っている言語を別にすれば，大多数の漢系言語は同じく漢字で表記されるから，「中国語の方言」とされている。しかしヨーロッパ語の基準からすれば，カントン語，ハッカ（客家）語などはスペイン語に対する同じくロマンス語のポルトガル語のごとく，方言ではなく独立の言語であるが，漢字で表記されるから，言語の実体であるオトは現れず，文字だけでは別の言語であるという正体が現れない。

漢字圏に生まれ，漢字のみで生活している人間には漢字のこのような性質が感得しにくいから，「方言」「標準語」などの概念が得にくい。この問題は文字表記の問題をはるかにこえて，中国の文化のみならず，政治観，政治意識をも支えている。そこから生まれたのが Fei Xiaotong（費孝通）の「多元一体民族論」に見られるような民族観・民族理論である。この理論の行きつくところは，中国語は全中国 56 民族にとって単一の標準語となり，そのことにより「単一の中華民族」が誕生するのである。2021 年 8 月 2 日，中国教育省は少数民族の幼稚園で民族語ではなく「標準中国語」を使った教育を行うよう求める通知を発表したという（朝日新聞 2021.8.4）。言うまでもなく，これは中国語と諸言語が漢字で表記されるかぎりにおいてのみ可能である。

　漢字で表記された漢語が日本語の使用に際して，方言の露出を阻み，抑え込むために担ってきた特別の役割を思い出すべきである。漢字にルビ（ふりがな）をふるのが第一段階，やがてはふりがなをとり去って漢字だけを独立させれば，和語を忘れて漢字語だけで通用する。このようにして和語の語彙は減少し，漢語の地位はますます確実になる。和語の減少は，日本語の話者たちにどのような利益をもたらすか。それは，標準語の普及において，大きなさまたげになるところの，アクセントの学習が無用になることである。

9．標準語の起源——世界にさきがけて標準語のモデルを示した例としては，何よりも先にフランスの例を参照しなければならない

　近代諸言語の中で，最も強力に，「国語」の標準性を主張したのはフランスであろう。まず 13 世紀はじめアルビジョワ十字軍によって南部オック（Oc）諸方言を葬っただけでなく，ブルトン，バスクなど，系統の異なる異言語の自立した使用空間をゼロにしようとした。この伝統は 1970 年代でもまだ続いた。たとえば役所はブルトン語で名をつけた新生児の出生届を受け取らないなどなど。これら出生届の受け取りを拒否された者たちは，運転免許の取得，大学への入学にも困難をきわめたという。

　法によって言語を規制するという試みは，言語の本性にそぐわない。言語と法との出会い——この最初の著しい例は，1539 年にフランソワ 1 世

が発布したヴィレール゠コトレの勅令である。これによって，すべての裁判や公務においては，「フランス語のみで発音され，記録され，伝えられるべき」ことを定めたのである。

　ヴィレール゠コトレの勅令の重要な意義は，（1）法律で以て，公務員が公務においてラテン語という権威ある伝統言語を使用するのを禁じたこと，（2）オック語と呼ばれる，南部フランスの有力方言群の使用を禁じたことである。

　この方言の禁止は，フランス革命の際にさらに強化され，この伝統は1951年のディクソンヌ（Deixonne）法が現れるまで継承された。しかしこの伝統は，法的規制外の法制として効力を発揮し，1970年代においても，ブルトン語の名をつけられた新生児の出生届が拒否されたというニュースが伝えられた。

　以上のことは，本書に寄せられた西山氏執筆の第8章では全くふれられていないけれども，標準語の起源を論ずる際には，欠かせない知識と考えられるので，あえて述べておきたい。日本語の近代を論ずる際に，多くの点でフランスとその言語が参照されるが，その際に，日本では全く考慮の外に置かれた旧古典語との接し方である。すなわち，ラテン語はフランス語にとって祖型ともいえる権威ある古典語であるが，その使用を勅令によって禁じたのに対し，日本では，日本語と全く性質の異なる漢文を，独立国家を求めながらも排除するどころか，その読みくだし文体をいっそう強化して，勅令文なかんずく法律文に用いた点である。本書の論者たちは，この問題——外国語の排除——を標準語の形成の中心問題の一つにすえて議論を展開すべきであった。

10. 純化運動と calque（ドイツ語では Lehnübersetzung 翻訳借用と呼ばれる）

　母語を標準語と定めるには，たいていのばあい，その母語にさきだって社会的上層を支配した外国古典語との競争において打ち勝つべき，母語が有能であることと，その優秀性を説き，証明するという作業が必要になる。この作業を行うのは政治の指導者ではなく，本来は文芸界が行うべき仕事である。これを具体的に例示したのがフランスである。

　この事業を典型的に実現した例は J. デュ・ベレーの Défense et

Illustration de la langue française「フランス語の防衛と讃美」（1549）である。1980年頃，私がケベック州の方言調査を行った際に，本屋さんで，よく似たほとんど同じ題名の本，Michèle Lalonde, Défense et Illustration de la langue Québécoise（ケベック語の防衛と賛美）に出会った。（この本は重要な文献として大切にしていたのが，いま見つからないので，発刊年度を示すことができない。）この本は joual などと蔑称されるケベック方言を，フランス語から独立させることを説いたものである。なお第8章で西山さんが挙げている joual とは，西山さん御自身はそうは説明していないが，私はフランス語の cheval（馬）のケベック式発音であると読んだように思う。そこで私はケベックのバスの各地に向かう集合所のようなところで運転手や乗客の発音を聞いて，joual 式発音を実際にたしかめてみたのである。ケベック方言では，フランス語の語頭の j- は摩擦音の［ʒ］でなく，破擦音の［dʒ］あるいは［dz］となっているのが大きな特徴であり，これがケベック方言全体を冷笑するための索引になっている。たとえば jour が［dzuːr］などと。とにかく16世紀のデュ・ベレーの伝統が，400年を経てケベックで生きて繰り返されているのを見て，私はある種の感動をおぼえたのである。しかもケベック語のアウスバウの主張としてであるから。

　ある言語の内的な能力はどこにあるか，それは外来語の洪水の中にあっても，その言語が，外来語をそのまま受け入れるのではなく，自力で，必要な語彙を自前の材料を用いて製造し，拡張する能力である。

　東欧諸国の中でも，周囲のスラヴ，ゲルマンの諸語とは異なるウラル系言語に由来するハンガリー語にとっては，とりわけこの問題は重要である。私はハンガリーでこの問題に注目したデーチ（Gyula Décsy）の研究に注目したい。

　calque（翻訳借用）は一度ある言語で行われると，それがいくつもの言語にも応用される。日本語がヨーロッパ語にもとづいて作製した，漢字による翻訳借用は，そのまま中国語に導入，実用されて無数のネオ漢語を作りだしたことはよく知られている。モンゴル語の自転車を表す語は dugui（輪）と言うが，これはロシア語を介さずに直接ドイツ語 (Fahr)rad（ドイツ語では自転車を「（走る）輪」と呼ぶ）から入ったカルクであることはほとんど知られていない。またモンゴル語の arga khemžee（方策）は，ロシア

語の мероприятие のうつしであり，それがさらにドイツ語の Maßnahme に
さかのぼることは，さらに知られていない。17 世紀ドイツで語彙のドイ
ツ語化を推進した国語協会であった Fruchtbringende Gesellschaft の成果が
遠くモンゴルにまで及んでいるのである。翻訳借用がなじんでくると，普
通の話し手には，それが外国語をモデルに作られたとはほとんど想起され
なくなり，ついには固有の語であると意識されるに至る。

　多くの外国語で同様の現象がみられると思うが，日本語には，翻訳借用
に依存しない，全く独創的と言っていい新語が作られた例を特記しておき
たい。それは「魔法瓶」，「万年筆」，「大蔵省」のたぐいである。「魔法瓶」
は thermos の訳語として作られたが，この中に thermos の語根が表す意味
は全く反映されていない。「万年筆」も同様である。これらの日本語は，
もとになった外国語の単語の分析の上にたって訳したのではないから訳語
とは言えず，全く外国語の知識のない人が直感的にこれらの名を与えたか
のように思わせる。これらことばの真の才人たちが誰であったかを明らか
にする努力が払われた形跡は全くない。今日大蔵省に代わって与えられた
「ザイムショウ」が，耳だけで聞く者には「ガイムショウ」との無用の混
同を引き起こす，まずい訳語である。標準語は書いて判別できるだけでな
く，まず聞いて，耳での混乱が起きないようにつとめるべきである。1960
年代フランスの言語アカデミーは concept はフランス語と認めないという
結論を出したという話を興味ぶかく読んだ（E. ジルソン『言語学と哲学』岩
波書店 1974）。

11. 越境する言語学者たち

　ある言語が，いくつかの，あるいは多くの方言への分裂状態にありなが
ら，まとまった言語の中核を作れないばあい――これはその言語が他民族
の植民地支配を受けているばあいに多く見られる現象だが――，そのよう
な状態に直面した言語学者は，同様な状況にある他の国の言語を見たばあ
い，自らの経験をそのような状況に適用し，その言語が直面している問題
を解決しようと思うことがある。

　国際政治においては，政治学者は外国の政治を批判すると，「内政干渉」
をするなと非難される。しかし言語にあっては，外国の研究者にしばしば

助言を求め，外国の研究者もそれに積極的に答えることがある。たとえば，W. D. ホイットニーと森有礼のばあいである。それはまだ明治新国家の創成期のできごとであったが，20世紀に入ってもそのようなことが生じた。フィンランドのアルタイ学者，G. J. ラムステット（1873-1950）がまさにそのようなばあいの例としてあげられる。フィンランドは長くスウェーデンの支配下にあり，次いでロシアの支配下に入った。

ラムステットは，やはりモンゴルがフィンランドと同様，ロシアの支配下にあるのを利用して，1898〜1901年にかけてモンゴルに研究旅行を行った。ウルガ滞在中に行った研究 Das schriftmongolische und die Urgamundart（1903）「モンゴル文語とウルガ方言」を発表した。この論文は，来たるべきモンゴルの独立にそなえて，その標準語を定めるための土台となった。ラムステット自身はそうは書いていないが，ひそかにそうなることを願っていたにちがいない。というのはヘルシンキのラムステット文庫には，口語モンゴル語の正書法をどう定めるかについて，モンゴルの研究者たちと交わした往復書簡があり，私はその一部をコピーで持っている。そうした書類の研究はまだ行われていない。

ロシア十月革命の翌1918年，フィンランドが独立するとラムステットは1919年，初代駐日公使となって日本に赴任した。1930年の帰国までの間，日本語のローマ字化のための研究を行い，ローマ字運動にも協力した。かれは滞日中，加納治五郎たちがやっていた「ローマ字ひろめ会」の機関紙に「アルタイ語族としての満洲語」という論文をローマ字日本語で発表している（1932年）。またかれの日本滞在記 Lähettiläänä Nipponissa（1950 Helsinki，『フィンランド初代公使滞日見聞録』1987，酒井玲子訳），ここには，かれが日本語の標準語の確立のために，どのようなことを考えていたかがくわしく述べてある。

とりわけ1921年，昭和天皇が皇太子時代に，世界旅行から帰国したのを祝って，皇居で歓迎の宴があり，ラムステットはそこに招かれた際，大正天皇の皇后と，熱心に日本語について議論をしたこと，皇后がかれの発言に心をうごかしたらしいことをくわしく，また得意そうに記している。

皇后は「日本語は世界で最もむつかしいことばだと言われています。どうでしょうか」と聞いたのに対し，ラムステットは，日本語は世界でもや

さしい部類に入るが，それを書く技術は，「考え得るかぎり最もむつかしいものの一つです」と答えている。さらに「複雑な無数の漢字を習得するために，人生でより意義あることを学ぶのに使う時間を，学校で何年も無駄にしているように感じます」と指摘している。皇后との話はあまりにも長くつづいていたため，「式典長の吉田が，大きな驚いた目をして」やってきて，ラムステットを皇后から引き離したと記している。

　日本語の構造はむつかしくないのに，文字がその学習をめんどうにしているということは，1875年にアメリカのホイットニーが送った森有礼あての手紙にも述べている。日本語を少しでも知っている欧米の研究者が抱く伝統的な感想であるが，この状況は100年たった今日もほとんどかわっていない。また日本の言語学者の研究成果は，かんじんの日本語の上にほとんど反映されていない。

　敗戦後，1，2年間は，私たちの年代の者は，学校でおそらくアメリカ占領軍の指示によってであろう，ローマ字教育をうけた。アメリカ軍は，日本人があのような無謀な戦争をはじめることができたのは，この漢字による複雑な書記体系のために，国民の読み書き能力が低くおさえられていたためであると考えて，日本人の読み書き能力の調査を行った。柴田武さんは，この調査の日本側の責任者であったらしく，また戦後も，日本のローマ字運動の東日本の統括者（西日本は梅棹忠夫）であったということで，私はしばしば話をうかがう機会があった。柴田さんが当時そのような責任ある立場にあったことは不思議ではない。戦後しばらく日本人の私信は，すべて占領軍が開封，検閲していた。東京の父からの手紙もたいていは開封ずみの印が押してあった。後に知ったのであるが，これらの手紙を読んでいたのは20歳前後の言語学科の学生だったのである。アメリカ占領軍は日本の言語学に絶大な信頼と期待を寄せていたのである。

　柴田さんは，「このような複雑な書記体系をもっていても，日本人の読み書き能力は決して低くはない」と言って，ローマ字化をすすめようとしたアメリカ側の責任者をおしとどめ，日本語の伝統を守った人ということになっている。このようにして日本語から漢字が消えるのを救った人として伝えられているが，本当はどうであったかわからない。（柴田さんがはたした当時の役割については，目下茅島篤さんが研究中であると聞く。）いずれ

236

にせよ日本はこのようにして，中国の漢字圏にとどまる最後の国になったのである。

　朝鮮半島は南北に分断されたが，いずれの国家も，日本から独立するとともに，この永劫のくびきを脱したのである。私の知るところでは東京大学の言語学研究室も，ローマ字だけで論文を印刷した研究誌を出して，そのたちばを主張していたが，ほどなくその研究誌も廃刊となり，結局のところ漢字と縁を切ることができなかった。敗戦は，日本語が漢字と縁を切って新しい歴史を拓く，おそらく二度と訪れることのないチャンスだった。漢字はこのように，日本の「国体」を支える土台であり，多大な時間をかけて獲得した漢字の知識によって，そのような費やすべき時間をもたない階層をたえまなく脅迫する装置として機能し続けることになったのである。

言いわけ──あとがきとして

　本書を構成する8篇の論文が私のもとにとどけられ，私の役割は，それらの全体に目をとおして，それらの総まとめになるような発言をするように求められているのだと理解した。その一方で，私には「標準語」に対しては私自身の考えがあった。それは，本来日本の各地にあった土俗的なものを，時代おくれ（反文明）のじゃま物として一掃する役割を担う装置であるとする考えであった。土俗的なものとは，文字以前のオトだけにかかわることばである。その土俗的なことば，土語は，より上品に「地方の言語」と呼びかえられ，さらに簡略化されて「方言」となったのであろうが，言語から土俗性を追い出すために，日本では漢文と西洋諸語の知識が援用された。標準化が進められれば進むほど，土俗性が排除されていった。しかし，本書を構成する諸論文にとりあげられた西欧諸言語にとっては，まず外国語（時には古典語）を排除して，土俗性を上位につけることが標準化の筋道であった。それを最も典型的に実行したのが，ルターからさまざまな言語運動に至るドイツ語である。

　このようにして，私が当初かかげたテーマ「漢文とヨーロッパ語のはざまで」の構想は全くの混乱におちいってしまった。しかしこの混乱の原因は，もともと私によるのだから，それから脱出する方法は，私の流儀によって行うしかない。つまり，無理をして混乱を取り除くよりも，混乱を混乱

として読者の前に露呈して，読者に混乱の本質を見極めてもらう方法である。

　今日，世界の諸言語で，「標準語」に成功裏にたどりついた言語はわずかである。ちょっと触れておいたノルウェー語の例がまざまざとそれを示している。とりわけ，シベリアやアフリカの「若い文字」の言語（младо-письменные языки）はいまだ苦難の道を歩んでいるさなかにある。

あとがき

　本書を完成するには，段階を踏んだ準備期間が不可欠であった。ここで
その経緯を振り返っておきたい。

　2018 年 3 月に，高田博行（ドイツ語史），堀田隆一（英語史）は，野村剛
史氏（日本語史）を招いて歴史社会言語学的な観点でのシンポジウムを行っ
た（第 2 回 HiSoPra*（歴史社会言語学・歴史語用論）研究会）。その際に，異
なる言語の歴史を対照することの学術的刺激と面白さに気づき，寺澤盾氏
（英語史），佐藤恵氏（ドイツ語史），渋谷勝己氏（日本語史），田中牧郎（日
本語史）に声をかけ，さらにまた多くの言語史に通暁する田中克彦先生に
加わっていただき，対照言語史のプロジェクトに着手することとした。一
般社団法人昭和会館に研究課題「日本社会の近代化と日本語の標準化――
「対照言語史」の観点から」への助成を申請したところ，採択された（研
究期間は，2018 年 10 月〜2019 年 6 月）。助成機関の趣旨に合わせ日本語が
中核に据えてあるが，ドイツ語史や英語史についても詳しく取り上げ，「標
準化」という観点を定め，3 言語の歴史を対照する研究を重ねた。

　この研究プロジェクトでは，5 回の研究会を開催し，研究発表にもとづ
く討議と，言語史における標準化とは何かについて議論を行った。研究会
には多くの大学の大学院生たちにも加わってもらった。そのうち 1 回は，
第 3 回 HiSoPra* 研究会という開かれた場で，「諸言語の標準化における普
遍性と個別性 ――〈対照言語史〉の提唱」（田中克彦・寺澤盾・田中牧郎）
という「鼎談」を行い，多くの参加者とともに視野を広げた。最後の研究
会では，総括的討議を行い，成果を書籍の形で世に問うべきことが合意さ
れ，今後の展望を考える中で，日英独の 3 言語だけでは言語史の対照の視
界も限定されること，多くの言語史を対照するときの観点として「標準化」
はさらに掘り下げる価値があることも確認された。

　これを受けて，大修館書店に編集をお願いするとともに，編者 3 人が協
議を重ね，出版趣意書を作成した。その際，日英独の 3 言語の歴史と対照
しやすいこと，日本での研究に蓄積があること，標準化が研究の焦点にな

ることなどを考慮して，フランス語史と中国語史を加えることとし，西山教行氏と彭国躍氏に執筆陣に加わっていただいた。

　新たに立てる対照言語史という学術的枠組みでの問題意識の共有と執筆姿勢の確立を図る必要があると考え，全執筆者が参加する形でオンラインによる研究会を2回開催し，本書に執筆する内容に直接つながる研究発表を行って，討議を重ねた。2回の討議の結果，ある言語史の論考を読んだ別の言語史の研究者が，触発されたことを書き入れる形で書籍において「対照」を具現化することを決め，第3章〜第10章の原稿が提出されると，それぞれにコメントを付けていった。

　こうしてできた原稿全体を田中克彦先生にお届けし，本書が扱う問題を俯瞰する第11章を書いていただいた。

　以上のように，何段階も経て研究を相互に見つめなおすことを重ねたことで，非常にユニークな本ができたと自負している。次なる課題としては，標準化以外の観点で5言語の対照を重ねることと，対照する言語をさらに増やしていくことが考えられる。前者については，「語彙拡充」の観点から，2022年1月に日英独の3言語を対照するシンポジウムを行った（「ひと・ことばフォーラム」）。さらに，2022年12月には「日本歴史言語学会」で，仏中を加えて5言語を同じ「語彙拡充」の観点から対照するシンポジウムを企画している。

　最後に，大変意欲的な論考をお書きくださった執筆者の皆さんと，手間のかかる編集作業を一手に担い常に的確な方向付けをしてくださった編集部の辻村厚氏に，心からお礼を申し上げたい。

　　　　　　　　2022年4月　　　高田博行・田中牧郎・堀田隆一

索引

【執筆者紹介】 ＊編者は奥付［編者紹介］参照。

渋谷勝己（しぶや かつみ）
　大阪大学大学院人文学研究科教授。日本語学。共著『シリーズ日本語史4 日本語史のインタフェース』（岩波書店 2008），『旅するニホンゴ』（岩波書店 2013），共編著『歴史社会言語学入門』（大修館書店 2015）。

野村剛史（のむら たかし）
　東京大学名誉教授。日本語文法，日本語史。著書『話し言葉の日本史』（吉川弘文館 2011），『日本語スタンダードの歴史』（岩波書店 2013），『日本語「標準形」の歴史』（講談社 2019）。

寺澤　盾（てらさわ じゅん）
　東京大学名誉教授，青山学院大学文学部教授。英語史，中世英語英文学。著書『英語の歴史』（中公新書 2008），*Old English Metre: An Introduction*（University of Toronto Press 2011），『聖書でたどる英語の歴史』（大修館書店 2013）。

西山教行（にしやま のりゆき）
　京都大学人間・環境学研究科教授。言語教育学，言語政策，フランス語教育学。共編著『CEFR の理念と現実』理念編，現実編（くろしお出版 2021），『グローバル化のなかの異文化間教育』（明石書店 2019）。

佐藤　恵（さとう めぐみ）
　慶應義塾大学文学部助教。ドイツ語史，歴史語用論。著書 *Sprachvariation und Sprachwandel im 18. und 19. Jahrhundert*（Heidelberg: Winter 2022）。共著『歴史語用論の方法』（ひつじ書房 2018），『場面と主体性・主観性』（ひつじ書房 2019）。

彭　国躍（ほう こくやく）
　神奈川大学外国語学部教授。社会言語学，語用論。著書『古代中国語のポライトネス―歴史社会語用論研究』（ひつじ書房 2012），『近代中国語の敬語システム―「陰陽」文化認知モデル』（白帝社 2000）。

田中克彦（たなか かつひこ）
　1934 年兵庫県養父市生まれ。一橋大学名誉教授。言語学。東京外国語大学モンゴル語科，一橋大学大学院，ボン大学哲学部に学ぶ。東京外国語大学，岡山大学，一橋大学，中京大学で教える。著書『ことばと国家』（1981），『言語の思想』（2003），『ノモンハン戦争』（2009），『シベリアに独立を！』（2013）（以上岩波書店）など。

【編者紹介】

高田博行（たかだ ひろゆき）

学習院大学文学部教授。ドイツ語史，歴史語用論，言語と政治。著書 *Grammatik und Sprachwirklichkeit von 1640-1700*（De Gruyter 2011），『ヒトラー演説』（中公新書 2014），共編著『歴史語用論入門』（大修館書店 2011）。

田中牧郎（たなか まきろう）

明治大学国際日本学部教授。日本語学，日本語史。著書『近代書き言葉はこうしてできた』（岩波書店 2013），共編著『図解 日本の語彙』（三省堂 2011），『コーパスによる日本語史研究 近代編』（ひつじ書房 2021）。

堀田隆一（ほった りゅういち）

慶應義塾大学文学部教授。英語史，歴史言語学。著書 *The Development of the Nominal Plural Forms in Early Middle English*（Hituzi Syobo 2009），『英語史で解きほぐす英語の誤解』（中央大学出版部 2011），『英語の「なぜ？」に答えるはじめての英語史』（研究社 2016）。

言語の標準化を考える──日中英独仏「対照言語史」の試み
© 高田博行・田中牧郎・堀田隆一，2022　　　　　　　　NDC801／viii, 247p／21cm

初版第 1 刷──────2022 年 6 月 1 日

編著者──────高田博行・田中牧郎・堀田隆一
発行者──────鈴木一行
発行所──────株式会社 大修館書店
　　　　　　　〒113-8541　東京都文京区湯島 2-1-1
　　　　　　　電話 03-3868-2651（販売部）　03-3868-2294（編集部）
　　　　　　　振替 00190-7-40504
　　　　　　　[出版情報] https://www.taishukan.co.jp

装丁者──────下川雅敏
印刷所──────三松堂
製本所──────牧製本

ISBN978-4-469-21391-1　　Printed in Japan